Un mundo radicalmente próspero

Automatización, tecnología y creación de empleos para todos

El futuro pertenecerá al trabajo productivo...
Siempre y cuando esté lleno de proposito

CHARLES HUGH SMITH

Traducción y Comentarios
Julio Moros y Oscar Olivera
Edición
Carmelo Velázquez

Prefacio

Antes de toparnos con la obra de Charles Smith habíamos desarrollado una teoría monetaria vinculada con el concepto de lo que hemos llamado "dinero caudal", la cual pensamos que posee el potencial de ser muy útil para combatir la pobreza a escala global. Armados de un mínimo de conocimientos técnicos decidimos ponernos en contacto con la comunidad de una criptomoneda denominada "DASH", del inglés "Digital Cash" o efectivo digital, la cual defiende la política de colocar el 10% de las monedas digitales que acuña esta plataforma a trabajos de investigación y desarrollo, promoción y publicidad para la comunidad y para proyectos legales de dicha criptomoneda.

Así que colocamos nuestra propuesta ante la comunidad Dash con el fin de conseguir financiamiento para nuestro proyecto de investigación en el desarrollo de una plataforma que permitiese el desenvolvimiento del sistema monetario que proponemos. Y en ese momento comenzó toda una nueva experiencia para nosotros. Aunque nuestra propuesta no logró suficientes votos para obtener financiamiento, fue a través de los miembros de esta misma comunidad Dash que conocimos a Charles Smith y su obra.

Para el momento en que nos enteramos de la existencia de esta obra, que ahora está en tus manos, reconocimos inmediatamente que una moneda respaldada en la labor humana planteada tanto por Charles como por nuestro proyecto del dinero caudal, era un elemento de sincronización sorprendente que nos permitía acoplarnos en sinergia. Realmente nos sorprendieron los paralelos entre ambos proyectos, desarrollados de manera totalmente independiente.

Compartíamos plenamente el objetivo de desarrollar un sistema soportado por una plataforma digital, capaz de prestar los servicios necesarios para solucionar la pobreza y de lograrlo sin depender del apoyo de ningún gobierno o financiamiento privado.

Estos proyectos no dependían de acceder a ninguna instancia especial del poder político o del combatir ninguna estructura sistémica o de poder existente actualmente. No tenemos ningún tipo de aspiraciones particulares por el poder político, porque no creemos que tal cosa sea útil en absoluto.

Creemos que simplemente bastará construir un sistema paralelo al actual que sirva de alternativa a las inmensas masas de personas que buscan una solución a la agobiante escasez de oportunidades que el actual sistema impone. Los mecanismos ineficientes que actualmente predominan, no necesitarán de ninguna ayuda para colapsar por sí mismos.

Nuestro objetivo es crear un sistema que provea el pago a aquellas personas que realizan cualquier trabajo que sea considerado como valioso dentro de sus propias comunidades, y que les pague con dinero creado a partir de estos acuerdos de trabajo.

Luego de haber discutido nuestras ideas coincidimos con Charles que sería muy provechoso para nuestro proyecto el traducir este libro a nuestro idioma materno para que estas ideas estén disponibles al mundo hispanoparlante.

Charles se ha sentido muy honrado por nuestro compromiso de ayudar a compartir sus ideas, así como nosotros también nos hemos sentido muy honrados en ayudar a enriquecer estos planteamientos sobre soluciones para los sistemas monetarios, de manera que impacten positivamente a las comunidades y al comercio y en ofrecer estas ideas al mundo de habla hispana.

Del mismo modo, Charles nos invitó a realizar comentarios que enriquezcan el contenido del libro con información que hiciera alusión a los detalles particulares de nuestro proyecto. Es por ello que al leer el libro podrán verse notas al pie de página denominadas como "Nota Especial" y que no aparecen precisamente para esclarecer detalles propios de la traducción sino que están allí con el fin de aportar información extra referente al proyecto del dinero caudal. Las notas que sí se refieren a datos concernientes a la traducción aparecen como "Nota del Traductor".

Para que el lector pueda tener una idea de nuestro proyecto, hemos colocado en el Apéndice I del libro una traducción al español de nuestra propuesta de investigación y desarrollo que dimos a conocer a la comunidad Dash: "Una Propuesta de Mejoras Basada en Pruebas de Labor Humana", y en el Apéndice II un folleto de nuestro taller: "Protocolos de Sinergia y Nuevas Técnicas de Planificación", junto con nuestros medios de contacto para obtener más información sobre estos talleres.

Este libro le dará una visión sólida al lector de lo que realmente son los sistemas monetarios y como un tema aparentemente tan específico o técnico es en realidad la esencia misma del material del que está hecha la fibra de todo tejido social humano.

Julio Moros y Oscar Olivera

Venezuela, Septiembre de 2016

Contenido

Introducción

Hasta hace poco, millones de estadounidenses prosperaron de manera única, y en una forma que las generaciones anteriores solo hubieran soñado. No me refiero a ser dueños de mansiones, yates o a la capacidad de comprar poder político; me refiero a la posibilidad de llevar una vida auto dirigida y a ser los dueños de las fuentes de su prosperidad.

Esta autonomía y apropiación se conoce como *El Sueño Americano*: la edificación de valores y riquezas duraderas, trabajando en aquello que nos resulta relevante, y bajo nuestros propios términos.

Se alcanzó esa prosperidad sin las ventajas de haber tenido una educación en instituciones de élite[1] (Institutos de la "Ivy League") o una cuantiosa herencia. En otras palabras, esa prosperidad generalizada, no se debía a ningún privilegio, genialidad o suerte, sino a una multitud de oportunidades.

El sistema mismo proporcionaba esas oportunidades. Millones de seres humanos dieron el paso al frente y las aprovecharon.

Sin embargo, hoy día eso ha cambiado: las oportunidades del pasado son solo recuerdos lejanos. Todos nos hemos dado cuenta, pero no sabemos cómo solucionar esta nueva carencia de oportunidades, no solo para salir adelante, sino para ser los dueños de nuestros destinos.

Los defensores del orden actual, afirman que esta disminución es temporal, y que con unas reformas modestas todo se puede reparar.

Pero su negación no cambia el hecho de que sueldos y salarios han permanecido estancados durante décadas, mientras que la desigualdad entre ricos y pobres se ha agravado con el tiempo. No voy a aburrirlos con las estadísticas, pero cualquiera que mire los datos de la distribución del ingreso en la economía, las ganancias ajustadas por inflación, o los indicadores de desigualdad se dará cuenta de que no es una mala racha temporal: es prueba de que el sistema está deshecho.

Incluso los mismos defensores del sistema, reconocen el impacto global que la automatización tiene sobre el trabajo humano y sobre la creciente demanda de los recursos naturales. Mientras, más de 7 mil millones de personas se esfuerzan por lograr una calidad de vida al nivel de la clase media estadounidense tanto en el consumo de alimentos como en el de energía, vivienda y transporte.

Los optimistas afirman que la electricidad por energía solar pronto será esencialmente gratuita para todo el mundo, pero esto no quiere decir que los océanos despojados de vida se restaurarán mágicamente, o que los bosques mutilados para crear pastizales serán reemplazados con árboles artificiales. Negarse a reconocer los límites del planeta no hace que estos desaparezcan.

La automatización (en software, robótica e inteligencia artificial) está reemplazando rápidamente a la mano de obra humana en todas partes, y no solo en el trabajo de bajo nivel técnico.

---

[1] "Ivy League Education": Ivy League o la liga de la Hiedra, es la agrupación por la que se conocen las ocho universidades de más prestigio en los Estados Unidos. Por lo general, estudiar una carrera en cualquiera de estas universidades, presupone poseer además de avanzadas facultades intelectuales, una pequeña fortuna monetaria, caudalosos ingresos familiares o un excelente crédito bancario. (https://en.wikipedia.org/wiki/Ivy_League). (Nota del traductor)

Como lo ha señalado el famoso visionario en tecnología Marc Andreessen[2], el software está "comiéndose al mundo." Y yo le agregaría que, el software se está comiendo el trabajo remunerado todos los días en porciones cada vez más grandes.

Se nos dice, que esta destrucción del empleo dará lugar a una utopía liberadora del trabajo, que será pagada por los impuestos provenientes de los propietarios del software y los robots. Pero si hacemos los cálculos, (lo cual haremos en el capítulo uno), descubriremos que esta afirmación no tiene ningún sentido y que no tiene fundamento en lo absoluto, es solo la peor clase de pensamiento mágico e irreal. Ni uno solo de los autoproclamados voceros de las maravillas del salario mínimo universal en la supuesta sociedad libre de trabajo, ha ofrecido ni siquiera un esbozo en lápices de colores, que explique (usando fuentes verificadas tales como los beneficios empresariales o los ingresos fiscales), de donde provendrá ese dinero.

Cuando se trata de comprender nuestro sistema socioeconómico, somos como peces en el mar: no podemos imaginar ningún otro sistema más allá del que habitamos. Suponemos que, no solo es el único sistema, sino que es el mejor sistema posible; no importa cuántas fallas pueda tener, ha funcionado bien hasta ahora y por lo tanto seguirá funcionando bien en el futuro.

Puede demostrarse que esto es completamente falso. En lugar de haber sido perfeccionado durante cientos de años, nuestro sistema es el resultado del despojo de la historia: retazos y partes que lograron sobrevivir a las pestes, guerras y revoluciones. Si lo observamos de manera objetiva, dichos despojos no tienen correlación en modo alguno. No nos debe extrañar su incoherencia ¿Acaso podría ser de otra manera?

El sistema actual se basa en cinco principios que asumimos, son una ley socioeconómica irrefutable, es decir, que son un dogma autoevidente:

- El dinero creado por la banca se distribuye para crear trabajo y riquezas para todos.

- La tecnología siempre crea más empleos de los que destruye la automatización.

- La centralización es la solución a los problemas económicos a gran escala.

- Mediante la expansión de la deuda y del consumo (es decir, el crecimiento) se allana el camino hacia la prosperidad.

- La maximización del beneficio privado, tiene el poder de organizar la economía en beneficio de todos.

Si nos fijamos en estas declaraciones con objetividad, nos damos cuenta que son todos pensamientos ilusorios (auto-engaños). Cada uno ha resultado ser falso. En lugar de ser la base de un sistema coherente, cada uno le agrega más incoherencia. En lugar de servir de soluciones, cada uno es un problema tóxico que erosiona más y más al sistema desde adentro.

¿Qué significan estas fallas del sistema para nosotros como individuos y sostenedores de un hogar? Para empezar, cualquier persona que quiera un futuro mejor para sí mismo y su familia necesita empezar a tomar las riendas de su destino como nunca antes lo había hecho.

---

[2] Sobre Marc Andreessen: https://en.wikipedia.org/wiki/Marc_Andreessen, "El software se está comiendo al mundo", fue su comentario en una entrevista para The Wall Street Journal: http://www.wsj.com/articles/SB10001424053111903480904576512250915629460 (N.T.)

Pero trabajar desde dentro de un sistema fallido para mejorar nuestro destino personal ya no es suficiente. Incluso para los pocos que pueden permitirse el lujo de comprar una isla fortificada, pronto descubrirán que comparten las consecuencias de las deficiencias del actual sistema. Cuando los mares son despojados de sus formas de vida, sufrimos una pérdida que nos afecta a todos, no solo a los pobres.

La verdadera solución es obvia, ¿cierto? ¡Necesitamos un nuevo sistema! Todos intuimos esto, pero no sabemos por dónde comenzar. Vamos a empezar con una simple pregunta: ¿Qué pasaría si pudiéramos pulsar un botón de "reinicio" que afecte la forma en que creamos el dinero, el trabajo, el comercio y las comunidades? Si pudiéramos empezar desde cero, ¿qué podríamos construir? Esta no es una pregunta idealista, ya que la tecnología de hoy en día nos permite apretar ese botón de reinicio y reorganizar la creación del dinero, el trabajo, el comercio y las comunidades bajo nuevas alternativas.

Si nos propusiéramos la tarea de crear un sistema que ofreciera a todos la oportunidad de controlar sus propias fuentes de prosperidad, ¿Cómo sería este nuevo sistema?

Si esta pregunta le concierne (y debería interesarle a todo el mundo, porque de no ser así estaríamos en grandes problemas), siga leyendo. Este libro presenta un nuevo sistema como solución congruente, exhaustiva y de alcance global.

La clave de tal solución no tiene ningún secreto: simplemente es entender cómo funcionan los sistemas.

Los sistemas tienen entradas, reglas de funcionamiento y salidas. Si comiéramos sólo caramelos de gomitas y nunca hiciéramos ejercicio, perderíamos nuestra salud porque nuestro cuerpo es un sistema.

Puros Caramelos de Gomitas + Cero Ejercicios = Mala salud y a la larga… ¡La muerte!

¡Así de simple!

De manera similar, nuestros actuales sistemas económicos, sociales y políticos conducen a resultados económicos, sociales y políticos defectuosos.

Parafraseando un dicho popular que define la locura, se diría que: "La locura es alimentar un sistema con las mismas entradas y esperar de él resultados diferentes." Entonces, cambiar los sabores de los caramelos o las posiciones de descanso en el sofá, no van a mejorar nuestra salud.

Y es que todas las reformas que se han propuesto hasta ahora, son precisamente como si cambiáramos el sabor de los caramelos, y aun siendo este un cambio de importancia menor, pudiera producir una mejora fundamental en nuestra salud.

Necesitamos un sistema completamente nuevo, si queremos cambiar los resultados de desigualdad, inseguridad y pobreza para transformarlos en resultados de oportunidades, empleos seguros y prosperidad.

Este nuevo sistema no requiere del derrocamiento del sistema actual, mucho menos de su arreglo. Este nuevo sistema sincronizará tecnologías de vanguardia e innovaciones sociales que todos podemos comprender. Este nuevo sistema no es utópico; al contrario, es estrictamente práctico y podemos ver ejemplos de sistemas similares en el día a día.

No queremos seguir fracasando en la ilusión de cambiar los sabores de los caramelos de gomitas mientras nos desconcertamos en porqué los resultados siguen siendo iguales. Cambiemos el sistema, y sus resultados serán:

- Más oportunidades.

- Mayor autonomía.

- Empleo seguro.

Apropiación sobre aquellas fuentes que nos generan prosperidad.

Hay todo un mundo de diferencias entre el sistema actual y el que se describe aquí. El orden actual es altamente jerárquico, y para poder cambiar algo en él, se necesitan muchas riquezas y/o mucho poder político (si tienes riquezas, puedes comprar poder político). El individuo es esencialmente irrelevante en este sistema; se cuentan los votos en las elecciones, pero la estructura de poder se mantiene inmutable.

En el sistema descrito en las páginas por venir, cada individuo tiene el poder de cambiar el sistema en pos de su propio mejoramiento y el de todos los demás participantes. Estar en la cima del estrato social ya no será un prerrequisito para el cambio. Cada individuo por muy débil que se sienta en la actual disposición social, será en el nuevo sistema, un motor de cambio. Un motor no solo para mejorarse a sí mismo y a sus familias, sino para mejorar sus comunidades y por consiguiente mejorar la comunidad mayor que es el planeta Tierra.

Mi libro abarca este desafío global en la forma de un gran abrazo de oso que romperá las costillas de la jerga ideológica actual y nos dará la libertad de idear una ruta práctica para un futuro radicalmente benéfico.

¿Qué estamos esperando?

SECCIÓN I: ¿Por qué ha fracasado el sistema actual?

Capítulo uno: Las grandes omisiones de la narrativa tradicional[3]

Este libro, que originalmente se iba a titular: *"Cruzando un río traicionero: nuevas herramientas para resolver la pobreza mundial"*, comenzó como un plan para aliviar la pobreza global. Fue la culminación de haber cavilado durante 40 años sobre estas simples preguntas: ¿Es la pobreza inevitable? Si no lo es, ¿cuál es la solución sistémica que aliviaría la pobreza en todo el mundo?

Por ser una persona pragmática por naturaleza y por formación, buscaba una respuesta práctica.

Encontré que tenemos dos tipos de pobreza: Una ancestral (que proviene de la simple escasez) y otra totalmente nueva, impulsada por la automatización y el software que se está "comiendo al mundo", según la impactante frase de Marc Andreessen. Las tecnologías digitales están reemplazando a los trabajadores humanos a escala masiva, amenazando a millones con la pérdida de sus ingresos.

Las personas que pierden sus medios de vida se convierten en pobres no solo en un sentido financiero, sino también en su razón de ser. La pobreza se extiende mucho más allá de su cuenta bancaria y toca todos los aspectos de sus vidas. Una solución sistémica a la pobreza, tiene que resolver estos dos aspectos del problema.

Una vez que comprendí la causa fundamental de la pobreza (entendiéndola como la carencia de ingresos procedentes de actividades productivas, asegurados para todos) me di cuenta que mi verdadero objetivo sería crear empleos a escala global para todos aquellos que quieran trabajo remunerado. Esta sería la solución no solo para la pobreza mundial, sino también para solucionar el acelerado reemplazo de los puestos de trabajo por la creciente automatización.

Al indagar las razones del por qué la única salida posible del sistema actual es la pobreza y la desigualdad, llegué a comprender algunos otros aspectos que nos ayudarán a diseñar un nuevo sistema que produzca oportunidades para todos.

Una es que el capitalismo de estado (o como se le quiera nombrar al sistema actual) es más que un sistema económico o financiero; es un sistema que organiza nuestras relaciones con la naturaleza y las personas, y lo hace sin que seamos realmente conscientes de ello.

En otras palabras, un sistema económico y financiero, es también esencialmente un sistema sociopolítico para la gestión de recursos. Por lo tanto, el diseño de un sistema financiero-monetario-económico establece las bases para la construir todo lo demás.

---

[3] En el contexto de este libro, los términos "narrativa oficial", "pensamiento ortodoxo", "paradigma tradicional" estarán haciendo referencia al conjunto de significados, normas y expectativas que un grupo social impone de manera implícita o explícita a sus miembros. La narrativa tradicional, en este contexto, inhibe la libre exploración y expresión por parte de los miembros sobre sus experiencias emocionales o subjetivas. Cuando nuestros recuerdos de eventos sociales están influenciados por la narrativa oficial, lo que recordamos está coloreado por tal narrativa. El pensamiento ortodoxo busca invalidar la experiencia subjetiva del individuo y busca deslegitimar sus percepciones.
La narrativa oficial es tipo muy particular de "lavado cerebral" cuyo objetivo es instaurar los propósitos narcisistas ocultos de quien o quienes crean y mantienen tal narrativa. Como ejemplo final, diremos que un buen psicoterapeuta debe abrirse camino a través de la narrativa oficial del paciente para rescatar su verdadero ego. (N. T.)

En segundo lugar, la clave para cualquier sistema económico-financiero es la *creación de valor*. Si un pequeño grupo de personas controlan la creación de valor, la única posible salida de este sistema es la falta de oportunidades y una creciente desigualdad, precisamente a lo que nos enfrentamos hoy en día.

Por definición, el dinero tiene valor. Aquellos que controlan la creación y distribución del valor (es decir, el dinero) controlarán todos los subsiguientes eslabones de la cadena. Si no cambiamos la forma en cómo se crea el dinero y se distribuye, en realidad no hemos cambiado nada. Solo se está cambiando un caramelo por otro de color diferente.

Supongamos, que un sistema reconoce a los caramelos como dinero y soy dueño de la única fábrica de caramelos y además encarcelaré a todo aquel que intente establecer otra fábrica de caramelos como competencia. ¿Quién creen ustedes que se convertirá en el individuo más rico y poderoso de ese sistema? ¿Cuál es la única posible salida de un sistema como este?

Obviamente este ejemplo es una simplificación, pero se entiende el punto. Aquellos que controlan la creación del valor, controlan todo lo demás. Si no cambiamos la forma en que el dinero es creado y distribuido, nada cambiará. Estamos solo cambiando el color de los caramelos y es por eso que el resultado no cambiará.

Todo se reduce a las *oportunidades que tengamos de crear valor*. Si la creación de valor es controlada por unos pocos en la parte superior del estrato social, las mayorías serán las que carezcan de oportunidades para surgir. No hay otra posible salida de un sistema de este tipo.

Todos estamos a favor de las libertades, por supuesto. Solamente los déspotas y los dictadores son los que están en contra de la libertad. Pero la libertad sin oportunidad de crear valor es irreal. ¿Qué significa la libertad dentro de un sistema en el que la creación de valor y de oportunidades se limitan a solo unos pocos a expensas de muchos?

El presidente Mao afirmó célebremente que "el poder político nace del cañón de un arma"[4]. El poder de la coacción surge del cañón de un arma de fuego, pero eso no es lo mismo que el poder político o el poder para hacer que las cosas se realicen.

Resulta que el Presidente Mao estaba equivocado. *La cooperación es la base del poder.* El seguidor de la frase de Mao solo puede sostener el poder que surge de su cañón, siempre y cuando él esté apuntando y a los que apunte estén desarmados. La coacción es una forma muy limitada de poder. La coacción no crea valor, es la cooperación la que lo genera.

Solo podemos valorar lo que medimos. Si no se puede medir, no existe. Cuando hablamos de la desigualdad, terminamos hablando de dinero, porque podemos medir el dinero. El resultado final de medir la desigualdad con dinero viene de la idea de que al darles un poco de dinero a las personas, su desigualdad disminuye.

Pero la desigualdad no se trata exclusivamente sobre dinero. La desigualdad es acerca de quién controla la creación de valor y quien tiene la oportunidad de crear dicho valor. Regalar dinero a la gente reduce la responsabilidad de aquellos en la cima, pero eso no es realmente un cambio en la desigualdad del

---

[4] Frase exclamada por Mao Zedong en el cierre de la sexta conferencia del Comité Central del Partido Comunista Chino, el 6 de noviembre de 1938, en el que defendía la absoluta necesidad del conflicto armado en pos de la revolución comunista. Referencia: A glossary of political terms of the People's Republic of China: https://books.google.co.ve/books?id=J5QbQpQTegwC&pg=PA325&output=text&redir_esc=y#c_top

sistema. Se puede comprar el silencio de los que están privados de oportunidades, pero eso no cambia las fuentes de dichas desigualdades.

Debido que no medimos las fuentes de la desigualdad, ni siquiera las reconocemos como tales. Si privamos a una persona de la oportunidad de crear valor para que pueda contribuir activamente a la sociedad en algo positivo e importante, y en cambio le entregamos un fardo de dinero pensando que esto hará que toda la desigualdad desaparezca, estamos ciegos ante las verdaderas fuentes que crean las desigualdades.

El primer paso, es reconocer que el dinero no es la única, ni siquiera la forma más útil de medir la desigualdad o el valor. No es, ni siquiera una medida adecuada para el *capital*, porque el capital más valioso es la oportunidad de crear valor cooperando libremente con otros.

El sistema actual es una jerarquía centralizada. Las jerarquías centralizadas funcionan muy bien para aquellos que están en la parte superior de la pirámide de la riqueza, poder, seguridad y oportunidades. Aquellos que pertenecen al 10% de quienes poseen la mayor parte de la riqueza , el poder, la seguridad y las oportunidades, en el mundo; miran hacia abajo y declaran que, dado que el sistema funciona para ellos, funciona para todos en general. Contemplan a los pocos que (para unirse a ellos) trepan por esta pirámide, como prueba de que el sistema realmente funciona para todo el mundo, siempre y cuando ellos cuenten con los fundamentos adecuados, tales como inteligencia, dedicación, entre otros atributos.

Ni hace falta añadir que son estas las personas que ostentan la riqueza y el poder, por lo que no están inclinadas a dejar que nadie cambie el sistema actual ya que con ello, perderían su lugar en la cima de la pirámide. Dado que son inteligentes, dedicados y pare usted de contar, pueden evocar fácilmente una lista de razones ilimitadas por las cuales el sistema es sólido y necesita solo de modestas reformas.

Pero aun si este 10% lo reconoce o no, o bien, sea que les guste o no, este un sistema injusto. Está moralmente corrompido hasta la médula. Cualquier sistema cuya *única salida posible sea la escasez de oportunidades y la desigualdad* está podrido hasta la médula.

Pero la corrupción moral del sistema no es el problema más grave. El verdadero problema preocupante son los cinco enunciados que figuran en la introducción, y que están erosionando el sistema desde dentro. Cuanto más afiancemos estos cinco dogmas, más se corroe el sistema por sí mismo.

Esto nos deja con solo una opción. Podemos defender la correcta operatividad del sistema y el hecho de que funciona para nosotros como individuos, ya que nos permite maximizar nuestras ganancias privadas. Podemos comer miles de los caramelos de todos los colores que queramos y esperar que el sistema mágicamente se repare a sí mismo, o podemos tomar las riendas de la situación y diseñar un nuevo sistema desde cero que produzca oportunidades para todos.

Se nos dice que siempre hay un término medio para todo, pero esto no siempre es cierto. A veces solo podemos elegir una única opción.

Mientras avanzamos, nos enfocaremos en esta verdad: *un sistema que funciona para todos, funcionara para nosotros también.*

¿Por qué rechazamos nuevas soluciones?

Nuestra primera reacción ante cualquier nueva solución es generalmente escepticismo. Como aquí hay mucho más en juego que una simple precaución sana, debemos entender la psicología del escepticismo si queremos evitar caer en la trampa de negación ciega.

El escepticismo es parte de nuestro sistema inmunológico intelectual, nos protege de las ilusiones, de la lógica difusa y de la ilusión de conocimiento (es decir, es el impulso de depurarlo todo y simplificarlo en un gráfico que quepa en una servilleta).

Pero el escepticismo es también una máscara para la negación ciega. Bajo la apariencia de escepticismo, los detractores encuentran amplias fallas en el actual estado, pero encontrarán muchas más en las soluciones propuestas. Cuando gobiernan los negacionistas, los sistemas se estancan. En las empresas, el estancamiento conduce a la quiebra. En las sociedades, el estancamiento conduce a una disminución de su vitalidad y de su capacidad de resolver los problemas.

Los negacionistas sienten que están realizando un servicio valioso, incluso heroico, al derribar las soluciones propuestas. Gracias a sus esfuerzos, las personas ingenuas encuentran su salvación ya que de otro modo y sin este escepticismo, dichas personas asumirían riesgos desmedidos.

A los detractores nunca se les ocurre que su propia negación ciega podría ser el mayor de los peligros. Sin embargo, esta es la realidad. Nassim Taleb [5] y otros ensayistas económicos han demostrado que los sistemas que se resisten al natural florecimiento de nuevas soluciones se debilitan y se vuelven cada vez más frágiles. El rechazar soluciones garantiza un colapso sistémico.

Una razón poderosa del porque nos negamos ante una determinada propuesta, es proteger nuestra gratificaciones, nuestra posición o estatus social ante la amenaza que plantea una nueva solución. La experimentación y la competencia son las amenazas a los intereses existentes, y todos entendemos la motivación de proteger nuestra parte del pastel ante la amenaza que supone una solución que sea *"más rápida, mejor y más barata"*.

El bienestar global no se alcanza al servir a los ya establecidos intereses personales, se logra al alcanzar que el sistema sea *"más rápido, mejor, y más barato"*. Si la experimentación y la competencia son suprimidas para proteger los intereses de unos pocos, el sistema se pudre desde sus entrañas.

La negación ciega triunfa cuando el propio interés se antepone al bien común. No debe sorprendernos, que esta ausencia de la virtud cívica en favor del interés personal (*maximizando las ganancias individuales* por cualquier medio posible), haya sido la causa principal de la decadencia y la caída del Imperio Romano.

Los negacionistas tienden a hallar cobijo en sociedades de "Negadores Organizados" (NO), tales como las burocracias y los monopolios existentes, organismos subsidiados para cumplir la simple función de

---

[5] En esta teoría Nassim hace referencia a la creencia difundida en la Europa antigua y medieval de que los Cisnes Negros no existían, pues nunca se había visto uno, y que habían refranes que se referían a ellos para indicar una imposibilidad, hasta que en 1697 una expedición holandesa los descubrió en Australia. Nassim hace referencia a este tipo de hechos con relación a paradigmas radicales en el pensamiento de la sociedad que le imposibilita ver soluciones porque simplemente se creen imposibles.

denegar (burocracias) o para asiduamente desarticular todas aquellas nuevas soluciones (también conocidos como "la competencia").

No es casual que las "NO" sean sociedades jerárquicas centralizadas. Como veremos más adelante en el capítulo dos, los sistemas se autodestruyen cuando se hacen grandes, complejos, centralizados y jerarquizados. La forma en que se autodestruyen es simple: la innovación, la experimentación y la competencia son sofocadas por considerarse como amenazas, y así todo cuanto es *"más rápido, mejor, y más barato"* es enterrado en un profundo sepulcro para su seguridad.

La manera de salir adelante en estas organizaciones es sobresalir como un negacionista, pero hacerlo mientras que se proclama el inquebrantable apoyo a la innovación. La innovación es excelente como principio, por supuesto, pero una vez que ésta pone en peligro los intereses establecidos (que por cierto siempre lo hace), se le envía rápidamente al cementerio de *"necesitamos estudiar más a fondo"*.

Los negacionistas muestran su experticia no mediante la innovación, sino al destrozar las innovaciones de los otros. Innovar es arriesgado, ser escéptico es terreno seguro, y en especial en las organizaciones que evitan el riesgo. Como resultado, los negacionistas son elogiados por sus colegas por proteger a la organización de una posible amenaza de la innovación.

Hay otra poderosa motivación para ser un pesimista. Aquellos que están en la cima (aquel 10% en la cima de la población, es decir, el estrato financiero y tecnócrata de la economía) miran su propio éxito y piensan, *"el sistema funciona para mí y para mis colegas, por lo tanto, este es obviamente, un gran sistema"*. La posibilidad de que el sistema únicamente funcione para este 10% elitesco, o que este éxito sea solo temporal, es mucho menos convincente para los negacionistas que su propia experiencia personal dentro de sus sociedades "NO".

En otras palabras, cuando el sistema no está funcionando para usted, usted tiene poca motivación para ser un negacionista. Usted está interesado en soluciones y está dispuesto a darles una oportunidad a esas soluciones. Pero para aquellos que están protegidos de forma segura por los intereses establecidos, tienen muchas más motivaciones para negarlo todo y pocas razones para apoyar soluciones potencialmente perturbadores para ellos mismos.

Aclarado esto, propongo que seamos abiertamente escépticos ante cualquier propuesta, pero también evitemos ser negacionistas y con esto terminar apoyando el estancamiento y el colapso.

Mi viaje personal hacia la solución

Este libro sigue el consejo del memorable filósofo Ludwig Wittgenstein[6]: "Evitemos involucrarnos en los meros componentes problemáticos de una situación. Más bien remontemos siempre el vuelo por sobre estos escenarios, hasta elevarnos hacia una vista despejada que nos permita contemplar el único gran problema que entraña dicha situación… Aún si al hacerlo, esta visión nos resultase todavía más confusa".

---

[6] Filósofo y lógico matemático, Ludwig Josef Johann Wittgenstein (https://es.wikipedia.org/wiki/Ludwig_Wittgenstein) hizo esta reflexión entre sus ensayos y notas sobre la proposición lógica, parte de lo que hoy día se conoce como "cálculo del predicado" en lógica matemática (Notas del 31 de Octubre y 1ro de Noviembre de 1914): https://www.hse.ru/data/366/347/1234/The%20Collected%20Works%20Of%20Ludwig%20Wittgenstein.pdf (N.T.)

Para mi sorpresa, mi propia trayectoria profesional accidentada, me ayudó a identificar los agujeros en nuestras creencias tradicionales y a concebir una nueva solución.

He aquí un bosquejo de mi enmarañada carrera profesional: carpintero, constructor, emprendedor, empresario, activista político, voluntario de una comunidad, cofundador de una empresa sin fines de lucro, gerente interino de una pequeña firma de investigación financiera, y más recientemente, trabajador autónomo, autor y escritor en el mercado digital de libros, blogs e ideas. He construido una gran cantidad de casas y he escrito varios libros, y con mucho esfuerzo he creado una vida independiente fuera de las trincheras de esta economía de riesgo.

Steve Jobs dio un famoso discurso de graduación en la Universidad de Stanford en 2005 y en él explica cómo nuestra profesión gana sabiduría cuando los puntos aislados de nuestra vida se conectan y llegamos a entender cómo todo se entrelaza.

Este libro es sobre ese punto. Cada una de mis experiencias laborales ha contribuido de alguna manera a conectar los puntos de forma insustituible. Yo no hubiese tenido las mismas herramientas analíticas si tan solo uno de ellos no hubiera existido.

Es justo advertir que mientras aprendía carpintería de joven también obtuve mi licenciatura en filosofía. Esto significa que de vez en cuando tendré una necesidad irresistible de usar una palabra poco conocida como la *teleología*.[7] No estoy tratando de ser pretencioso, solo trato de ser conciso; a veces una sola palabra engloba toda una serie de ideas importantes.

La teleología es una de esas palabras. Significa "el objetivo final", el punto final al cual todas las cosas que hemos hecho (sean éxitos *o fracasos*) nos han conducido.

Hay teleología en nuestras vidas y en los sistemas. Lo que vamos a explorar en este libro es cómo los sistemas conducen a puntos finales específicos *por la naturaleza de su diseño*.

La comprensión de abstracciones es esencial, pero insuficiente. No es suficiente tener un conocimiento abstracto; hay que combinarlo con experiencia en el campo para entender cómo funcionan realmente las cosas.

Hay otro ingrediente esencial: *el riesgo*.

Nunca entendemos realmente cómo funcionan las cosas a menos que nuestro pellejo esté en juego y poner nuestro pellejo en el juego, introduce el riesgo. El perder, el fallar, el ser rechazado, el no conseguir el sustento; esto nos obliga a concentrarnos. No hay sustituto para lo que aprendemos de aquellos problemas que nos ponen a prueba en el mundo real y nos obligan a sus consecuencias.

Póngase junto al conocimiento abstracto, ese conocimiento del mundo real, y con un poco de suerte, desarrollaremos la capacidad de pensar de forma crítica e independientemente, de hacer preguntas y encontrar respuestas que no sean simplemente el plagio de esa trillada narrativa de aquellas aceptadas creencias tradicionales.

---

[7] Teleología: es la rama de la metafísica que se refiere al estudio de los fines o propósitos de algún objeto o algún ser, o bien literalmente, a la doctrina filosófica de las causas finales. Usos más recientes lo definen simplemente como la atribución de una finalidad, u objetivo, a procesos concretos.

El pensamiento ilusorio, resulta acogedor pero está destinado a fracasar

Todos sabemos que a los seres humanos nos gusta que las cosas sean fáciles. Estamos diseñados de esa manera por una razón. Las calorías son escasas y en el mundo de cazadores y recolectores, el gasto de energía valiosa en alguna tarea será realizado únicamente si la recompensa excede en demasía el gasto. (Recordemos que nuestros cerebros son feroces hornos que consumen muchas calorías.)

Por esta razón, preferimos la ilusión antes que el análisis. El pensamiento ilusorio es mucho menos trabajoso. Si se nos da la opción, optamos por una irrealidad, ya que por lo general es menos riesgoso que apostar energía preciosa en alguna indagación que podría no devengar una recompensa.

Pero si nos enfrentamos a problemas complejos, las ilusiones, no son muy útiles, ya que no generan soluciones. La ensoñación satisface nuestra preferencia por lo fácil, pero no resuelve ningún problema.

Si estamos conduciendo una empresa real, por ejemplo, iremos a la quiebra si no somos capaces de resolver sus problemas, apoyarnos en pensamientos ilusorios sería la catástrofe. En la vida hay pocas garantías tan seguras como el fracaso que nos espera al apoyarnos en el pensamiento ilusorio al tomar decisiones.

Las ilusiones, jamás podrán sustituir la ardua labor del análisis, la experimentación, y todos los altamente riesgosos y accidentados procesos para la de resolución de problemas.

Así es que si queremos resolver efectivamente los problemas de la pobreza y el continuo aumento de la automatización de los puestos de trabajo en nuestro mundo, vamos a tener que abandonar nuestra comodidad y realizar algunos dolorosos y costosos análisis en términos de calorías. Los resultados valdrán la pena.

Los tres puntos de partida

Antes que podamos empezar a diseñar un nuevo sistema, primero necesitamos entender por qué el sistema actual ha fallado. De lo contrario, podemos terminar con el mismo resultado en el nuevo diseño. Comencemos con estos tres puntos:

1. Las bases ideológicas de nuestro sistema socioeconómico están tan llenas de incoherencias que ya no tienen ningún sentido.
2. No estamos haciendo las preguntas correctas, aquellas que realmente necesitan ser planteadas.
3. Los sistemas no son ideológicos. Funcionan independientemente de nuestros deseos y no pueden ser reparados con auto-engaños mentales o emocionales.

A pesar de que supuestamente se nos enseña a pensar de manera crítica, sorprendentemente poco o ningún pensamiento crítico realmente se aplica a los cinco principios que se mencionan en la introducción. ¿Cuál es la razón de esto?, pues hay varios motivos.

Si estas bases ideológicas ya no tienen sentido, tenemos que levantar unas nuevas. Esto es un proyecto intrínsecamente arriesgado, ya que las nuevas bases pueden nacer tan incoherentes como las actuales.

A pesar de que realmente no tenemos otra opción, (ya que los principios existentes no tienen sentido, nos guste o no), evitamos cuestionar el *"status quo"*, porque plantearnos estas preguntas nos obliga a aceptar que el futuro es incierto y esta incertidumbre nos genera ansiedad.

Otra de las razones por la cual no nos planteamos las preguntas difíciles es *una falla de imaginación*: pocas personas pueden imaginar un mundo diferente al sistema en el que vivimos.

La idea de que los sistemas existen de manera independientes a cualquier ideología fue iniciado por un ensayo de Donella Meadows, *Puntos de influencia: lugares donde intervenir en un sistema*. Puede leerse este ensayo en su web.[8]

Antes de leer este ensayo, yo aceptaba como muchos la ideología convencional de que los sistemas económicos y sociales eran ideológicos: el capitalismo, el marxismo, la democracia, el socialismo, y así sucesivamente. La gente cree o rechaza los sistemas por razones ideológicas.

Para mí fue toda una revelación el saber que los sistemas pueden ser simplificados a través de sus entradas, reglas de funcionamiento y salidas; y que no tienen nada que ver con nuestras creencias acerca de su benevolencia o su eficacia. En pocas palabras, los sistemas tienen éxito o fracasan independientemente de nuestras convicciones ideológicas sobre el sistema en sí.

Aunque la psicología de las creencias es complicada, todo se reduce a la identidad: nuestra creencia o no en el valor de un sistema determinado, es esencial para nuestra propia identidad.

Por ejemplo, quienes creen en las bondades y la pertinencia de la vivienda subsidiada, lo hacen porque en principio creen en la justicia social y creen que deben existir viviendas para todos. El hecho de que en efecto, la vivienda subsidiada no ayude a las personas de bajos ingresos es contra intuitivo e inaceptable: el programa *tiene* que ayudar a todas las personas de bajos ingresos, porque el deseo de ayudar a las personas de bajos ingresos *identifica* a estos creyentes.

Del mismo modo, quien cree en la libertad económica, cree que la maximización de la ganancia privada guía al sistema hacia la prosperidad. Y se preguntará: ¿Cómo alguien no puede ver lo grandioso y lo correcto que es la libertad económica? El hecho de que maximizar la ganancia privada destruya el sistema, es completamente frustrante e inaceptable a esta creencia:

- La maximización de la ganancia privada *tiene* que hacer que el sistema funcione correctamente, porque creer que el interés particular fomenta la libertad, identifica al liberalista económico.

Y como estos, hay muchos otros ejemplos. Toda creencia ideológica se puede dividir de esta manera.

Cuando nos resistimos a un análisis, es porque está desafiando nuestra identidad. Entonces, no es de extrañar que nos resistamos: ¿puede haber algo más intrínseco a nuestra identidad que la autovaloración de nuestras creencias?

---

[8] http://donellameadows.org/archives/leverage-points-places-to-intervene-in-a-system/ (N.T.)

Una vez que entendemos esto, podemos separar nuestras creencias de los sistemas. Podemos mantener nuestras creencias, pero debemos entender que el éxito o fracaso de un sistema no tiene nada que ver con nuestras convicciones.

Si queremos una salida positiva, debemos examinar el todo como un sistema, no como una expresión de nuestra identidad o nuestras creencias.

Extrañamente, insistimos en apoyar sistemas cuyas salidas son precisamente contrarias a lo que profesamos, porque sentimos que una creencia irrefutable es una expresión de nuestra convicción.

Esto nos deja con una difícil elección. O nos fijamos el objetivo de diseñar un sistema que produce una salida positiva independientemente de nuestra identidad, o nos entregamos a nuestras creencias ideológicas. Debemos tomar uno de estos dos caminos.

Como señala Meadows, los sistemas suelen ser contrarios a la intuición: esperamos que produzcan una salida específica, pero por sus reglas y las entradas que lo están alimentando, estos pueden producir una salida completamente diferente de lo que esperábamos. Añada a esto la incapacidad de imaginar un mundo diferente al que vivimos, y no es de extrañar que nuestros sistemas sean autodestructivos.

La primera sección de este libro tiene tres objetivos:

1. Examinar los vacíos en la ideología tradicional y lo que la hace incoherente.
2. Plantear las preguntas difíciles que aún no se realizan.
3. Comprender nuestra economía y sociedad como un todo sistémico.

Una vez que hemos logrado estos objetivos, estaremos listos para diseñar un sistema que realmente produce una salida positiva.

Automatización, empleos y salario mínimo universal

En la investigación de lo que otros han propuesto como soluciones a la automatización, me quedé asombrado al encontrar enormes omisiones en la narrativa tradicional sobre lo que sucederá cuando el software y la robótica sustituyan vastas áreas de la mano de obra humana. Esta matriz de opinión (tal como se presenta por los economistas de gran prestigio, académicos, periodistas e intelectuales públicos) es que la automatización inevitablemente erosionará los puestos de trabajo, pero dará lugar a uno de estos escenarios:

- La creación de incluso más puestos de trabajo que los que se pierden por el avance de la tecnología, ó;

- La creación de un salario mínimo universal, financiado por los impuestos pagados por quienes posean los derechos de la robótica y/o el software que reemplazará a los puestos de trabajo.

En otras palabras, *no es necesario cambiar las entradas o el sistema*: el sistema va a resolver la destrucción de puestos de trabajo sin que se tenga que hacer nada diferente. Se crearán automáticamente más empleos de los que destruyen, y el Estado va a recaudar más impuestos y va pagar a todos un salario mínimo universal.

Para cualquier persona con experiencia empresarial y con una comprensión básica de los gastos de un gobierno y sobre utilidades corporativas le será claro que cada una de estas conclusiones, son incoherentes y poco prácticas.

Vamos a empezar con la idea de que la tecnología creará más empleos de los que destruye.

Hay poca evidencia de que esto sea cierto. Puede haber sido cierto en el pasado, pero no lo es ahora.

Cuando se pregunta cuál ha sido la tecnología que ha creado más empleos de los que ha destruido en la última década, la típica respuesta es La Biotecnología. Pero lo que pocos parecen recordar es que la industria farmacéutica basada en la química fue destruida por el ascenso de los productos farmacéuticos de base biológica; se perdieron miles de puestos de trabajo. Así mismo, se hace omisión a la impresionante falta de rentabilidad de la gran mayoría de esas empresas de biotecnología; e igualmente se omite mencionar el número excedente de trabajadores formados en ciencia, tecnología, ingeniería y matemáticas (CTIM).

La acreditación de más trabajadores CTIM no crea más puestos de trabajo para estos profesionales.

Esta fe ciega en la que la tecnología va a crear mágicamente más empleos de los que destruye no es más que pensamiento ilusorio. Esta *teología* surge como resultado de la transición de la fuerza laboral agrícola que se convirtió en mano de obra de baja calificación en las fábricas durante la Primera Revolución Industrial (1750 - 1860, vapor, ferrocarriles, fábricas, etc.) y luego volvió a ocurrir en la segunda revolución industrial (1870-1930 producción en masa, luces eléctricas, automóviles, aviones, teléfonos, radio, películas). Cada transición creó millones de nuevos puestos de trabajo de baja calificación para los desplazados debido la siguiente tecnología y creó un número creciente de puestos de trabajo de mayor especialización en las áreas de diseño, tecnología, comercialización y gerencia. Pero la historia no se está repitiendo en esta siguiente revolución industrial.

La tercera revolución industrial

Esta última revolución comenzó con la comunicación digital y con el procesamiento de datos, y últimamente hemos sido testigos de los rápidos avances en la robótica, software y dispositivos digitales en red, como por ejemplo, el internet y sus variantes ("IOT" o internet de las cosas).

Por primera vez en el desarrollo de una nueva tecnología, no hay nuevos empleos de baja calificación que están siendo creados como sucedió en la revolución pasada. No solo hay pocos puestos de trabajo de baja calificación creados en esta nueva revolución digital, incluso los empleos de alta calificación existentes, están siendo erosionados por los rápidos avances en la inteligencia artificial y el software.

Debido a que la automatización y el software están devorando igualmente los empleos de alta calificación, aumentar las capacidades de los trabajadores no creará automáticamente empleos para ellos. Empujar a la población a obtener un diploma en la universidad no crea automáticamente los empleos que corresponden a estos diplomas universitarios.

La matriz de opinión ortodoxa pierde de vista la dinámica clave de la tercera revolución industrial: *el número de trabajadores calificados necesarios para eliminar industrias enteras de trabajadores altamente cualificados es mucho menor a las fuerzas de trabajo que se están eliminando.*

Craigslist, por ejemplo, tiene menos de 50 empleados,[9] pero el solo acabó con miles de puestos de trabajo para la clase media que una vez fueron el soporte a la publicidad de clasificados en los medios impresos.

La codificación de software (que todavía es percibida por muchos como el motor del crecimiento laboral futuro) se está automatizando a sí misma. Enseñar a todos a programar no creará automáticamente millones de nuevos puestos de trabajo cuando serán las máquinas las que se harán cargo de las partes más intensivas de la programación.

En muchos casos, la programación es ya un proceso de armado de bloques de código desde bibliotecas en repositorios en línea: cortar y pegar reemplaza la codificación engorrosa. En otros casos, los sistemas automatizados, como el Helium del MIT [10] puede limpiar y optimizar un código en una hora, un proyecto que podría tomar meses de trabajo humano.

En un mundo de competencia global y presupuestos ajustados, un programa que puede hacer el trabajo de decenas de seres humanos en unas pocas horas (y hacerlo bien) es el maná del cielo para muchas empresas.

Dos características de la programación automatizada nos ayudan a entender por qué la Tercera Revolución Industrial (Digital) es diferente a las dos anteriores revoluciones industriales.

1. El trabajo de escribir el código no tendrá que repetirse. Solo se necesita codificar una vez; y el programa revisa miles de líneas de código de software heredado de forma automática, y aprende a medida que avanza.

2. Una copia digital puede ser distribuida a nivel mundial con un costo cercano a cero.

Estas características ayudan a entender por qué la programación automatizada no va a crear más empleos (bien remunerados para los humanos), que aquellos que destruye: porque todo el propósito del software automatizado es reducir drásticamente los costos y mejorar el rendimiento mediante la eliminación del trabajo humano y los costes de la distribución y de las operaciones.

El trabajo humano cuesta a la empresa 10 veces más, de lo que cuesta el trabajo automatizado

La creencia en que la tecnología creará más empleos de los que destruye es comprensible. La actual mecánica económica solo tiene dos vías para la creación de puestos de trabajo: las empresas, enfocadas en maximizar sus ganancias y el gobierno. Si estos sectores no pueden crear nuevos puestos de trabajo en la medida en que la tecnología los absorba, la actual mecánica económica no tiene salida.

Los economistas que promueven la ideología ortodoxa, están explorando con cuidado este agujero negro, destructor de empleos. Erik Brynjolfsson, Andrew McAfee y el Premio Nobel de Economía Michael Spence escribieron en 2014 que "En caso de que la revolución digital siga su poderosa escalada en el futuro

---

[9] Craigslist Información de la compañía: https://www.craigslist.org/about/factsheet
[10] Un sistema automatizado capaz de programar y corregir código: http://news.mit.edu/2015/computer-program-fixes-old-code-faster-than-expert-engineers-0609 (N.T.)

como lo ha venido haciendo en los últimos años, la estructura de la economía moderna y el papel del empleo en sí, deberán ser replanteados nuevamente"[11].

A pesar de que se cuidaron en no predecir que la revolución digital continuará su ritmo actual, la realidad es que esta revolución está aumentando su velocidad. No tengamos esperanzas en que el software perderá su apetito por disolver más puestos de trabajo, podemos anticipar que su voracidad solo se incrementará.

¿Y por qué esto sucede? Porque los trabajos no son creados como por arte de magia o por teorías abstractas. Los trabajos se crean uno a la vez, al ofrecerle a alguna persona un cheque de pago por realizar una labor que debe ser redituable. Si algún software puede realizar el trabajo más rápido, mejor y más barato que un ser humano, no tiene sentido financiero pagarle a un ser humano para hacer dicho trabajo.

Solamente los empleadores comprenden plenamente el impacto que las tecnologías digitales están teniendo sobre la creación de empleos, porque ellos son los únicos que tienen que hacerse la pregunta: ¿se justifica económicamente contratar a otra persona?

La gran mayoría de la fuerza laboral son empleados, y no tienen la experiencia de ser empleadores. Esto pone un *límite de comprensión* en el entendimiento colectivo sobre las realidades de la creación de puestos de trabajo. Lo que les parece muy posible en lo abstracto a los que no tienen ninguna experiencia es a menudo poco práctico en el mundo real ya que no se tiene conciencia sobre los múltiples aspectos en que los pasivos laborales afectan los ingresos (esto es, la pérdida de la rentabilidad).

En el mundo real, la contratación de más empleados podría llevar a la quiebra a la empresa y a sus propietarios.

Los medios de comunicación masiva tradicionales glorifican a los pocos en la cima de la cadena alimentaria empresarial que cosechan miles de millones en utilidades, pero abajo en las trincheras de esta economía de riesgo, es muy difícil obtener algún beneficio. En este mundo, para que una empresa pueda mantenerse con vida se requiere de la reducción del trabajo humano o extraer el máximo valor de cada empleado.

La función básica del capitalismo es generar beneficios y aumentar el capital. La creación de puestos de trabajo no es el objetivo central del capitalismo, ni es el propósito central del gobierno. Se asume que el empleo se expandirá como un efecto secundario del capital y del Estado (es decir, el gobierno) que persiguen sus propósitos fundamentales propios, pero en la economía digital global, esto ya no puede darse por sentado.

La realidad es que las empresas y los estados tienen que adoptar tecnologías de reducción de costos laborales para poder sobrevivir. Una confirmación de este punto se puede encontrar simplemente observando los titulares de la prensa: la Marina de los Estados Unidos está en la búsqueda de la fabricación 3-D de barcos (no de sus componentes, de barcos enteros), fabricantes chinos a su vez, automatizan fábricas enteras, camiones sin conductores ruedan por las carreteras, e incluso puestos de trabajo que parecen de muy baja tecnología para la robótica, tales como la recolección de hojas de té están siendo automatizados.

---

[11] Comentario en una entrevista publicada por la revista "Foreign Affairs" en 2014: https://www.foreignaffairs.com/articles/united-states/2014-06-04/new-world-order (N.T.).

La automatización no es una opción que puede ser rechazada en favor del antiguo esquema de los negocios. Como veremos en un momento, la automatización es el resultado inevitable de fuerzas estructurales que solo se hacen más fuertes. La principal de ellas es el aumento del costo de la mano de obra humana no solo en los países desarrollados, sino en todas partes.

Hay una tendencia generalizada a desestimar que la automatización sea capaz de reemplazar los puestos de trabajo de alta o mediana especialización a la misma velocidad y manera con la que eliminó trabajos de baja calificación en el agro y las fábricas. Bajo este punto de vista, los 50 empleados de Craigslist que acabaron con miles de puestos de trabajos de la clase media en la industria de la publicidad son vistos como una simple excepción.

Pero en la realidad, los puestos de trabajo en donde la clase media es más abundante, por ejemplo, en la salud, la educación, el gobierno y en la defensa nacional; son cada vez menos costeables y por lo tanto están listos para ser destruidos para reducir costos, mejorar tareas y adecuarlos a las formas de negocio actuales.

La solución convencional a los crecientes costos en estas industrias es aumentar los impuestos o pedir prestado más dinero. Pero los impuestos solo pueden subir hasta que desencadenan recesiones o se apliquen mecanismos de autocorrección. El préstamo de dinero con el tiempo arruina el prestatario, no importa lo grande que este sea. ¿Es pedir prestado otro billón de dólares realmente la solución a los crecientes costos universitarios?

Estas no son las soluciones sostenibles; son simples ilusiones.

La solución es reducir los costos usando tecnología, y reducirla no en un 3% o 5%, sino en un 50% o 90%.

Los que se ganan la vida en estos empleos ya ruinosos, defienden su status quo al afirmar que los seres humanos hacen un mejor trabajo que las máquinas o el software, o bien, que los seres humanos son esenciales, independientemente de su costo.

En muchos casos, esto es igualmente una ilusión auto complaciente.

En cuanto a la toma de decisiones, es elegible desestimar costos: *aquello que podamos pagar será suficientemente bueno*. A modo de ejemplo, un iPad de Apple cuesta US$450. Una tableta con el sistema operativo de licencia libre de Android se vende por solo US$45 (solo el 10% del costo de la iPad) en China y en India. Sí, el iPad tiene muchas ventajas por sobre la tableta de US$45. Pero ¿Cuáles son las ventajas relevantes de un iPad para aquellos que no puede permitírselo? ¿Cuáles son los *costos de oportunidad* que ellos sacrifican al optar por un producto que cuesta 10 veces más que la versión masificada? En otras palabras, ¿qué más puede hacerse con los US$405 que fueron ahorrados al comprar la tableta barata? ¿Qué más se podría hacer con los intereses pagados al pedir prestado el monto adicional de US$405?

Una investigación sugiere que cuando a un grupo de niños se les entregan tabletas con juegos diseñados para enseñar a leer, aprenden a leer y a escribir sin un profesor en lo absoluto. Puede que sea una ventaja que los niños dispongan de un profesor. Pero si no es posible costear a un profesor, entonces con una tableta barata y con estos juegos de instrucción, se logra un objetivo aceptable.

Cuanto más aprendamos sobre lo que hace la educación verdaderamente eficaz, más fácil será automatizar los procesos en el software que funciona en tabletas de US$45.

No se puede culpar a nuestro orgullo por nuestra capacidad humana de empatía y comprensión. Estos son valores importantes. Pero si todo lo que podemos pagar es una tableta de US$45, el cantar las alabanzas por el iPad no solucionará nada.

Ya hay robots en las aulas y robots diseñados para el cuidado de los ancianos en la enfermería. Hay robots que devuelven la movilidad a personas que han estado en sillas de ruedas. El software ya está haciendo bastantes cosas en la navegación de aviones avanzados.

Siempre habrá defensores intransigentes que estarán prestos a defender a los pilotos de cazas como entes esenciales sin importar su costo, pero ¿qué pasa si ya no se pueden costear los US$200 millones que vale cada avión de guerra?[12] Esa actitud de *"Sin importar el costo"* es otra forma de decir: *"que otro pague las facturas"* o *"cárgalo a la tarjeta de crédito"*. Ninguna de estas opciones son una solución; ambas son ilusiones.

Si todo lo que se puede pagar es un robot cuidador, la solución se convierte en mejorar las capacidades del robot, no tratar de reemplazarlo con un ser humano costoso. Si todo lo que podemos pagar es un avión no tripulado guiado desde el suelo, la solución no es un préstamo de $ 1 billón de dólares para construir aviones cazas obsoletos que satisfacen nuestro deseo de parecer correctos. La solución es mejorar las capacidades del avión no tripulado.

Reemplazar aquellos sistemas incosteables e ineficientes es la opción más que evidente y necesaria, pero nos resistimos a esto porque reconocemos que los puestos de trabajo perdidos no podrán serán reemplazados.

Tenga en cuenta la forma en que actualmente manejamos las pruebas médicas. El paciente se dirige a una clínica u hospital, luego espera en una habitación (una pérdida total de tiempo potencialmente productivo), mientras que una vasta burocracia procesa la solicitud y el pago. Se le toma una muestra y el paciente conduce de vuelta al trabajo o al hogar. Las muestras se envían a un laboratorio, donde un personal muy bien remunerado lo procesa. Se introducen a continuación los resultados en un sistema y estos se distribuyen a los pacientes y a los médicos o enfermeras.

Todo esto gasta costosos recursos, tiempo y trabajo. Y lo que es peor, las lecturas son instantáneas que pueden ser engañosas. ¿Qué pasa si un paciente le provoca ansiedad estar en un hospital? (Yo alzo la mano). La lectura de la presión arterial en estos pacientes será más alta de aquella que se registre estando en la tranquilidad de su casa. El paciente puede ser recetado con un medicamento que no necesite realmente.

La tecnología digital está permitiendo manejar de manera más barata y más eficiente las pruebas médicas. Los pacientes llevan dispositivos digitales que toman lecturas continuas en tiempo real. Los teléfonos inteligentes se están convirtiendo en dispositivos de monitorización que eliminan el viaje, el tiempo y la fricción burocrática. No hay papeleo y el dispositivo envía datos a los interesados digitalmente.

---

[12]https://warisboring.com/how-much-does-an-f-35-actually-cost-1f95d239398#.dm77nvj83.

Alegar que el sistema actual es necesario y eficiente es absurdo. Está claro que es un desperdicio, incosteable, ineficaz e innecesario.

Reemplazar este sistema eliminará muchos más puestos de trabajo de lo que se crearán en el área de codificación de software. No hay una regeneración equivalente de los puestos de trabajo, y no hay vuelta atrás a los sistemas altamente costosos, contaminantes, ineficientes que generan esos mismos puestos de trabajo.

Aproximadamente el 50% de los gastos en salud en los EE.UU. se destinan a solo el 5% de la población con múltiples enfermedades crónicas. Si la tecnología puede reducir los costos del monitoreo y el tratamiento de estos pacientes mediante la eliminación del trabajo humano, al final no tendremos otra opción que reducir estos costos. Colocar el costo exorbitante de la asistencia sanitaria en la tarjeta de crédito nacional no es una solución sostenible.

La educación superior se reduce a una simple premisa: una vez que el estudiante aprende a aprender, ya no se necesita una compleja burocracia para enseñar. Como he descrito en mi libro *La universidad casi gratis y la economía emergente*, una reducción del 90% de los costos en la educación superior no solamente es posible sino necesaria.

Las tecnologías digitales permiten reducciones radicales en los costos y una mejora en los resultados.

¿Por qué pagar 10.000 instructores para dar conferencias con calidad mediocre cuando es posible dictar una conferencia de alta calidad en línea y de forma gratuita? ¿Por qué mantener costosas instalaciones universitarias y burocracias cuando la mayoría de los estudiantes ni siquiera tienen que poner un pie en ellos y las lecciones pueden ser dictadas sin esta burocracia?

Todas las justificaciones de la situación actual en la asistencia sanitaria, la educación y la defensa nacional son el equivalente a intimidar a la persona que solo tiene unos US$50, para lograr que compre el iPad que cuesta US$450 en lugar de la tableta de US$45. Insistirle a la persona con US$50 que compre el dispositivo de US$450, argumentando que esa opción podría ser un poco mejor, no es una solución.

Tal vez los aviones de caza F-35 valorados cada uno en un billón de dólares representan marginalmente una mejor opción en ciertas circunstancias, pero una aeronave pilotada desde el suelo que cueste un 90% menos es mejor en muchas otras circunstancias, un hecho que nunca es mencionado por los que defienden sus puestos de trabajo en el actual sistema.

Un extensa universidad llena de instalaciones costosas y un personal con altos sueldos puede ser mejor que el aprendizaje en línea en determinadas circunstancias, pero en muchas otras situaciones, aprender directamente y a su propio ritmo, es un modelo mucho más eficaz que obligar a los estudiantes a sentarse durante cuatro años, para asistir a unas conferencias que les harán ganar una credencial increíblemente costosa, con una rápida depreciación de su valor en el mundo real.

A riesgo de molestar a quienes no les gustan las repeticiones: "*Sin importar el costo*" es otra forma de decir *que alguien más está pagando las facturas* o *que lo carguen en su tarjeta de crédito*. Y en ambos caso ninguna de estas opciones es una solución.

La tecnología está reemplazando los puestos de trabajos de la clase media calificada de la misma manera en que reemplazó los puestos de trabajo de la clase baja, y como resultado de los crecientes costos de esta mano de obra, su apetito está aumentando. Incluso, los puestos de trabajo creados por tecnologías de menor costo son igualmente propensos a ser automatizados a una escala mayor, una vez que el desarrollo inicial se haya realizado.

El trabajo humano es la opción de US$450, y alegar que es esencial no ayuda en nada a aquellas empresas que solo tienen US$50. La única opción racional para estas, es comprar la versión de US$45, y trabajar para mejorar el desempeño de esa tecnología de bajo costo.

La fallas del salario mínimo universal

Revisemos ahora la segunda solución propuesta para solventar el escenario de la automatización eliminando enormes áreas de trabajo humano remunerado: un salario mínimo y garantizado para todos, financiado con los impuestos recaudados de lo que devenguen las empresas que tengan utilidades de su robótica y de su software

Esta es la *solución de un súper estado de seguridad social*: el gobierno recauda suficientes impuestos para pagar los beneficios de la seguridad social no solo al desocupado temporal o aquellos individuos que no puedan trabajar (como niños, personas con discapacidad y las personas mayores), sino a todos los ciudadanos, no solo durante una fase de sus vidas, sino durante toda su vida.

El problema más obvio con esta solución es que los números no encajan: los propietarios de robots y software no pueden producir suficientes ganancias para pagar los enormes costos de un salario mínimo universal a decenas de millones de hogares sin empleo.

Un rápido vistazo a los gastos de cualquier gobierno actual y de las actuales ganancias corporativas, ilustra la desconexión entre los costos de una propuesta de salario mínimo universal y la realidad.

En los Estados Unidos el gobierno federal gasta actualmente US$3.2 billones[13] (billones: 10^{12}) de anuales, y aproximadamente dos tercios de esta cantidad es destinada a programas como la Seguridad Social, Medicare, Medicaid, subsidios de vivienda, SNAP (tickets de alimentos), el desempleo y así sucesivamente.

La estimación del costo para el *salario mínimo universal* es difícil de establecer, si no sabemos el número total de hogares que obtendrán este beneficio, así como la cantidad del beneficio que se entregará, pero sin duda se puede anticipar que los costos serán mucho más altos que los gastos públicos actuales.

Los estados de la unión americana y demás gobiernos locales gastan otros US$3 billones, por lo que en total, el gobierno norteamericano gasta más de US$6.2 billones anuales. Esto es aproximadamente 36% del PIB de los Estados Unidos. Eso es una gran cantidad de impuestos que se deben recoger de las empresas y de los empleados.

- Cada persona que pierde su trabajo por la automatización incrementa el costo del *salario mínimo universal*. Si millones de personas pierden sus puestos de trabajo, los costos de esta *solución* aumentarán progresivamente.

---

[13] Chantrill, C. Total del Gasto Público del Gobierno de los Estados Unidos: http://www.usgovernmentspending.com/

- Cada persona que pierde su trabajo deja de pagar[14] impuestos que eran descontados de su recibo de pago y de sus ingresos anuales. Si millones de personas pierden sus puestos de trabajo, en consecuencia los ingresos fiscales del gobierno caen en picada.

El Total de utilidades corporativas en el 2015 fueron unos US$1.8 billones[15] [16]. Si el gobierno se apropiara hasta del último centavo de las ganancias de estas empresas (lo que obviamente sería poco práctico), solo sería menos del 30% del gasto público total.

Pero en el futuro, (según expone la ortodoxia actual) las empresas digitales serán mucho más rentables que las empresas existentes.

Yo me pregunto, ¿Es este un enunciado firmemente analizado o es simplemente otro pensamiento ilusorio más?

Vamos a tomar como ejemplo a tres gigantes de la tecnología y que prácticamente todo el mundo cree que son los ejemplos positivos del crecimiento de la economía digital: Google, Facebook y Twitter.

Google tiene unos ingresos brutos de US$70 mil millones (es decir: US$ 70×10^9, datos de 2015), sus ingresos netos son de US$14 mil millones, y tiene 55.000 empleados en todo el mundo (la fuerza laboral en suelo norteamericano es de alrededor 33.000).

Si la totalidad de la ganancia de Google fuese entregada al gobierno federal, necesitaríamos 443 Googles, cada uno generando ganancias de US$14 mil millones anuales para financiar todos los gastos del gobierno.

Pero solo hay un único Google en el planeta, y no hay suficiente oxígeno para otro, y mucho menos para cientos de corporaciones parecidas. Google ya maneja la gran mayoría de las búsquedas en Internet.

Si asumimos que cada una de estas 443 corporaciones necesitaría 33.000 empleados en los Estados Unidos. Tendríamos unos 15 millones de empleados privados, aproximadamente el 10% de la fuerza laboral actual estadounidense de 150 millones.

Facebook cuenta con 10.000 empleados en todo el mundo y generó una utilidad neta de US$2,8 mil millones. Necesitaríamos 2.214 Facebook para financiar todos los gastos del gobierno. Esas 2.214 empresas tendrían una plantilla de 22 millones de empleados, menos del 20% de los empleos norteamericanos.

Pero solo hay un Facebook en el planeta, y una o dos compañías equivalentes en China. ¿Cómo generarán sus ganancias las otras 2.213 empresas digitales para emplear cada una a 10.000 personas?

Igualmente consideremos a Twitter, con su alcance global y sus 3.900 empleados. Sus ganancias *antes* de pagar intereses, impuestos, depreciación y amortización (EBITDA) son -US$39 millones. Sí, reflejan

---

[14] PIB de los Estados Unidos en 2015: https://fred.stlouisfed.org/series/GDPC1
[15] Oficina Federal de Análisis Económico: https://fred.stlouisfed.org/series/A053RC1Q027SBEA
[16] Si el PIB en los Estados Unidos en 2015 fue de unos US$17 billones, unas utilidades de apenas un 10% pueden parecer bajas. Y lo son. La mayoría de las grandes corporaciones norteamericanas tienen la costumbre de evitar pagar impuestos, escondiendo sus beneficios bajo el tapete de los "Paraísos Fiscales". Existen otras opciones para evitar impuestos. La empresa Boeing, por ejemplo, lleva 15 años recibiendo subsidios federales (y no paga impuestos) ya que logra acomodar sus números para declararse continuamente en recesión. Vease: El Seattle Times: http://old.seattletimes.com/html/businesstechnology/2023026545_boeingtaxesxml.html
(Nota Especial).

una pérdida. Es una empresa en crecimiento, por lo que quizá obtendrá beneficios netos pronto. Sin embargo, no hay garantías de que ello ocurra.

Entonces, ¿cuántas empresas equivalentes a Twitter necesitamos para financiar US$6.2 billones en el gasto público? Si las empresas no son altamente rentables, no hay nada de donde se pueda tomar los impuestos. Y si no tienen muchos empleados (recuérdese los 50 empleados que únicamente posee Craigslist), no habrá suficiente nómina para cosechar US$6.2 mil millones en impuestos.

En cada uno de estos casos, la empresa domina su sector; no hay suficiente oxígeno para otro Google, Facebook, Twitter o Craigslist adicional, mucho menos lo habrá para miles de tales empresas digitales.

Este análisis es una simplificación, obviamente ya que, yo no conozco los impuestos que Google ha pagado antes de calcular su ganancia neta, los impuestos pagados por la nómina de sus empleados, y así sucesivamente. Pero el punto es que el salario mínimo universal requiere al menos un presupuesto de US$7 billones[17], costeado con impuestos de corporaciones altamente rentables y decenas de millones de empleados bien remunerados que cancelen los impuestos de su sueldo.

Si ninguna de estas condiciones ocurren, entonces la idea del salario mínimo universal no es práctica: al descender las ganancias y los puestos de trabajo, también lo hacen los impuestos.

Nos guste o no, la solución de un salario mínimo universal para resolver el problema del desempleo masivo es solo un pensamiento ilusorio más. Incluso las empresas digitales más rentables generan solo una pequeña porción de las utilidades y nóminas necesarias para financiar la idea para todos, y emplean igualmente solo una pequeña porción de la población activa.

Y esto es suponiendo que no habrá nunca una recesión, y esto es de igual modo un supuesto muy ilusorio.

En las recesiones, las utilidades corporativas tienden a caer en picada. Si las utilidades llegasen a caer en US$1 billón (como ha ocurrido en anteriores recesiones), los impuestos a las empresas apenas cubriría el 5% [18] de los gastos actuales del gobierno, esto sin tomar en cuenta que el costo de salario mínimo universal se dispararía ya que las empresas recortarían sus nóminas.

Los defensores del salario mínimo universal calculan que aumentar los impuestos a los propietarios, a las industrias contaminantes, al azúcar y al alcohol, etc. pagaría los costos faltantes. El problema es que ya los impuestos son elevados en prácticamente todas estas categorías, y un rápido vistazo a los ingresos reales que cada uno de ellos generaría nos revela que el aumento de dichos impuestos quedaría muy por debajo para sustituir todos los ingresos fiscales perdidos como disminución de las ganancias y la desaparición de puestos de trabajo.

La única conclusión posible es que: el salario mínimo universal como solución es una simple fantasía.

Pero hay un vacío aún más grande en este contexto, como veremos más adelante.

---

[17] Ingreso Personal: se refiere al ingreso per cápita.
[18] Con una caída de 1 billón de dólares en ganancias netas, la capitalización total del mercado norteamericano habría tenido en 2015 unos 800 mil millones de dólares. Si 40% de ello lo tomase el gobierno en impuestos, eso cubriría cerca del 5% del gasto público. En efecto, ya hoy día el gobierno norteamericano está en un abismal déficit de más o menos, 5 billones por año. Es el país más endeudado del planeta, deuda que sostiene con su propio Banco Central, la Reserva Federal. (Nota Especial)

La automatización: masifica el trabajo, los bienes y servicios; cercenando las ganancias

Así como la automatización reemplaza los puestos de trabajo, también se come las utilidades, ya que la automatización vuelve al trabajo, los bienes y los servicios en mercancías. Cuando algo se convierte en una mercancía de consumo masivo, su precio baja debido a que los bienes y servicios son intercambiables ya que se pueden producir en casi cualquier lugar.

La tableta de US$45 se puede ensamblar en cualquier lugar, y el software se puede codificar en cualquier sitio.

Las grandes ganancias se producen por la escasez, es decir, cuando la demanda supera a la oferta. Si la oferta supera la demanda, los precios caen y las utilidades desaparecen.

Los costos de la automatización y la robótica están disminuyendo drásticamente. Esto reduce el costo para la aparición en la escena laboral de competidores más ágiles, más pequeños y más hambrientos de hacer tareas, y cuyo objetivo principal será reducir los costos de la producción.

Las piezas necesarias para ensamblar una tableta de US$45 están reduciendo su precio cada día, y los márgenes de ganancias de esas partes es muy estrecho porque son materia prima.

El software del sistema operativo Android es gratis, y muchas de las bibliotecas del software necesarias para crear un nuevo software también son gratis.

La automatización incrementa los suministros y baja los costos. Ambos son mortales para las ganancias.

Así que este es el problema central con la idea de imputar impuestos a los propietarios de los robots y del software para destinar esos impuestos al financiamiento del salario mínimo universal: *a medida que más empleos, bienes y servicios sean automatizados y masificados, menores serán sus ganancias.*

La narrativa actual supone que se creará más riqueza por la destrucción de las industrias y los puestos de trabajo a mano de las nuevas industrias digitales, pero los ejemplos en el mundo real sugieren exactamente lo contrario: la industria musical ha visto reducir sus ingresos a la mitad debido a que la tecnología digital se devoró la mitad del sector. Una industria de US$14 mil millones es ahora una industria de US$7 mil millones[19]. Las ganancias en los impuestos provenientes de los sueldos se han desplomado vertiginosamente.

A medida que los servicios de suscripción de música sustituyen a las ventas de canciones y álbumes, los ingresos seguirán disminuyendo, y más aún cuando los consumidores tienen un mayor acceso a estos productos. En otras palabras, la disminución de las ventas, el empleo y las ganancias están lejos de terminar.

Ejemplos de tales reducciones radicales abundan hoy en día. Por poner un pequeño ejemplo, mi refrigerador hace días atrás se descompuso. El motor lograba encender, pero no enfriaba el compartimiento.

---

[19] Sisario B. y Rusell, K. "In Shift to Streaming, Music Business Has Lost Billions": http://www.nytimes.com/2016/03/25/business/media/music-sales-remain-steady-but-lucrative-cd-sales-decline.html?_r=0

En lugar de reemplazar el aparato y comprar uno nuevo por cientos de dólares o contratar un servicio de reparación especializado sumamente costoso, decidí buscar en la Internet, y logre diagnosticar el problema en un sensor defectuoso, vi un tutorial en YouTube (que para mí es la Universidad YouTube), y decidí ordenar el nuevo sensor para hacer yo mismo la reparación, el sensor me costó en línea menos de US$20 y me tomo solo media hora realizar el cambio, lo que en suma es un ahorro significativo.

La ganancia que obtuvo YouTube fue ínfima, al igual que el beneficio que obtuvo la empresa que fabricó el sensor y lo envió. Las ventas y las ganancias que se perdieron por haber usado herramientas digitales de libre acceso son de magnitud mayor.

Recientemente me entrevistó a través de Skype un periodista que goza de millones de vistas en su canal de YouTube. Hace una década, cuando trabajaba en el periodismo televisivo, realizar una entrevista requería de una costosa planificación de viajes (para el equipo o para el entrevistado), un ingeniero de sonido, un operador de cámara, el talento (el entrevistador), el editor y el productor. Cada uno de estos seis puestos de trabajo han sido amalgamados en uno solo gracias a las herramientas digitales, y el viaje ha sido eliminado por completo.

Algunos argumentarán que la calidad del vídeo y el sonido no es el más idóneo, pero la calidad de la experiencia del usuario se basa en última instancia en la pantalla del visor, que es cada vez más nítida en los teléfonos y en las tabletas. Así que en términos de utilidad, valor e impacto, el producto (es decir, la entrevista) producida por una persona reemplaza el producto de un medio convencional que requiere de seis personas.

En mi propio negocio de contenidos digitales, hace tan solo una década atrás, habría requerido un puñado de personas (si no más). Con las herramientas y los servicios digitales, que ahora existen, puedo hacerlo yo solo. Los que tienen que trabajar con herramientas digitales para sobrevivir saben de primera mano que, una tarea que una vez requirió de un puñado de trabajadores ahora puede (y debe) ser realizado por una sola persona si es que esperamos ganar algún ingreso de la clase media estándar.

Multipliquemos los efectos de un artefacto que no necesita ser reemplazado, un servicio técnico que no necesita ser llamado, media docena de labores reemplazadas por un único puesto (y de medio tiempo), un dispositivo de consumo masivo que cuesta solo el 10% de uno similar de alto desempeño y fácilmente se comienza a entender porque las ganancias se desplomarán a medida que el software avance en su dominación mundial.

Estos no son ejemplos ilusos o basados en proyecciones; estos son ejemplos del mundo real de las tecnologías digitales que están destruyendo los costos, las ventas y las ganancias a una escala masiva.

Algunos observadores han sugerido financiar el súper estado de seguridad social colocándole un impuesto a la riqueza en lugar de las ganancias. Sin embargo, el valor de los activos se basa en última instancia, en la capacidad de generar estas ganancias. A medida que las ganancias disminuyan, alcanzar la riqueza se convertirá en una quimera más allá de lo que estos observadores puedan imaginar.

El auge del costo del trabajo humano

Hay otro conductor de la automatización que la matriz de pensamiento ortodoxo pasa por alto: los crecientes costos de la mano de obra humana.

A diferencia de un trabajador humano, un robot no requiere un seguro de asistencia médica, o de una paga por trabajar, ni beneficios de pensiones, y todos los otros costos del trabajo en general. Un robot no va a hacer huelga por mejoras salariales.

Como lo ha observado el socio-economista Immanuel Wallerstein, el costo de la mano de obra está aumentando en todo el mundo como consecuencia de las fuerzas estructurales que son inmunes a las ganancias de productividad, recesiones, créditos fiscales u otros factores:

1. La urbanización.
2. Los costes externos (daño ambiental, etc.) que ahora se deben pagar.
3. El aumento de los impuestos de seguro social laboral, debido a que el público demanda más servicios por parte del Estado.

Estas tendencias son especialmente visibles en China, que ha visto los salarios dispararse, los costos para el control de la contaminación se disparan y demandas de servicios estatales se disparan.

¿A dónde nos lleva esto?

- La tecnología ya no crea más empleos de los que destruye.
- La ganancia disminuye debido a que la automatización masifica el trabajo, bienes y servicios a nivel mundial.
- Las herramientas digitales están reduciendo su precio, mientras que el costo de la mano de obra humana se eleva inexorablemente.
- Como los costos de la automatización se desploman, las barreras para para su entrada en la fuerza laboral se derrumban, empujando a todas las empresas a la automatización si quieren sobrevivir.

Como las ganancias caen y los puestos de trabajo son eliminados, la base fiscal se estrecha y el estado recauda menos ingresos fiscales. Incluso el estado debe automatizarse para reducir los costos.

Ponga todo esto junto y la conclusión es ineludible: la solución de la ideología actual (la creencia de que se crearán más empleos de los que se destruyan y el sueldo mínimo universal) son solo puras ilusiones.

Lo mismo puede decirse de iniciativas para que el estado contrate a decenas de millones de trabajadores desplazados en una especie de programa gigante de impulso laboral. ¿De dónde va a venir el dinero si los ingresos fiscales fallan?

Sí, el gobierno puede pedir dinero prestado, pero esto no es una manera sostenible para financiar decenas de millones de puestos de trabajo. Si las ganancias y el crecimiento del empleo no van a volver, el préstamo de dinero es un recurso provisional temporal, no una solución.

Este sistema no puede resolver los problemas de la automatización

Vamos a resumir lo que hemos encontrado hasta ahora en términos de sistemas.

La ideología imperante afirma que el sistema actual creará más puestos de trabajo de forma automática sin que tengamos que hacer nada diferente. Y si esto resulta ser falso, entonces el sistema le dará a cada uno un ingreso garantizado de por vida, sin cambiar nada, excepto la tasa impositiva a aplicar sobre las empresas propietarias de robótica y software, que se comieron todos los puestos de trabajo.

Ambas soluciones son impracticas en su totalidad y sin base en la realidad. Ambas son simples ilusiones.

Pero eso no es todo lo que está mal en la ideología imperante.

La pobreza va mucho más allá de lo material

La ideología ortodoxa actual no reconoce que la pérdida de puestos de trabajo incluye una pérdida de propósito y de cohesión social. En la versión de fantasía del salario mínimo universal, se cree que las personas que reciban un ingreso garantizado serán libres de explorar la literatura, componer música, crear obras de arte, jugar y vivir una vida productiva con ocio incluido. Liberados de la carga de trabajo, la gente va a consumir los productos y servicios creados por la automatización.

Esta fantasía pasa por alto que a las comunidades a las cuales se les da vivienda, comida y atención sanitaria gratuita, son en realidad un caldo de cultivo para su propia autodestrucción, aumento de patologías, depresión, mala salud e infelicidad. Los intelectuales públicos que defienden la fantasía de un ocio creativo, basan su visión de utopía en su propio grupo de semejantes, los cuales son los individuos más educados, los más motivados, los más ambiciosos y los que más logran, los cuales solo son el 1% de la población activa. La mayoría de las personas no son capaces de crear un propósito y significado de vida más allá de un ambiente de trabajo que le ofrece las funciones sociales significativas.

El trabajo es la base para el propósito y las funciones sociales positivas; el ocio y el consumo no lo son.

El investigador John B. Calhoun[20] encontró que una vez que el número de puestos para roles sociales es llenado por individuos capaces, la cohesión social se rompe, y la patología de desesperanza compartida resultante, crea lo que Calhoun llamó un *disipador del comportamiento*. La esperanza y el espíritu humano son destruidos por este agujero negro sin fondo.

Aunque pensamos en la pobreza en términos materiales, la pérdida mayor al desaparecer los puestos de trabajo será la pérdida de los roles sociales positivos, el propósito y significado individual, ya que el empleo no es solo la razón para levantarse por las mañanas, sino la razón para contribuir y aportar. Simplemente dar dinero a la gente no crea automáticamente los roles sociales positivos. Más bien, refuerza un estado auto-destructivo que yo llamo *la adolescencia permanente* la cual se enfoca en el ocio y el

---

[20] Sobre John Calhoun y el experimento con roedores. http://www.theinfolist.com/php/SummaryGet.php?FindGo=Behavioral%20Sink. (N.T.)

consumo que termina trivializando la vida humana. Ese despojo de los roles sociales en favor del consumo conlleva a la auto-absorción, a la pérdida del propósito, del sentido de orgullo y del significado de la propia vida.

Que los economistas están ciegos ante el terrible empobrecimiento de la vida humana cuando desaparezca el trabajo significativo me parece asombroso, y nos recuerda que *el trabajo no es solo un arreglo financiero*; se trata de un arreglo social y la fuente de orgullo personal y propósito de vida.

La pérdida de los puestos de trabajo no es solo una pérdida de ingresos, sino la falta de oportunidades para adquirir la propiedad de los *motores de la creación de riqueza*. La gente no quiere simplemente sobrellevar su vida; quieren prosperar. Dándoles un estipendio gratis los priva de la oportunidad de hacer algo más que sobrevivir.

La pérdida del empleo desmantela no solo los ingresos sino el ecosistema de una comunidad que trabaja y crea puestos de trabajo. Eliminemos los puestos de trabajo y se obtiene lo que el autor Yann Moulier-Boutang [21] ha llamado la "pobreza de la organización social."

El problema con el salario mínimo universal no es que apunta demasiado alto, sino que su objetivo es demasiado bajo. En lugar de empoderar a las personas con puestos de trabajo seguros, elimina los roles sociales y las oportunidades que solo el trabajo proporciona.

El crecimiento no es un modelo positivo ni sostenible

Sin embargo, otro error común es el supuesto de que el crecimiento (del consumo, la producción, las ventas, ganancias, salarios e impuestos), es la mejor política porque por sus efectos hacen avanzar a todas las empresas como la marea levanta a todos los barcos.

Este punto de vista tenía sentido cuando los recursos eran abundantes y baratos. Pero con 7 mil millones de personas que aspiran a una vida de clase media, hay limitaciones en los recursos. Los océanos, por ejemplo, ya han sido despojados de muchas especies marinas. El agotamiento de los suelos y los acuíferos de agua dulce no pueden ser restaurados si la demanda de estos recursos no deja de aumentar cada día.

La revolución digital se está tragando al mundo, en parte debido a que consume menos recursos. Por ejemplo:

- En lugar de invertir en cemento, acero y enormes cantidades de energía en la construcción de miles de nuevas habitaciones para hoteles, Airbnb crea miles de nuevas habitaciones disponibles dentro de edificios ya existentes.

- Compartir tu automóvil permite a un número de personas tener acceso a un vehículo sin que cada persona tenga que comprar y mantener uno. Este modelo de la vida de *acceso, compartido* [22] es

---

21 Yann Moulier es un economista francés, y es curiosamente defensor del salario mínimo universal, tal como lo explica en su libro "la abeja y el economista". (Nota Especial)
22 Este es el fundamento del "sharing economy" o de los paradigmas colaborativos. Si bien aquí se socializa la propiedad, el objetivo del esquema colaborativo, es administrar los accesos a un beneficio, en interés de una colectividad. Pero hay que recordar que a la larga, siempre hay un dueño a quien hay que pedir permiso para acceder al beneficio, bien sea un dueño social o individual.

más eficiente y ligero en los recursos, pero al hacer un mejor uso de un menor número de vehículos, se acaba con el dios del crecimiento.

- Las compañías de música antes enviaban discos o discos compactos a miles de puntos de venta; ahora los amantes de la música descargan archivos digitales para disfrutarla.

- Libros que una vez que se imprimieron en grandes cantidades y se enviaban a los minoristas (que envían los ejemplares no vendidos de vuelta a los editores, que luego los envían de nuevo a ser revendidos a bajo costo) ahora se imprimen bajo demanda: cuando un cliente pide una copia, se imprime el libro y es enviado (o entregados digitalmente a casi ningún costo). Todo el desperdicio del antiguo modelo de transporte ha sido eliminado.

- Cuando antes era necesario un dispositivo por separado para escuchar música, otro para ver la televisión o un tercero para abrir una hoja de cálculo, ahora un solo dispositivo móvil hace todo esto posible.

Estos son solo algunos ejemplos de la forma en que las tecnologías digitales reducen tanto los costes como el crecimiento, debido a que tales cosas son medidas en términos de ventas, consumo de energía, y similares.

Para un sistema que requiere del crecimiento permanente, el paradigma de *"Más rápido, mejor, y más barato"* es fatal, porque significa menor ganancia, menos empleos, menos consumo, y una base imponible estrecha. Todo el mundo se enfoca en las pocas empresas que cosechan grandes ganancias en esta destrucción de sectores ya establecidos, pero pocos le suman a ello la destrucción de las utilidades y de los puestos de trabajo.

La disrupción inicial genera grandes ganancias, pero esto ocurre solo al inicio: una vez que la vieja manera de hacer las cosas haya sido reemplazada, las grandes ganancias disminuyen a medida que la nueva tecnología es convertida en mercancía.

Lo que es bueno para la sostenibilidad (menor consumo de recursos, bienes y mano de obra) es fatal para los intereses del crecimiento permanente.

Y existe otra grieta en la creencia de que *el crecimiento permanente es necesario*. Ya que se basa en la idea muy repetida de que los deseos humanos son ilimitados y que por lo tanto las ventas y las ganancias se pueden multiplicar para siempre a medida que estos deseos infinitos son satisfechos por la producción de más bienes y servicios. ¿Pero es realmente cierta esta idea?

Si partimos desde un punto de vista de privación material, pareciera que los deseos si fuesen ilimitados. Pero las necesidades humanas fundamentales son en realidad muy limitadas. Más allá de las exigencias físicas de alimentos, agua y refugio (en la jerarquía de necesidades de Maslow, las necesidades fisiológicas), las necesidades humanas son de hecho intangibles y no pueden ser satisfechas solo al maximizar las ganancias de una empresa o del estado. La idea de que los deseos humanos son ilimitados y

---

El paradigma colaborativo no es ningún atentado a la propiedad privada, porque tal y como nosotros lo explicamos en nuestro proyecto del dinero caudal, pedir permiso para agarrar lo ajeno es el fundamento de la civilización. El que la propiedad se socialice no significa que no pueda ser privada. Las grandes empresas privadas, por poner un ejemplo, son propiedad de grandes sociedades de accionistas. (Nota Especial)

pueden ser cubiertos de forma mercantilista con más bienes y servicios es una idea empobrecedora y hasta inmadura. La vida humana es mucho más que la simple satisfacción de nuestros deseos.

Por ejemplo, la amistad es claramente una necesidad humana. ¿Puede un producto sustituir a la amistad? Obviamente no. ¿Puede la amistad ser comprada o alquilada? Claro que no. ¿Qué sucedería si las superficialidades consumistas erosionan nuestra experiencia real de la amistad de formas que tendríamos dificultades incluso para reconocerla?

El crecimiento permanente requiere de una interminable comercialización de unos bienes y servicios adicionales que son cada vez más cosméticos. Yo llamo a este proceso, *la mercantilización de la experiencia humana*[23]: cada interacción y cada emoción humana termina transformándose en una transacción financiera que beneficia a la maximización de los beneficios de una empresa, de un banco y de un Estado, quienes terminan dependiendo de estas transacciones para generar dividendos e ingresos fiscales.

Para impulsar la compra de bienes y servicios que no sean necesarios, la comercialización socava a la real identidad del ser humano en favor del narcisismo y la auto-gratificación.

El proceso para el crecimiento consumista permanente, es simple:

- Generar inseguridad y dudas en el individuo mediante la comercialización de normas imposibles: solo aquellos que son delgados, que estén en forma, que sean súper ingeniosos, elegantes, agradables, creativos, ricos y apropiadamente humildes son dignos de una buena vida.

- Hacer de la compra de un bien o servicio la solución a la inseguridad y a la duda.

Crear inseguridad que solo pueda resolverse mediante compras impulsivas, genera un estado destructivo de la *adolescencia permanente*.

Una vez que eliminamos la mercantilización y entendemos las verdaderas consecuencias de todo este sistema, nos damos cuenta de que la ideología del crecimiento permanente es un desastre, no solo para este, nuestro sobrecargado planeta, sino para todas las personas y las culturas atrapadas por esta fantasía perversa.

La gran fantasía de crear deseos sin fin, que conducen a la constante expansión del crecimiento y los márgenes de ganancias no solo es una farsa, es completamente contraproducente. El enfoque del marketing en los bienes y servicios innecesarios que buscan llenar nuestras inseguridades y deseos más adolescentes, inhibe activamente el alcanzar la realización de nuestras verdaderas necesidades intangibles como los son: la amistad, la reciprocidad, la pertenencia, el propósito de vida, los roles sociales positivos y la empatía.

La economía del conocimiento y el capitalismo cognitivo

---

[23] Tal y como nosotros lo explicamos en nuestro proyecto del dinero caudal, este tipo de distorsiones sociales son fenómenos que aparecen como resultado del intercambio de *beneficios que no corresponden a la misma naturaleza*. Por poner un ejemplo, en algunas sociedades de la antigüedad se acostumbraba comprar la virginidad de una doncella a la familia a cambio de vacas y ovejas, siendo los beneficios intercambiados de una naturaleza totalmente diferente. En consecuencia, este actuar termina siendo una transacción moralmente vacía, que debilitaba el tejido mismo de esa sociedad, e hicieron de ellas, estructuras muy débiles frente al cambio. Si deseas fundar una familia, los beneficios a ofrecer e intercambiar deben ser de un orden moral (amor, honor, fidelidad, etc.), similares a lo que se está recibiendo, en lugar de bienes de naturaleza mercantil. La mercantilización de la experiencia humana corroe el tejido social a una escala fundamental, efecto que se siente en nuestro actual sistema monetario, en nuestra psique y en nuestra moral colectiva. (Nota Especial)

Frases como economía del conocimiento y el capitalismo cognitivo nos hacen fruncir el ceño.

¿Qué quieren decir? ¿Se refieren a algo real, o solo son abstracciones académicas?

Lo que se describe es real, pero increíblemente ambiguo, en vista de que las cosas no siempre son tan claras y precisas en las revoluciones, y en este caso, hablamos de la tercera revolución industrial (digital).

Así que vamos a quemar algunas calorías analizando lo que significan estos términos en el mundo real.

Los autores Moulier-Boutang y McKenzie Wark llaman a *la economía del conocimiento* (o el *capitalismo cognitivo* en la frase de Boutang) a un sistema diferente a aquel compuesto de corporaciones organizadas jerárquicamente, estados y empleos.

En esta nueva organización, las claras líneas que separan a la propiedad, la mano de obra, los activos y la producción se desdibujan, ya no se limitan a hacer el trabajo convencional de objetos o de prestación de servicios. El trabajo cognitivo, alimenta la transformación de las actividades intelectuales en activos negociables en forma de investigación y desarrollo, gestión logística, entre otros.

El valor se genera por la red, una nueva forma de organización que es diferente a las jerarquías tradicionales de las corporaciones y los estados. El economista Michael Spence (entre otros) ha observado que el valor (en forma de activos y utilidades) fluye a lo que es escaso.

- Debido a que la automatización y el software son exitosos en convertir a los procesos en materias primas, bienes de consumo masivo y servicios, crean muy poco valor o ganancia.

- Dado que los bancos centrales han empujado el costo del crédito a casi cero, el capital prestado se consigue fácilmente por casi nada y por lo tanto también tiene poco valor de escasez.

El valor en la economía del conocimiento no es cualquier conocimiento, sino aquel conocimiento que aumente la productividad, que podemos resumir en *más rápido, mejor y más barato para hacer más con menos*.

La productividad depende de la innovación, que a su vez depende de las habilidades de colaboración y fertilización cruzada de diferentes áreas de conocimiento.

Como lo observaron Michael Spence y sus coautores Andrew McAfee y Erik Brynjolfsson en su ensayo de 2014, *El trabajo, el capital y las ideas en las economías de fenómenos exponenciales*[24], en la era de la automatización, ni el capital ni el trabajo tienen valor de escasez y el crédito es casi gratis; "La Fortuna favorecerá, en su lugar a un tercer grupo: los que puedan innovar y crear nuevos productos, servicios y modelos de negocio".

El valor en la economía del conocimiento no se distribuye de forma equitativa. Los rendimientos de trabajo humano y el capital son muy bajos, mientras que la escasez de las habilidades y los conocimientos que crean nuevos modelos de negocio que impulsan la mayor parte de las ganancias para la clase creativa:

---

[24] Los fenómenos exponenciales corresponden a aquellos fenómenos que manifiestan el principio de distribución logarítmica, propuesto por George Zipf, vinculado al famoso principio Pareto, del 80/20. Referencia: Power laws, Pareto distributions and Zipf's law: https://arxiv.org/abs/cond-mat/0412004. (Nota Especial)

"La distribución de los ingresos para esta clase creativa por lo general toma la forma de una ley exponencial, con un pequeño número de ganadores capturando la mayor parte de las recompensas. En el futuro, las ideas serán activos más escasos en el mundo - más escasos que el capital y el trabajo - y los pocos que proporcionen buenas ideas cosecharán grandes utilidades".

En su *Teoría de la Información del capitalismo*, el autor George Gilder propone que la economía es fundamentalmente un sistema que recompensa el aprendizaje y el conocimiento. Sus funciones convencionales (inversión de capital con prudencia y distribución de la riqueza) son secundarias. El comentarista Bill Bonner ofreció esta explicación: "La información, (dice Gilder), siempre es sorprendente. Nos dice cosas que no sabíamos. La persona que es la fuente de la información más importante, es el emprendedor".

Aprender es difícil y costoso. El desarrollo de nuevas ideas y su aplicación en el mundo real es un proceso riesgoso e incierto. Desde esta perspectiva, las recompensas fluyen no solo hacia lo que es escaso, sino a lo que es arriesgado también. Como la mayoría de las ideas no llegan a buen término, las nuevas ideas que tienen éxito son intrínsecamente escasas.

En otras palabras, no hay una forma de identificar y explotar la escasez en una economía del conocimiento que esté libre de riesgo.

El valor en el trabajo es identificar aquello que es escaso, lo que incluye áreas intangibles cada vez más grandes como la *atención y cuidado*. La colaboración, la capacidad de respuesta, la autonomía y las habilidades inventivas (las bases de la clase creativa del capitalismo cognitivo) son difíciles de medir en términos tradicionales.

¿Cuál es el costo por hora de ser autónomo o de la inventiva generada?

En este sistema, las recompensas dependen del valor de la salida, lo cual es intrínsecamente impredecible.

Si entendemos el riesgo y la escasez, entendemos por qué el modelo tradicional de pagar a la gente por su tiempo ya no tiene ningún sentido. Incluso pagar a la gente por sus habilidades no tiene sentido, ya que no hay garantía de que estas habilidades van a generar nuevas ideas que creen valor.

Esto nos deja con una revelación entristecedora: no hay una tarifa por hora para la autonomía y la inventiva. El valor depende por completo de la salida de esta labor.

La economía del conocimiento, recompensa ricamente las piezas de trabajo cognitivos (el ser pagado por aquello que se logra, no por el tiempo dedicado a la realización de la obra). Pero a diferencia del modelo de producción convencional, el valor de la obra no se conoce de antemano, ya que los productos más valiosos no son nuevas ideas, sino las nuevas ideas que llegan a buen término.

La propiedad de las nuevas ideas no es lo mismo que la propiedad de minas, barcos y fábricas, debido a que las nuevas ideas pueden ser distribuidas digitalmente de forma gratuita.

En su libro de 1993 La sociedad post-capitalista, Peter Drucker identificó los conocimientos del trabajador como *los medios de producción* en la economía del conocimiento.

En la economía tradicional, los medios de producción eran activos tales como fábricas que contratan mano de obra por hora para producir bienes y servicios. Esta división alienó al trabajador del valor de su trabajo. La economía del conocimiento reconecta las ganancias con los propietarios de los nuevos medios de producción: los propios creadores cognitivos.

La red ofrece nuevas maneras de organizar el trabajo y producir valor. Ya no son necesarias las jerarquías centralizadas para administrar a los trabajadores y a las tareas; Los creadores auto dirigidos colaboran en proyectos y comparten las fuentes de ingresos sin una jerarquía de gestión que supervise su trabajo.

Si seguimos el análisis de la mercantilización en el libro "*La Cultura del Narcisismo*" de Christopher Lasch, encontramos que, no son solo los empleados los que son intercambiables; los empleadores son igualmente intercambiables. La intercambiabilidad del trabajo, los empleados, los empleadores, los productos y servicios es la característica clave de la mercantilización.

Si encuentra todo esto frustrantemente impreciso, comparto su frustración. A pesar de que yo trabajo en la economía del conocimiento y vivo en el mundo del capitalismo cognitivo, estoy en apuros para darle sentido a mi trabajo o darle valor en términos convencionales, tales como tarifas por hora.

A pesar de que este marco de creación de valor desafía la cuantificación sencilla, no quiere decir que sea menos real que las estructuras económicas tradicionales. Sí, el mundo todavía necesita de bienes manufacturados, productos agrícolas, plásticos, vidrio, energía y todos los demás productos de una economía industrial. Pero a medida que estos elementos esenciales tangibles se producen cada vez más por los procesos automatizados, su potencial para crear valor en consecuencia, disminuye.

Como el valor se deriva cada vez más de los activos intangibles, del conocimiento y de las redes, se hace cada vez más difícil darle sentido a la creación de valor en términos convencionales.

La escasez y el valor en el capitalismo cognitivo a menudo son efímeros y difíciles de precisar.

Mi propio trabajo podría ser categorizado como creación de contenido, pero ¿cómo es esto diferente de los contenidos creados por el software? Ya existen programas que producen un contenido en serie basado en estadísticas y narrativas simples: un jugador marcó un gol en el tercer período, poniendo por delante el equipo B, y así sucesivamente.

Si mi contenido es idéntico al contenido que fue creado por un software y como este viene esencialmente libre de costo, mi contenido tiene muy poco valor.

Creo que es más exacto decir que yo *le doy sentido* a lo que creo debido a la inundación de datos que llegan a nosotros todos los días.

Alguien podría codificar un programa que haría esto tan bien como yo. Cuando eso suceda, voy a tener que hacerlo con más ingenio y perspicacia que el software o mi producto perderá su valor de escasez.

En caso de que el resultado del software sea más ingenioso y más profundo que lo que yo cree, voy a tener que aumentar la calidad de mí trabajo a un nivel difícil de programar: tal vez será la *autenticidad*, un beneficio intangible difícil de alcanzar, que los seres humanos reconoceremos intuitivamente debido a nuestros detectores de engaños que poseemos, finamente sintonizados.

Si el sentido del humor y todas las demás cualidades humanas alusivas a los escritores consiguen ser automatizados, entonces mi trabajo perderá su valor de escasez, y yo, o bien voy a tener que trabajar de forma gratuita, tener que pedir caridad ("¡Por favor apoyen a uno de los últimos pocos escritores humanos con comentarios auténticos! "), o cerrar el negocio.

En un mundo de rápida automatización, podemos generalizar esta búsqueda de escasez de la siguiente forma: lo que será escaso será extraer el máximo valor de las máquinas y el software, para luego realizar lo que las máquinas y el software no pueden hacer por su cuenta.

- Los cirujanos que realicen la mayor parte del trabajo con herramientas quirúrgicas robóticas y luego harán lo que el robot no puede hacer por sí solo será lo que genere el máximo valor.

- Los abogados que extraigan la máxima utilidad de software legal experto y luego incorporen sus habilidades en juicios y contratos con sus habilidades de escritura persuasiva será lo que cree el máximo valor.

- Los ingenieros de software que extraigan la máxima utilidad de las bibliotecas de código existente y de las herramientas automatizadas generarán el mayor valor.

Aquellos que no sepan cómo extraer el valor a partir de los robots y software más productivos verán sus ingresos estancarse.

Este proceso no siempre es evidente. Y he aquí un ejemplo. Nos invitaron a comer en casa de unos de nuestros amigos en Santa Clara hace unas semanas atrás. Él es un científico de investigación en una empresa líder en tecnología, y está completando un doctorado en ciencias de la computación.

Estábamos hablando sobre la automatización, y yo en broma le dije que mi capacidad para arreglar un grifo de cocina sigue siendo valiosa, porque la programación de un robot para realizar la solución de este problema (de llegar debajo del fregadero, aflojar la tuerca de fijación, y todos los pormenores) sería muy costoso y por lo tanto sigue siendo más barato pagar a un ser humano para hacer la reparación.

El hizo me hizo la observación que esto solo se mantendría hasta que el sistema de drenaje fuera diseñado específicamente para ser reparado cómodamente por un robot.

En otras palabras, el arquitecto que diseñe un edificio tomando las precauciones de un buen diseño, para que sea de fácil acceso para los robots que lo construirán y le harán reparaciones, es quien va a crear el mayor valor.

El diseñador que haga que el grifo sea fácil de reparar por los robots habrá creado un valor difícil de valuar, ya que su facilidad de reparación durará toda la vida útil del producto.

Nuestro amigo el investigador sugirió que los camiones autónomos podrían completar las rutas de larga distancia por su cuenta, y luego se detendrán en un punto para recoger un conductor que los operará en la última milla por las calles congestionadas de una gran ciudad.

Una vez más, el valor del trabajo humano estará en hacer el mejor uso de la automatización y luego añadir lo que el software no pueda hacer, y en algunos casos, un ser humano solo estará presente para agregar seguridad y supervisión.

Lo que será escaso en esta nueva forma de organización basada en redes, será saber cómo extraer el máximo valor a la tecnología mercantilizada. Otra forma de entender esto es: *Lo que será escaso será la capacidad de elegir qué optimizar y cómo optimizarlo.* Siempre habrá una negociación sobre lo que se está optimizando, y esas negociaciones serán matices que siempre estarán en constante cambio. Estas habilidades son difíciles de automatizar porque las entradas están cambiando constantemente y pueden desafiar cualquier cuantificación.

Cada vez más, los recursos que se necesitan para ser productivos están disponibles gratis en línea. Pero las habilidades necesarias para hacer el mejor uso de este vasto tesoro de recursos libres no son tan fáciles de adquirir.

Por ejemplo, el mes pasado un amigo me escribió un código de software para automatizar una tarea tediosa de archivado que necesitaba. No pude conseguir que la secuencia de comandos funcionara (no debe sorprender, ya que no soy programador) así que encontré una plantilla CSS en línea y ajuste el código para adaptarlo a otras necesidades. No pude optimizar la tarea del código, pero optimicé otros aspectos del proyecto.

Podría esforzarme para aprender lo suficiente del lenguaje de programación para utilizar el código, o podría optimizar algún otro aspecto del proyecto. Esa elección no depende solo del conjunto de mis habilidades existentes, sino del cálculo de la rentabilidad futura del proyecto y del valor potencial que cualquier tipo de habilidad nueva me otorgue al invertir mi valioso tiempo en aprenderla.

Para alguien anticipando el futuro en el desarrollo del software, aprender el lenguaje de programación probablemente habría sido la opción de más valor, a pesar de que el pago del primer proyecto era bajo. Sin embargo, la elección de qué optimizar no es necesariamente obvia, tampoco lo es, aprender cómo elegir lo que se ha de optimizar.

Una de las pocas cosas que podemos decir con toda confianza es que las personas que desarrollan habilidades en los niveles 3 y 4 del *Espectro del Conocimiento (Del inglés "Depths of Knowledge", DOK)* de Norman Webb (razonamiento, inferencia, planificación e investigación) son más propensas a captar las complejidades de elegir qué y cómo optimizar de forma más productivas.

Los cuatro niveles son:

- DOK 1: Recordar.
- DOK 2: Aplicaciones de habilidades y conceptos.
- DOK 3: Pensamiento estratégico.
- DOK 4: Pensamiento extendido.

El nivel DOK 2 es fácil de automatizar. Aprender un lenguaje de computación no es suficiente para asegurar que su trabajo no será devorado pronto por el software. Lo que es escaso es la capacidad de absorber nueva información y aprender nuevas habilidades rápidamente, la flexibilidad, la curiosidad, la atención al detalle, la adaptabilidad, la fiabilidad, la capacidad de respuesta, la autonomía y la inventiva.

Estos son los rasgos esenciales de lo que yo califico con el término de la clase Móvil Creativa. Esta clase social no es necesariamente móvil en el sentido de moverse entre ubicaciones geográficas (aunque podría ser); sino que son móviles en el sentido de moverse fácilmente entre las bases de conocimientos y habilidades.

Las personas con poca experiencia en las trincheras de la tecnología pueden estar tentadas a pensar que el trabajo móvil creativo puede crear más puestos de trabajo. Pero esto pasa por alto el punto anterior, que la automatización y las herramientas digitales han eliminado el 80% de los costos y mano de obra de un sector tras otro. El 20% del trabajo que queda hace especial hincapié en un conjunto específico de habilidades, valores y motivaciones. Incluso si formamos a todos los miembros de la fuerza de trabajo para tener esas habilidades y valores, esto no significa que los empleos que se perdieron regresarán. El aumento de la oferta laboral no aumenta automáticamente la demanda de esa mano de obra.

¿Los puestos de trabajo restantes generan suficiente valor para ganar un ingreso moderado de clase media? A medida que las habilidades se masifican o automatizan, su valor se desploma y la renta de los que realizan ese trabajo se reduce en consecuencia.

Los límites de la economía del conocimiento y del capitalismo cognitivo

¿Qué podemos concluir acerca de la economía del conocimiento y del capitalismo cognitivo?

Vamos a empezar con una pregunta: ¿es esta nueva estructura económica lo suficientemente estable, predecible y generadora de riqueza como para dar trabajo a todos los desplazados por la automatización?

Creo que la respuesta claramente es no. No solo es que el número de puestos de trabajo sea limitado, pues igual de limitado es el número de personas con las habilidades cognitivas, la motivación y la personalidad para prosperar en un entorno en el que, (según la famosa descripción del capitalismo de Marx) "todo lo sólido se evapora en el aire, y el valor escaso del propio esfuerzo se está escurriendo constantemente".

Aquellos que prosperen en este entorno, deben absorber dosis masivas de información e identificar el trigo útil de la paja irrelevante. Deben disfrutar de aprender cosas nuevas todos los días, y de sentirse cómodos con la frase de Andy Grove que dice *solo los paranoicos sobreviven*: aquellos que descansan en sus laureles serán superados por sus competidores o el software.

Tal y como la asesora Heather McGowan lo observó: "El valor de un trabajador ya no es principalmente o exclusivamente lo que conoce, sino más bien la velocidad con la que puede aprender y aplicar lo recién conocido, y este es un cambio drástico e inquietante para muchos." [25]

El valor que se crea en el capitalismo cognitivo a menudo no está claro. Podría ser un efecto de segundo orden, o la recompensa podría venir en el futuro. ¿Cuál es la tarifa por hora por la autonomía y la inventiva? Nadie puede saberlo con precisión, ya que depende de la escasez de la salida, es decir, de los procesos y los productos que se producen.

Robin Chase, cofundadora de Zipcar, llamó a este nuevo modelo de organización *Peers Inc.*, (Compañía de Iguales), semejantes que optan por colaborar para crear valor: "A lo largo del último siglo las empresas han hecho dinero acumulando cosas: activos, propiedad intelectual, personal. Por el contrario en

---

[25] Referencia a la entrevista: http://www.inc.com/natalie-nixon/the-future-of-work.html (N.T.)

la nueva economía de colaboración, el intercambio y los activos en red, son plataformas, similares a asientos de automóviles o dormitorios compartidos, que permitir crear valor de forma más rápida".

Es fácil glorificar a esta nueva estructura organizacional, donde el valor está a menudo en la red y no en las jerarquías tradicionales de las corporaciones y los estados. Pero el exigente mundo del capitalismo cognitivo no es fácil de navegar, y sospecho que la mayoría de la gente se sentirá insegura con los constantes cambios no deseados del valor.

Creo que no es razonable esperar que todo el mundo desarrolle una constelación de habilidades, valores y rasgos únicos para prosperar en un mundo tan inseguro, y es igualmente impensable esperar que aquellos que buscan utilidades en este panorama cambiante puedan pagar salarios seguros a los trabajadores.

En otras palabras, las normas que rigen a las organizaciones convencionales no funcionan en la economía del conocimiento, al menos no como originalmente se ha pretendido. Es por esto que muchos la perciben como irrelevante o inquietante.

Resumen de la economía del conocimiento

Vamos a resumir la economía del conocimiento:

- El valor fluye hacia lo que es escaso.
- El capital y mano de obra son abundantes y por lo tanto tienen poco valor de escasez.
- A medida que los bienes y servicios se masifican, pierden valor de escasez.
- La información y el conocimiento son también abundantes.
- Lo que es escaso es el conocimiento que se traduce en nuevos procesos, productos, servicios y modelos.
- Muchas nuevas ideas no dan lugar a nuevos productos, modelos, etc.
- El proceso de hallar valor a nuevas ideas es inherentemente arriesgado.
- Las nuevas ideas que automaticen o masifiquen lo que aún no se ha automatizado o masificado generarán las mayores reducciones de costos y ganancias.
- La automatización y la masificación reduce los costos, las utilidades y los empleos.

La conclusión de todo esto es desalentadora.

La tecnología no va a crear más empleos de los que destruye.

En un mundo cada vez más competitivo, de disminución de utilidades y aumento de costos, es un suicidio financiero el hacer caso omiso a las opciones de automatización, con la intención de defender la estructura tradicional de los negocios.

Las empresas que generen utilidades en un mundo rápidamente mercantilizado no serán capaces de asegurarle los ingresos a decenas de millones de trabajadores que pueden ser desplazados, ni tampoco será sostenible ni deseable, pedir prestado miles de millones de dólares para financiar un súper estado de seguridad social, ya que la deuda aumentará siempre más rápido que cualquier capacidad de pago.

Las convicciones ilusorias acerca de la tecnología y los salarios garantizados, solo nos conducirán a un fracaso certero.

Los trabajadores desplazados necesitan un trabajo con propósito y estable. Darles un ingreso para apenas sobrevivir no será suficiente, ya que el tipo de pobreza que destruye el propósito en la vida, la dignidad y el rol social positivo, dilapidando los fundamentos de la vida humana, es un problema que no será solucionado con un salario mínimo.

La ideología ortodoxa no aborda esto con claridad, pero su conclusión tácita ha sido que: "La tecnología es la fuente de nuestros problemas".

Pero a mí más bien, me parece exactamente lo contrario. ¿Qué tal si la tecnología no es la fuente del problema? ¿Qué pasa si tecnología está simplemente revelando las fallas sistémicas de nuestra estructura social?

En lugar de ser la fuente del problema, ¿qué tal si la tecnología fuese la solución?

Estas son las preguntas realmente importantes que vamos a explorar en el resto del libro.

Las verdaderas preguntas importantes

La ideología ortodoxa no solo está llena de carencias; es incapaz de hacer aquellas preguntas que ponen en peligro su frágil coherencia.

He observado que existen dos razones para esto:

1. No podemos imaginar un mundo diferente del que actualmente habitamos (es decir, *hay una carencia en nuestra creatividad*)
2. Hacer ciertas preguntas pone en peligro al statu quo.

Es por ello que no solo se evita alentar cualquier cuestionamiento, se alienta más bien una matriz de opinión opresiva, a través de los mecanismos habituales: fomentando la burla, la marginalización, y el uso de frases tales como: "*la gente seria no haría tales preguntas*".

Hay una razón para esto: *a la gente seria se le paga por no hacer tales preguntas*. En otras palabras, hacer este tipo de preguntas podría hacer que te degraden, te despidan o te deporten a un equivalente profesional de Siberia.

He aquí una pregunta importante: ¿tiene el dinero que ser creado en la parte superior de la pirámide donde se acumula riqueza y poder?; Dicho de otra manera: ¿por qué el monopolio de la creación del dinero solo está reservado para aquellos que integran la élite socioeconómica?

Aquellos que dicen que no hay otra manera de crear dinero están equivocados; la tecnología permite hoy día la *creación descentralizada de dinero mediante criptodivisas*. El dinero no tiene que ser creado por los bancos.

Aquí hay otra pregunta relacionada: ¿Tiene el dinero que ser creado cuando se pide prestado, es decir, la forma en que los bancos crean el dinero?[26]

La respuesta obviamente es no, el dinero puede ahora ser creado digitalmente y se distribuye a través de las redes descentralizadas. No tiene que existir mediante el préstamo desde un estrato superior de la pirámide. Discutiremos esto más adelante en la Segunda Sección.

Vamos a hacer otra pregunta importante: ¿hay alguna conexión entre la creación del dinero y la creación de empleo?

La creencia general dice que sí: que el dinero, luego de creado, es prestado para construir fábricas, comercios, y demás proyectos productivos, que eventualmente le darán empleo a las personas.

Pero la creación de puestos de trabajo no está intrínsecamente vinculada al crédito o a la creación del dinero[27]. Consideremos lo siguiente:

- Digamos que pido un préstamo y con ello, nuevo dinero es creado (es decir, como usualmente trabajan los bancos hoy en día) y lo utilizo para comprar un edificio de apartamentos. Ajusto las rentas a los inquilinos para que me rindan 20% por encima de mi tasa de interés hipotecario e inmediatamente empiezo a obtener una ganancia de dinero prestado. Sin embargo, esta compra no creó nuevos puestos de trabajo.
- Supongamos que yo pido dinero prestado y lo utilizo para volver a comprar acciones de mi empresa. Esto reduce el número de acciones en circulación y aumenta el precio por acción[28], enriqueciendo mis tenencias de acciones, pero no hay creación de nuevos puestos de trabajo.
- Si tomo prestado el dinero y lo utilizo para crear un software que automatice la mayor parte del trabajo realizado por mis empleados, el nuevo dinero en realidad me habrá quitado de encima la carga de buena parte de mi nómina, eliminando puestos de trabajo.

Estos ejemplos no son invenciones; estos son, precisamente, lo que empresas e individuos adinerados están haciendo con el dinero creado por los bancos centrales y privados:

Están comprando activos generadores de ingresos, comprando acciones y están recortando gastos de nómina mediante la inversión en proyectos de automatización.

En cada uno de estos ejemplos aumenta la riqueza de los prestatarios sin crear ningún nuevo puesto de trabajo en lo absoluto.

Así que en la forma actual de crear y distribuir el dinero, no hay una conexión intrínseca entre este procedimiento y la creación de empleo. Este sistema de creación y distribución de dinero en realidad acelera la concentración de la riqueza y la destrucción de los puestos de trabajo.

---

[26] Este tema está tácitamente prohibido en toda matriz de medios masivos, a nivel global. Simplemente no se habla de ello. "Los bancos no crean dinero al otorgar créditos, sólo nos prestan el dinero que les depositan sus cuentahabientes": es la narrativa ortodoxa. No se permite decir otra cosa en ningún programa masivo de televisión, radio, prensa o en películas taquilleras del cine. (Nota Especial)
[27] En nuestro actual sistema, crear riquezas no se vincula necesariamente con la creación de dinero. Esto es otro tipo de pensamiento ilusorio de la matriz ortodoxa. (Nota Especial)
[28] Este "apalancamiento" es lo que se conoce en la moderna jerga financiera como "Flexibilización Cuantitativa". No se crean empleos, solo se crean riquezas especulativas. (Nota Especial)

Esto plantea otra pregunta que nunca se ha hecho: ¿y si el dinero fuese creado por la mano de obra? ¿Qué pasaría si creáramos el dinero a partir del trabajo y para crear más trabajo? En tal sistema, la creación de dinero estaría intrínsecamente ligada a la creación de bienes y servicios. El nuevo dinero fluiría hacia aquellos que crearan los bienes y servicios, es decir, desde los que están en la parte inferior de la pirámide de riquezas, en lugar de la parte superior.

El dinero no se crearía mediante préstamos, por lo que no existiría ninguna tasa de interés. Los bancos no tendrían ningún papel en la creación o la distribución de este dinero. En lugar de fluir en dirección de la especulación manejada por corporaciones o individuos ya adinerados, este nuevo dinero fluiría hacia los que realmente mejoran el mundo.

Aquí hay otra pregunta: ¿qué ocurre cuando los bancos crean dinero por medio de los préstamos?

Dado que el dinero nuevo es un préstamo, solo se distribuye hacia quienes ya tienen ingresos importantes y activos (colaterales) que garantizan el pago de la deuda; en otras palabras, los préstamos solo benefician a quienes ya son ricos. Los que no lo son pagan una alta tasa de interés; de modo que transfieren de manera efectiva una gran parte de sus ingresos a los bancos.

Dicho de otro modo, crear dinero a partir del préstamo beneficia a los bancos y a los que ya son adinerados. Desvía las ganancias de los que tienen ingresos limitados y la transfiere a la zona pudiente de la pirámide.

El resultado neto de la creación del dinero a través de préstamos y su distribución hacia la parte superior de la pirámide es lo que ha venido aumentando la desigualdad social. Aunque los auspiciadores (es decir, las personas serias pagadas para apoyar la ideología ortodoxa) reclamarán lo contrario, *el aumento de la desigualdad de los ingresos es la única salida posible del sistema financiero actual*. Teniendo en cuenta el diseño y las entradas del sistema, no hay otra salida posible distinta a la concentración elitista de la riqueza y el poder y la creciente desigualdad.

He aquí otra pregunta importante: ¿qué es el trabajo?

La respuesta típica es: una labor remunerada por completar una tarea.

¿Pero esto es realmente todo lo que es el trabajo? ¿O hay algo más en el trabajo que simplemente el pago para completar una tarea?

¿Y si en vez de esto, definiéramos al trabajo como la *creación de valor*? Entonces, esto plantea otra pregunta importante: ¿Cómo evaluamos el valor?

La ideología ortodoxa nos dice que: el trabajo que genera una ganancia tiene valor. El problema con esta definición es el trabajo puede ser valioso, y a la vez puede no ser rentable.

Considere la construcción de una ciclo vía, un camino reservado para bicicletas. El proyecto tiene un evidente valor en sí mismo, dado que los carriles reducen las colisiones con los automóviles, promueven una mejor salud al fomentar el uso de la bicicleta y reduce la congestión vehicular a medida que las bicicletas son utilizadas en lugar de los autos para algunos viajes.

Pero ninguno de estos beneficios indirectos es redituable. Una empresa enfocada en maximizar ganancias solo podría justificar la construcción de una ciclo vía, sí eso le generase una ganancia directa al cobrarles a los ciclistas que la usen. Si bien esta es una manera de generar utilidades, desafía uno de los principales propósitos de la ciclo vía, que es fomentar el ciclismo seguro para toda la población, y no solo a aquellos que pueden permitirse el lujo de pagar una cuota.

¿Qué pasa si definimos *la creación de valor como la satisfacción de las necesidades de la comunidad*? Esta cubriría el trabajo redituable y el que no lo es: algunas de las necesidades pueden ser suplidas por las empresas que buscan maximizar sus ganancias, mientras que otras simplemente no serán redituables. Esta definición del valor abre la puerta a toda una gama de trabajo que crea valor sin ser oneroso.

Vamos a hacer una pregunta que ninguna persona seria se atrevería a preguntar: ¿por qué el trabajo convencional no es más divertido?

Dado que muchas tareas no son intrínsecamente divertidas en la misma forma en que una fiesta en la playa es divertida, vamos a reformular la pregunta: ¿qué hace que la gente quiera ir a trabajar, incluso si las tareas son difíciles o desagradables?

Aunque quizás no haya una respuesta generalizada, vamos a enumerar algunas de las principales motivaciones que no están directamente relacionados con la obvia (e importante) manera de ganar dinero:

- La persona se siente útil en el trabajo.
- La persona realiza un trabajo que valora.
- La persona tiene una voz en el trabajo que realiza.
- La persona tiene una participación en el resultado más allá de su salario.
- La persona se enorgullece de su trabajo, y este orgullo genera autoestima e identidad.
- La persona se siente parte de un equipo.
- El trabajo impulsa su profesión y sus metas.
- El trabajo tiene un propósito.

Si tuviéramos que resumir estos puntos, podríamos decir que la persona tiene *autonomía, dignidad, propiedad y un papel social positivo*. Tener una voz en el propio trabajo es una forma de autonomía. Tener participación en los resultados, es una forma de propiedad.

Ser valorado como un contribuyente y valorar el trabajo define un papel social positivo que proporciona la dignidad, la identidad y la autoestima. Ser parte de un equipo proporciona la adhesión y la pertenencia a algo más grande que uno mismo. El trabajo que impulsa nuestros objetivos de vida y nuestra profesión, edifica el capital humano y social.

¿Qué queremos decir cuando decimos que el trabajo tiene propósito? ¿Acaso nos referimos a que genera beneficios a una empresa? ¿Es esto valor?

Hay mucho más del trabajo con propósito que la simple creación de márgenes de ganancias o valor. El trabajo significativo es el trabajo que ofrece participación, y no tanto el que nos obliga a seguir órdenes. El trabajo que ofrece una participación en la producción y oportunidades de construir un capital, que es el que fomenta la riqueza. El trabajo con propósito nos hace avanzar hacia las metas personales. El trabajo significativo es reconocido como valioso por la comunidad, ya que cumple con las necesidades de esta.

Si preguntamos a alguien por qué quiere ir a trabajar, podrían no responder "porque es divertido", pero su deseo refleja motivaciones que son incluso más convincentes que la diversión.

Tal vez el trabajo sea sucio, pesado, estresante. Nadie dirá que es divertido. Sin embargo, se necesitan todos los elementos enumerados anteriormente, la colaboración, la autonomía, la camaradería, ser reconocido por hacer un trabajo importante, la pertenencia y perseguir objetivos de vida; porque el trabajo es un elemento esencial de la vida humana.

Pero el trabajo puede ser incluso más que todos estos elementos esenciales. Porque es la oportunidad de contribuir, aprender y sobresalir.

Las gratificaciones de un lugar de trabajo como este nadie las va a reemplazar por el ocio o las diversiones convencionales. El ser remunerados por no hacer nada más allá de consumir (hablo del salario mínimo universal) no ofrece ninguna de estas oportunidades. Ser pagado por no hacer nada es una pérdida de oportunidades en adquirir los elementos esenciales de la vida humana.

Ningún economista serio ponderaría si el trabajo debe tener propósito (y nos atrevemos a decirlo: divertido). El que el epicentro de la vida humana pase desapercibido a los ojos de la economía ortodoxa, refleja en mi opinión, el fracaso monumental no solo de dicha economía, sino de su ideología.

El trabajo que ha sido despojado de autonomía, propiedad y los roles sociales positivos no es ni significativo ni divertido. Las jerarquías centralizadas despojan de autonomía, de propiedad y de roles sociales positivos, porque es la única salida posible de un sistema como ese.

¿Por qué toleramos el trabajo sin sentido, y poco gratificante?

Por esta razón: el trabajo remunerado es escaso. Hay que tomar cualquier tipo de trabajo que se nos ofrezca en las empresas que buscan maximizar ganancias o aquel estado que depende de dichas empresas, para sus ingresos fiscales.

¿Y por qué el trabajo remunerado escasea? Debido a que el dinero es escaso. Si cada comunidad pudiera crear su propio dinero mediante la producción de bienes y servicios que suplieran sus demandas locales, independientemente de las ganancias, y lo hicieran sin tener que crear dinero mediante la solicitud de un préstamo a un banco, el dinero no sería escaso. Entonces, los trabajos remunerados no serían escasos, debido a que las comunidades podrían pagar por esos trabajos, satisfaciendo las necesidades de ellas mismas, es decir, pagarían por trabajos que realmente mejorarían el mundo.

Si el sistema que genera el dinero requiere de lugares de trabajo, democratizado, descentralizados y libertad de movimiento entre otros lugares de trabajo, la única salida posible de este sistema serían las características enumeradas anteriormente que le darían al trabajo propósito, gratificación y, me atrevo a decirlo una vez más: diversión.

El futuro pertenece al trabajo con propósito

Quizás pueda haber una palabra mejor que vaya más allá de "salario" que haría que la gente quisiera venir a trabajar, pero confieso que no puedo encontrarla. He descrito los elementos del trabajo que tienen propósito, significado y que logran: autonomía, propiedad, roles sociales positivos, crecimiento de capital, oportunidad de contribuir, aprender y sobresalir. Condensar todo esto en *trabajo con propósito* expresa nuestra profunda necesidad de dirección, orgullo, dignidad, pertenencia, poder contribuir, participar, colaborar y aprender, pero todavía no capta las alegrías de trabajar.

En la ideología tradicional, el trabajo y la diversión son mutuamente excluyentes. El trabajo es una carga, difícil, aburrida, desagradable y estresante, mientras que la diversión es festejar, ir de compras, jugar juegos y estar entretenido.

Decir que el trabajo debe ser divertido es una burla a sus retos y trivializa sus muchas recompensas. Sin embargo, discutir sobre el trabajo sin discutir su potencial para la alegría es perder de vista una parte importante de lo que podría y debería llegar a ser.

A modo de experimento, hagamos una lista de las características de las labores que son gratificantes e incluso agradables, y de las que no lo son.

DIVIERTE	NO DIVIERTE
Ser productivo	Ser improductivo
Trabajar con un propósito	No verle propósito al trabajo
Un trabajo organizado para que los empleados sean productivos y motivados	Un trabajo organizado para imponer la jerarquía y el control
Tener autonomía y colaborar	Recibir órdenes pasivamente
Poder opinar	No tener voz en ninguna decisión
Ser capaz de elegir otro empleador o tarea	Estar amenazado con perder el medio de subsistencia
Tener control sobre el procedimiento de trabajo	Hacer un trabajo sobre el cual no se tiene ningún control

¡Estoy seguro de que me han captado la idea!

En un sistema en el que el trabajo remunerado es abundante, el futuro pertenece al trabajo que sea significativo, y a veces, sí, divertido, si definimos la diversión como *todo aquello más allá del dinero que hace que una persona quiera ir a trabajar*.

Estos fenómenos, a menudo no son inmediatamente evidentes, ni siquiera para los que realizan una labor.

En un reciente reportaje (publicado en hardscrabblefarmer.com) sobre el trabajo de verano de un joven en una granja, se esclarece en qué consiste la calidad de un trabajo con propósito. Un joven había pasado meses colocando cientos de postes de cedro para una valla con un mazo. Pocos podrían describir este trabajo como divertido; la mayoría lo describirían como duro, agotador, aburrido, entre otros adjetivos.

Luego de esto el joven se fue a estudiar a la universidad, y recientemente volvió para decirle al agricultor que los días que había pasado trabajando en la granja fueron de los mejores días de su vida, y que por ello había llegado a comprender su importancia en la vida.

Para aquellos con experiencias similares, es evidente las razones por las cuales el joven valoraba mucho esta experiencia de trabajo: él había hecho una buena labor, la cual era apreciada sinceramente. El trabajo había sido duro y repetitivo pero era útil y algo de lo que podía estar orgulloso. Podía ver y tocar los frutos de su esfuerzo. No había aprendido un oficio, pero había aprendido el valor de un trabajo con propósito.

Un sistema que no ofrezca esta oportunidad a todo el mundo es un sistema fracasado. Pagarle a la gente por no hacer nada, mientras que pasan sus vidas como consumidores pasivos es un paradigma mediocre.

En la segunda parte, expondré un sistema que ofrece trabajo remunerado con propósito para todos aquellos los que lo deseen.

Sobre la creación y distribución del dinero y su papel en la creación generalizada de la riqueza

El punto de todas estas preguntas es clara: la forma en que el dinero es creado y distribuido es absolutamente esencial para la creación de un trabajo significativo y la creación de riqueza de forma amplia, es decir, la apropiación de la producción y la creación de capital social y humano.

En la situación actual, la creación y distribución de dinero es totalmente independiente de la creación de puestos de trabajo y empleo. En lugar de ayudar a la creación de una riqueza generalizada, el actual sistema de creación de dinero, ensancha asiduamente la acumulación del capital y la disparidad de ingresos, porque *esta es la única salida posible de este sistema*.

Está claro que la forma de crear y distribuir el dinero es clave para generar una gran cantidad de empleos que cumplan con las necesidades de la comunidad en general.

En la segunda parte, se esbozará un sistema cuya única salida posible es solo una gran cantidad de empleos remunerados que fomentan la autonomía, la propiedad y los roles sociales positivos en lugar de despojarlos.

Pero antes de que podamos dar ese paso, tenemos que entender lo que son los sistemas, y por qué el diseño de sus estructuras y entradas, dictamina sus resultados.

Capítulo dos: Una breve introducción sobre los sistemas, redes y jerarquías

En el primer capítulo, analizamos la narrativa tradicional en relación con temas tales como la automatización, la tecnología, el empleo y el crecimiento, y encontramos que:

- La automatización no va a crear más empleos de los que destruye.

- Un salario mínimo universal no es funcional ni productivo.

- El paradigma del crecimiento económico[29] no es un modelo sostenible o positivo.

En efecto, la narrativa tradicional actual no propone ninguna solución para la automatización o la pobreza, dos aspectos de un mismo problema (es decir, la falta de puestos de trabajo seguros). No es solo que no proponga soluciones, sino que tampoco sugiere nada nuevo más allá del paradigma de la óptima capitalización de las empresas y del sistema de la banca y los gobiernos centrales.

Se trata de una matriz de opiniones que no solamente ha fallado, sino que es incapaz de reconocer su fracaso. Del mismo modo, es incapaz de reconocer que la situación actual es imposible de corregir debido a que sus defectos son intrínsecos a su diseño: no son las regulaciones aplicadas al sistema las que puedan ser defectuosas, sino que toda la estructura misma está corrompida.

- No existe cabida alguna en esta narrativa, para la posibilidad de que la única solución sistémica venga de una nueva naturaleza organizacional, que termine siendo la antítesis de las características fundamentales de las corporaciones, los bancos y el Estado, es decir, la centralización y la jerarquía.

- No hay espacio en esta narrativa para la posibilidad de que la centralización y la jerarquía sean reconocidos como el problema en sí.

La narrativa tradicional actual supone implícitamente que hay tres estructuras en la economía: los bancos centrales que emiten y distribuyen el dinero y que fijan las políticas monetarias; las empresas que maximizan sus ganancias y el estado central que administra la economía.

La idea de que estas estructuras no solo son incapaces de resolver los problemas de la automatización y la pobreza, sino que *son la fuente de los problemas*, es inconcebible para ellos.

La creencia fundamental es que estas tres son estructuras naturales como el agua, la tierra y el aire, y que su existencia es el orden natural. La idea de que son construcciones artificiales que optimizan los intereses de unos pocos a expensas de los muchos es inaceptable.

Esperar a que el sistema actual genere las oportunidades, los puestos de trabajo seguro y el acceso a la propiedad sobre las fuentes de la prosperidad, es lo mismo que esperar a que una dieta a base de puros caramelos de gomitas y una vida sedentaria sobre el sofá, nos recompensen con una buena salud.

---

[29] El "crecimiento", tal como lo entiende la ortodoxia de la economía actual, basado en un incremento sin límites de las ventas y de la mercantilización de la experiencia humana, es insostenible. No obstante, sí existen otros aspectos del crecimiento humano que no dejan de vincularse con algún tipo de intercambio de beneficios, tal como la "economía del conocimiento", cuyo crecimiento si es sustentable. (Nota Especial)

Si queremos oportunidades, autonomía, trabajo seguro y dominio sobre nuestras fuentes de prosperidad, necesitamos un nuevo sistema.

Mi dilema como autor ¿Hacer un libro grueso o un resumen?

Cada autor que cubre un tema tan difícil como éste se enfrenta a un dilema[30]: ¿Me dedico a explicar cada detalle y me anticipo a cada crítica para terminar con un voluminoso libro que será más útil como apoya mesas? o ¿hago un libro de un tamaño razonable que resuma todo?

En mi caso, es aún peor. ¡Cada uno de los cinco capítulos de esta Sección 1 se merece su propio libro! En cuanto a la Sección 2 bien podría ser un libro apoya-mesas también.

En lugar de escribir todo un estante de libros que muy pocos tendrían el tiempo o la paciencia necesaria para leerlos, he optado por hacer un resumen que abarque enormes áreas del conocimiento, con un nivel de entendimiento lo suficientemente elemental, como para poder cubrir la mayor cantidad de terreno, pero sin entrar en un detalle minucioso.

Hacer esto, coloca la mayor carga de trabajo sobre usted, el lector. Lo digo no solo porque se trata de un reto el asimilar esta gran cantidad de áreas de conocimiento, sino que éste análisis le dará un vuelco a casi todo lo que le han dicho como verdad, sobre nuestro sistema socio-económico.

Especialmente, esto último puede ser lo más difícil de digerir.

¿Y cuál va a ser su recompensa? Si no entendemos lo que son los sistemas, no podemos entender por qué el sistema mundial imperante está fallando, y que esta falla no es simplemente una especie de mala suerte o una error pasajero, sino que es la consecuencia inevitable de su diseño.

Y si no podemos entender por qué el sistema actual ha fallado, entonces no podremos diseñar un sistema alternativo que evite el actual estado de fracaso en que se encuentra este sistema.

He aquí una verdad en todo sistema: *cambiar a los participantes no cambia el resultado*. La gente va a responder a los incentivos que se le presenten de la misma manera en que los jugadores responden a las reglas de un juego. Todo el mundo quiere ganar, y jugará para ganar en base a las reglas del juego.

Como hemos visto, el cambio del color de los caramelos (o sea, añadir regulaciones al sistema, etc.) tampoco cambia nada.

Si queremos cambiar el sistema (o diseñar uno nuevo desde cero), tenemos que cambiar las normas, los procesos y las entradas. Solo entonces podremos obtener un mejor resultado.

¿Qué son los sistemas?

---

[30] En este sentido entendemos perfectamente la enorme labor que este tema multidisciplinario impone como desafío. Un desafío difícil de abordar por una sola persona en su extensa completitud. Por ello nuestra prioridad ha sido enfocada a dar pasos pequeños pero más concretos en torno a la idea de un proyecto como este, tal como el diseño de un taller de sinergia empresarial y un artículo técnico para implementar una nueva criptodivisa respaldada en el fruto de la labor humana. (Nota Especial)

Un sistema es básicamente un conjunto de procedimientos basados en unas reglas que procesan un conjunto de entradas y suministros para producir unos resultados específicos. Una vez que se han definido los procesos para ciertos suministros y entradas, es cuando se ha sido diseñado un sistema que solo podrá producir una variedad específica de resultados.

Para cambiar los resultados, se deben cambiar las entradas y suministros y/o los procesos. Alternativamente, la otra manera de cambiar un sistema es añadir un nuevo bucle de retroalimentación[31] (según lo explicado por Donella Meadows en su trabajo sobre los *puntos de influencia*).

El análisis de sistemas es un campo enorme, y algunos párrafos no pueden resumir un tema tan amplio. El punto aquí es que el análisis de sistemas nos permite comprender sistemas complejos mediante la identificación de las normas básicas, sus procedimientos y sus entradas.

Utilicemos como ejemplo un huerto de hortalizas. Podríamos manejar un jardín de una forma no sistemática, es decir, sin seguir ningún tipo de regla predeterminada o procedimiento y sin hacerle seguimiento a sus entradas. Podríamos tirar cualquier semilla en el terreno, regar con agua cada vez que nos acordamos de hacerlo, y no preocuparnos de colocar compost o fertilizante.

Podríamos obtener una cosecha, pero lo más probable es que nuestro jardín falle en producir la salida deseada (hortalizas) porque no le proporcionamos lo que estas plantas necesitan para prosperar.

A diferencia de esto, podríamos establecer normas y procedimientos para sembrar y mantener el jardín, y para hacer un seguimiento cuidadoso de sus entradas y suministros, tal como las semillas, el agua, el abono y los fertilizantes. En lugar de plantar las semillas aleatoriamente, podríamos seguir unas reglas sobre el espaciamiento de las semillas, y acoplar estas reglas a las características de cómo dichas plantas fijan el nitrógeno en el suelo y de cómo se pueden disponerse las plantas para que aprovechen mutuamente este proceso. También creamos procedimientos para regar el jardín cada tercer día, y para aplicar abono cada semana y cada cuatro días, y eliminamos las malas hierbas que compiten con nuestras plantas en nutrientes y luz solar.

En un entorno de laboratorio, es probable obtener buenos resultados de un sistema como este.

Sin embargo, en la naturaleza, las cosas suceden al azar. Podría llover muy fuertemente durante unos días, dañando las plantas de semillero, o dañar a las raíces de las plantas que no les gusta estar anegadas.

Si no tenemos ningún mecanismo de retroalimentación en nuestro sistema, saldríamos en plena tormenta, si ésta coincidiera con el tercer día, regaríamos nuestras plantas debido a que los procedimientos nos indican que se deben regar con agua cada tres días.

Para corregir esto, podemos añadir un bucle de retoalimentación: un medidor de humedad que nos diría cuando el suelo está saturado y cuando está seco.

Con este nuevo lazo informativo de retroalimentación, podríamos añadir un procedimiento nuevo: en lugar de regar cada tres días, comprobaríamos la humedad cada tres días. Si el suelo está seco, entonces

---

[31] En este caso hemos "cerrado" al sistema con un lazo de control. Para más información sobre sistemas de control a lazo cerrado, véase: https://upcommons.upc.edu/bitstream/handle/2099.1/3330/34059-5.pdf?sequence=5 (Nota Especial)

lo regaríamos. Si está húmedo, no lo haríamos. Si solo está algo húmedo, entonces ajustaríamos nuestro riego en la proporción adecuada.

Una vez que entendemos al jardín como un sistema, podemos ver cómo podría ser automatizado. Podríamos programar un robot (llamémoslo "BVerd-roide"[32]) para leer el medidor de humedad y encender el sistema de riego por aspersión en respuesta de la realimentación del medidor de humedad.

Podemos mejorar los rendimientos de nuestro jardín mediante la recopilación de datos y la experimentación de nuestros procedimientos. Por ejemplo, podríamos añadir semillas de café abonadas a una sección, y probar un grupo diferente de plantas en una fila. Mediante la recopilación de datos sobre esta experimentación podemos saber lo que funciona y lo que no, y podemos mejorar las cosechas. Estos datos son otra fuente de realimentación.

La realimentación es un mecanismo clave en los sistemas. La retroalimentación puede reforzarse (retroalimentación positiva)[33] o limitar el sistema (retroalimentación negativa)[34].

El control de velocidad de un vehículo es un ejemplo de retroalimentación negativa. Una vez que la lectura del velocímetro es superior a la velocidad establecida, el sistema reduce las RPM del motor por lo que la velocidad se reduce hasta el rango deseado.

Un desplome de la bolsa de valores es un ejemplo de retroalimentación positiva. A medida que el precio de las acciones cae, algunos inversores deciden vender, ya sea para asegurar sus ganancias o por temor a que el precio podría caer aún más. Esto empuja al mercado hacia precios de venta aún más bajos, lo cual dispara más ventas, para deprimir aún más los precios. De este modo, cada venta desencadena más ventas, lo que refuerza una avalancha de ventas.

Los sistemas pueden estar *fuerte* o *débilmente acoplados*[35]. En los sistemas fuertemente acoplados, un fallo en una parte del sistema rápidamente desencadenará sus efectos al resto del sistema. En los sistemas débilmente acoplados, las fallas de cualquier subsistema generaran alguna retroalimentación, pero no provocará que todo el sistema falle.

Los sistemas fuertemente acoplados son como círculos de fichas de dominó entrelazados: si una ficha de dominó cae, el impacto se propaga rápidamente a todos los círculos y, finalmente, se derrumban. Los sistemas débilmente acoplados son como fichas de dominó dispuestas en círculos independientes. El colapso de un círculo de dominó no derriba todas las fichas de dominó.

---

[32] El autor lo llamó "R2Green2", haciendo alusión a R2D2 de la guerra de las galaxias. (N.T.)

[33] Los sistemas con retroalimentación positiva son los que tienden a acrecentar cualquier perturbación y se tornan inestables. https://es.wikipedia.org/wiki/Realimentaci%C3%B3n_positiva. (Nota Especial)

[34] Los sistemas con retroalimentación negativa son aquellos cuyo lazo de control ejecuta órdenes tales que tienden a amortiguar las perturbaciones que sufre el sistema. Los sistemas pueden componer en su estructura simultáneamente lazos de retroalimentación tanto positiva como negativa, y el objetivo del ingeniero de control es diseñar parámetros que garanticen la mejor estabilidad del sistema. https://es.wikipedia.org/wiki/Realimentaci%C3%B3n_negativa. (Nota Especial)

[35] El acoplamiento entre los componentes de sistemas es un tema de mayor relevancia en sistemas informáticos y en general para sistemas estructurados en red, sin embargo es un concepto aplicable universalmente a los sistemas. Para que un sistema pueda operar, siempre será necesario un nivel de acoplamiento entre sus componentes, pero su probabilidad de falla también vendrá asociada al modo en que estos elementos se acoplan. Los sistemas distribuidos o mallados tienden a ser menos vulnerables que los centralizados o radiales. [https://es.wikipedia.org/wiki/Acoplamiento_(inform%C3%A1tica)] (Nota Especial)

Si plantamos un único tipo de hortaliza en nuestro jardín, tendremos un monocultivo. Una plaga de insectos para esa única especie vegetal acabará con todo nuestro jardín. Si tenemos una docena de diferentes tipos de vegetales, la plaga que destruya a una variedad no va a acabar con todo el jardín[36].

Mientras más elementos débilmente acoplados (o débilmente interdependientes) existan en un sistema, mayor será la resistencia del sistema. Puede que se suframos pérdidas de cosechas debido a la plaga en un solo cultivo, pero el jardín en su conjunto no colapsará.

Los sistemas compuestos por elementos independientes (que podemos identificar como elementos "cooperantes" [37] ya que al no tener dependencias, son libres de jerarquías y operan como iguales) están *descentralizados*, en oposición a una *jerarquía* en la que un elemento se encuentra en la parte superior de una pirámide y da órdenes a todos los elementos que están debajo.

Un *sistema cooperativo*[38]es descentralizado. Podemos decir que estos sistemas son *no-jerárquicos*, ya que el poder de tomar decisiones recae en cada uno de los "pares" o "compañeros" en lugar de en una cadena jerárquica de mando.

Los sistemas no jerárquicos se *auto-organizan*, es decir, los "pares" se organizan de acuerdo a las reglas del sistema. Ellos no necesitan que una autoridad superior les diga qué hacer; ellos solo tienen que conocer las reglas del sistema[39].

Si combinamos estos conceptos, entendemos que las jerarquías son *sistemas fuertemente entrelazados*. Un orden que emana desde la cima simplemente se esparce a través de todo el sistema como fichas de dominó cayendo. El poder y control están centralizados en lugar de estar *distribuidos en todo el sistema*. Alternativamente, si la información, el poder y el control están en las manos de todos los "pares", esto crea un *sistema descentralizado y distribuido* que está *acoplado débilmente*. Cada par puede recibir información de otros compañeros, pero nadie está obligado a seguir el mismo camino.

Cada par es *un nodo en una red* que comparte información con todos los otros pares. Esta estructura permite múltiples canales de comunicación y de retroalimentación, en oposición a una pirámide jerárquica, en la que la información solamente viaja en canales estrechos aguas arriba y aguas abajo de la misma.

Incentivos y restricciones

Las reglas de un sistema establecen sus incentivos y sus restricciones. Los incentivos reales pueden diferir de los incentivos estipulados por los diseñadores del sistema.

---

36 De hecho la disciplina es conocida como permacultura al desarrollar un cuidadoso bio-diseño de multi-cultivos propone inclusive evitar la propagación de plagas ya que mientras una especie es alimento para un tipo de plaga, la que tiene al lado le es venenosa, o atrae a otro tipo de animales que depredarán al insecto o la plaga (https://es.wikipedia.org/wiki/Permacultura). (Nota Especial)
37 A estos elementos se les identifica como "peers" en inglés, y el término ya se usa en el castellano: Sistemas peer-to-peer (P2P), tales como el del viejo software de "napster" para descargar música de la pc de otros compañeros de la red. (N.T.)
38 Los paradigmas cooperativos o colaborativos, tales como los de la "sharing economy" se fundamentan en la idea de sistemas libres de jerarquías. En este artículo se ventila un poco la relación entre ambos conceptos:
http://www.investopedia.com/articles/investing/012215/economic-fundamentals-sharing-economy.asp. (N.T.)
39 Las reglas del sistema constituyen el "contrato" al que se comprometen los usuarios de una red descentralizada para participar de ella. Si adicionalmente a estas características, las reglas del juego se ejecutan en parte o totalmente a través de un software o automatismo (de manera autónoma), estamos entonces ante una "Organización Autónoma Descentralizada" o "DAO" en inglés. (N.T.)

Un ejemplo clásico de esto es la prohibición del alcohol en los EE.UU. entre 1920 y 1933. Los bien intencionados reformistas esperaban que aquellos hombres que habían elegido beber whisky cambiaran su conducta dócilmente para consumir leche líquida. Por desgracia, esta expectativa ingenua estaba espectacularmente fuera de lugar, ya que el consumo de alcohol pasó a la clandestinidad, lo que influyó en el aumento de la delincuencia organizada.

A pesar de que las restricciones en contra del alcohol estaban destinadas a eliminar el flagelo del alcoholismo, la prohibición creó enormes incentivos financieros para el contrabando y la fabricación así como distribución de alcohol ilegal. Los resultados esperados no se materializaron porque las personas respondieron más bien a los incentivos que realmente estaban presentes, y no al bien intencionado pensamiento mágico e ilusorio de los impulsores de esta ley.

Los sistemas *fomentan estrategias y comportamientos específicos*: estas estrategias fomentadas producirán resultados muy relevantes, mientras que cualquier otra estrategia producirá resultados mediocres.

A través de la prohibición se pretendía fomentar la eliminación del abuso de alcohol, pero lo que realmente fomentó fue la expansión del crimen organizado y la muy rentable producción y contrabando de alcohol.

Los que siguieron las reglas y dejaron de fabricar alcohol legalmente, se fueron a la quiebra. Los que fabricaron y contrabandearon ilegalmente alcohol amasaron una inmensa fortuna.

La búsqueda del propio interés (una dinámica totalmente predecible) estaba *totalmente alienada de los objetivos previstos para ese sistema*. En la prohibición, los objetivos del sistema no fueron subvertidos por un puñado de individuos malos, sino que son el resultado del diseño inicial del sistema. En efecto, millones de ciudadanos promedio se vieron obligados a convertirse en infractores de la ley, dado que el subvertir al sistema y violentar el estado de derecho, protegía mucho mejor sus propios intereses.

Por su diseño, la prohibición generaba *incentivos perversos* que socavaron el objetivo del sistema y el estado de derecho. Los incentivos perversos no se limitaron al consumo de alcohol. La imposición de la ley, las políticas fiscales, el crimen organizado y los problemas sociales creados al empujar el consumo de alcohol a la clandestinidad, eran hechos que estaban *fuertemente acoplados* al sistema de la prohibición. Como resultado, la prohibición no era un fallo aislado; impactó negativamente en la economía y en el orden social establecido.

Optimizamos lo que medimos, por lo que la medición incorrecta de las entradas y salidas de un sistema produce resultados destructivos. Los defensores de la prohibición contaron el número de cervecerías, destilerías, bares y tabernas cerradas y consideraron a la prohibición todo un gran éxito. No contaban las cervecerías y destilerías ilegales, los barriles de alcohol de contrabando, el número de funcionarios de ley sobornados, las ganancias infladas, los sindicatos del crimen organizado, las guerras de bandas entre los sindicatos o las muertes causadas por el envenenamiento por alcohol de madera[40].

---

[40] Alcohol metílico (http://www.cat-barcelona.com/faqs/view/es-peligroso-el-alcohol-metilico). (N.T.)

A medida que estos resultados no deseados fueron tomados en cuenta, los defensores de la prohibición se vieron obligados a reconocer no solo los incentivos perversos que su sistema había creado, sino que estos incentivos perversos eran *el único resultado posible del sistema*.

La prohibición era un sistema derrotado desde su inicio. No podía ser reformado al aprobar regulaciones adicionales, es decir, cambiando el color de los caramelos. La única manera de acabar con el caos era poner fin a la misma.

La economía de los caramelos: El interés personal no es suficiente

A mí me gustan los caramelos de gomitas, y comidos con moderación son como cualquier otro dulce de alto contenido de azúcar y de bajo valor nutricional.

Pero si todo lo que comemos son caramelos de gomitas, y todo lo que hacemos es pasar el día recostados en un sofá, nos vamos a enfermar. Si éstos son los únicos suministros para nuestro cuerpo, una mala salud es el único resultado posible. Esperar cualquier otro resultado es solo pensamiento ilusorio.

Vamos a comenzar nuestra exploración de los intereses particulares al esbozar un sistema muy simple: una economía de caramelos.

Imaginemos que esta economía de caramelos de gomitas tiene cuatro sectores: la corporación que produce los caramelos, el Estado (gobierno) que cosecha ingresos fiscales de las ganancias de la corporación y de los sueldos de los trabajadores de esa misma corporación, un sector marginado de personas que cultivan sus propias frutas y verduras y no compran caramelos, y una industria farmacéutica dedicada a la mitigación de los problemas de salud causados por la dieta de los caramelos.

El objetivo implícito en esta economía es la maximización de la ganancia privada por cualquier medio posible.

"Gomitaz C.A." solo puede maximizar sus ganancias si vende más caramelos. Para ello, se emplea una gigantesca división de publicidad para vender la idea de que para cada día festivo se requiere un caramelo especial, igualmente; para cada evento en la vida se requiere de otro tipo de caramelo especial, y aquellos que no pueden comprar el último color de caramelo están fuera de moda, es decir, no son dignos de admiración.

Dado que la dieta de solo caramelos es claramente poco saludable, Gomitaz C.A. debe oscurecer este hecho negativo, con una campaña publicitaria que enmascare todas las consecuencias negativas de llevar este estilo de vida... "acaramelado". Los estudios que presenten cualquier resultado negativo, serán marginados, ridiculizados o contrarrestados con otros "estudios" pseudocientíficos, intencionalmente confusos.

Los aspectos positivos del estilo de vida "acaramelado" (la deliciosa variedad de ofertas de dulces, la diversión de comprar los últimos sabores, etc.) son celebrados como la cima de la comodidad y el disfrute. Una gama de productos se ofrecen como los beneficios de pertenecer al club de los dulces: los que prefieren los caramelos de color rojo tienen su propio club, y así sucesivamente. Los anuncios que promueven la dieta de caramelos son representados por personas delgadas, saludables y atractivas disfrutando de los caramelos.

La industria farmacéutica que produce medicamentos para contrarrestar las consecuencias negativas para la salud, debido a este estilo de vida de alto consumo de caramelos, también es muy rentable. El Estado recauda impuestos de esta industria y estimula su crecimiento. En efecto, la buena salud no es rentable para el Estado, ya que los que cultivan sus propios alimentos y no necesitan medicamentos, no generan impuestos.

El Estado, por temor de perjudicar los beneficios y las nóminas que financian sus propios impuestos, se cuida de no perjudicar las ventas de la industria farmacéutica o a las de Gomitaz C.A. Los gerentes de las empresas farmacéuticas y los de Gomitaz C.A. fomentan esta actitud de parte del estado, al presionar a las autoridades estatales y al hacer grandes donaciones a las campañas de los funcionarios electos (es decir, dedicando presupuesto al cabildeo y a la compra de votos).

Uno de los objetivos de la presión es restringir la competencia mediante la imposición de barreras regulatorias a nuevos fabricantes de caramelos y productos farmacéuticos (esto se conoce como "captura del ente regulador")[41].

Las personas que cultivan sus propios alimentos y se niegan a comprar caramelos de goma no generan impuestos para el estado, por lo que el estado sirve mejor a sus propios intereses al crear restricciones sobre las actividades que no generan impuestos. Como resultado, el estado pone trabas a los jardines urbanos y restringe o grava especialmente las ventas de alimentos cultivados en casa.

Los participantes en cada sector están maximizando sus ganancias privadas: los propietarios y gerentes de Gomitaz C.A., y la industria farmacéutica trabajan para maximizar las ventas y las ganancias y quienes trabajan para el Estado buscan maximizar los ingresos fiscales mediante la protección de las ganancias de los sectores que generar los ingresos fiscales.

Pero el costo de mantener un sistema como este, es el de una población constantemente enferma. Con el tiempo, los costos de esta enfermedad hacen que el sistema falle, porque los beneficios de la venta de caramelos y de los medicamentos en algún punto dejarán de cubrir los costos de una mala salud generalizada.

Usted puede pensar que este ejemplo es absurdo, pero esto mismo es más o menos cómo funciona la industria mundial del tabaco.

¿Qué lecciones podemos aprender de todo esto?

- Un sistema basado en la maximización de la ganancia privada puede destruirse a sí mismo, incluso si cada participante actúa por su interés propio racional.

- *Maximizar el beneficio privado no hace automáticamente que un sistema sea auto-sostenible.* El sistema debe estar diseñado específicamente para que cuando los participantes persigan su propio beneficio, fortalezcan el sistema en lugar de debilitarlo. Esto puede parecer obvio, pero como veremos   más adelante (y como probablemente pudo deducir del ejemplo de la "Economía de los Caramelos"), el sistema actual se debilita a medida que sus participantes buscan maximizar su beneficio particular.

---

[41] Cuando una empresa de cierto sector acapara el control sobre su ente estatal regulador [http://www.investopedia.com/terms/r/regulatory-capture.asp]. (N.T.)

- En sistemas autodestructivos, la maximización del beneficio particular requiere el ocultar o distorsionar la verdad. Cuando revelar la verdad disminuye ganancia, el interés personal se beneficia al ocultar la verdad. En un sistema autodestructivo, los que dicen la verdad son castigados. Aquellos que distorsionan la verdad cosechan las mayores ganancias.

- Un sistema inundado de información distorsionada solo puede producir decisiones viciadas y malas inversiones. El único resultado posible de decisiones basadas en información incorrecta y malas inversiones es una falla sistémica.

Las medias verdades generan incoherencia, desconfianza y complejidad

Cuando las verdades a medias son afirmadas como hechos concretos, las distorsiones generan incoherencia: las creencias basadas en estas verdades a medias ya no tienen sentido cuando el terreno de la realidad está en contradicción con estas afirmaciones.

Esta falta de correspondencia entre la ideología impuesta y las realidades comprobadas caracteriza a los regímenes totalitarios como la antigua Unión Soviética, donde los chistes como "Nosotros pretendemos trabajar y ellos pretenden pagarnos" expresaron la brecha entre el discurso oficial y la realidad[42].

Mantener medias verdades requiere más energía que simplemente decir la verdad, y tener que separar las distorsiones de la información veraz también requiere más energía. Esto le añade mayores niveles de complejidad al sistema (para los que se dedican a emitir las medias verdades y para los que tratan de separar los hechos de la distorsión), privándolo de recursos que podrían haberse invertido de manera más productiva.

1. Toda esta complejidad actúa como un lastre en el sistema, debilitando su productividad. Los sistemas que dependen de la información distorsionada están estancados y con tendencias al aumento de la desigualdad, ya que los pocos con acceso a la información no adulterada prosperan a expensas de los desinformados con datos distorsionados.

2. Un clima psicológico profundamente disfuncional surge cuando a los participantes se les niega la información veraz. El estar constantemente bombardeados con información distorsionada genera una alienación que se traduce en una brecha, que se ensancha a medida que la experiencia de los participantes se contrapone a lo que se les dice.

En nuestro ejemplo de la economía de los caramelos, a los clientes se les dice que la dieta de solo dulces es fresca, divertida y que de ningún modo representa una amenaza para su salud, a pesar de que ellos se sientan cada vez más enfermos. Finalmente, esta desconexión erosiona la confianza en las empresas, en el Estado y, en última instancia, en todo el orden social existente.

Proteger los privilegios es la causa de la autodestrucción del sistema.

---

[42] La aceptación simultánea de varias convicciones contradictorias frente la experiencia de hechos directos, también se conoce como "doble-pensamiento". Véase la novela "1984" de George Orwell, Biblioteca Básica Salvat #50. ISBN: bibliotecasedice-1970-223. p. 163. (N.T.)

En el primer capítulo, se mencionó que la *Teoría de la Información del capitalismo* de Gilder sostiene que una economía de libre mercado es fundamentalmente un sistema que recompensa el aprendizaje y el conocimiento. En este punto de vista, el dinero es una forma de información. Cuando un cliente compra un producto, ese intercambio de dinero proporciona al vendedor información.

Pero cuando los bancos centrales emiten nuevo dinero, este dinero no está fluyendo hacia nuevos conocimientos, sino hacia sectores privilegiados. Los sistemas que protegen el privilegio, distorsionan la información para lograrlo. Como se señaló anteriormente, los sistemas que distorsionan la información se autodestruyen.

Los sistemas que protegen el privilegio son autodestructivos.

Para entender la diferencia entre los sistemas que se auto-destruyen y los que son sustentables, vamos a comparar las características de las jerarquías centralizadas y las organizaciones basadas en redes.

Comparando jerarquías centralizadas y las organizaciones en red

El propósito de las jerarquías centralizadas es el control. En otras palabras, *las jerarquías centralizadas fomentan el poder y el control de arriba hacia abajo.*

El objetivo de las redes es la de distribuir el conocimiento, la colaboración y la elección. *Las redes fomentan la transparencia, la información compartida y la colaboración de abajo hacia arriba.*

Aquí está una lista de las principales características de cada tipo de organización.

Jerarquías centralizadas	Organizaciones en red
• Controles • Jerarquía • Centralización • Autoridad • Imposición • Obediencia • Comandancia • Monopolio • Avaricia • Riqueza concentrada • Dependencia • Secreto • Escasez • Exclusividad • Estabilidad rígida • Fragilidad • Opciones limitadas • Atomización social • Complicidad / Elitismo • Aprender lo que se te dice que aprendas • Propaganda • Consumismo • Dinero respaldado en deuda • Miedo • Artificio / Pretensión • Planeación central • Tráfico de influencias políticas • Subordinación	• Libertades • Auto-organización • Descentralización • Poder distribuido • Membresía voluntaria • Consenso • Libertad de elegir colaborar o no • Cooperación y participación • Competencia y colaboración basada en el propio provecho • Conocimientos, herramientas y capital distribuido • Autogestión • Transparencia • Abundancia • Apertura • Estabilidad flexible • Resistencia • Diversidad de opciones • Comunidades integradas • Independencia • Aprendizaje auto-guiado • Ideología comprobable, escepticismo • Búsqueda de valor • Criptomonedas Descentralizadas • Confianza • Autenticidad • Empresas auto organizadas • Democracia participativa • Autonomía

Es atributos son inherentes a cada sistema. No son factores al azar, ni pueden ser transferidos de una columna a la otra. *Cada lista es el único posible resultado de cada sistema.*

¿Cómo un sistema puede incentivar conductas autodestructivas?

¿Por qué un sistema iba a generar incentivos perjudiciales, que socavan su propia naturaleza? ¿Por qué los participantes perseguirían estrategias que conduzcan al fallo del mismo sistema que les hospeda? ¿Por qué ellos no iban a reconocer los resultados de sus conductas autodestructivas?

Para responder a estas cuestiones, debemos empezar por comprender la dinámica del "propio provecho"[43] así como los incentivos que estos intereses propios generan en un mundo de escasez.

Los que trabajan para organizaciones que protegen los privilegios de cualquier grupo de élite, tienen enormes incentivos para:

- Ocultar cualquier evidencia de que su organización no logra producir los resultados esperados.

- Generar la ilusión de éxito a través de la falsificación de la data, la simulación y la propaganda.

- Asegurarse de que cualquier problema diseñado e incubado deliberadamente por la organización permanece sin resolverse.

- Enmascarar los beneficios de los que gozan sus propios miembros y exagerar los beneficios que la organización entrega a los no-afiliados, o aquellos que son externos a la organización.

Si el sistema promovido por estas organizaciones, es reconocido como un fracaso, el lucrativo beneficio de los miembros de estas sociedades herméticas, podría desaparecer. Si el problema que ha motivado la creación de una institución, finalmente se resolviera, entonces la razón de ser de esa institución se desvanecería.

Si los profanos a tales instituciones, descubrieran que sus miembros internos, se están beneficiando de su labor filantrópica mucho más que aquellos a quienes deberían beneficiar, las presiones para auditar y reducir esos beneficios se elevarían. Los miembros de esas élites tienen, pues, un poderoso incentivo para ocultar el verdadero alcance de sus beneficios de la vista de los profanos[44].

Como resultado de todo esto, cada sistema que ofrezca un trabajo seguro y lucrativo en un mundo en el que dicho trabajo representa un recurso escaso, será un sistema diseñado de forma predeterminada para institucionalizar incentivos perjudiciales que socavarán el mismo sistema.

---

[43] O si se quiere: "interés egoísta", tal como lo denomina acusada y peyorativamente la matriz de pensamiento ortodoxa. En un mundo regido por sistemas que se auto-destruyen cuando las mayorías protegen sus intereses particulares, es de gran utilidad para las élites dominantes el inculcar en la población el desprecio por hacer precisamente aquello a lo que le debemos la vida: el instinto de auto preservación y la protección de nuestro propio interés. Esto se logra con el despectivismo en el lenguaje que explota al concepto del "egoísmo" como rasgo humano despreciable. (Nota Especial)

[44] Ciertamente, existen múltiples sociedades y círculos secretos, herméticos o discretos. Sin ánimo de herir susceptibilidades, estas instituciones están diseñadas para diferenciar a un "nosotros" selecto y reducido de un "ellos" burdo y masivo. Son instituciones, en muchos casos con el mejor ánimo filantrópico, que sin embargo terminarán tarde o temprano ante el dilema de qué hacer cuando los intereses de este "ellos" entren en conflicto con los intereses de ese "nosotros". Si lo correcto fuese proteger al interés de un "ellos" profano, nadie dice que no lo harán, pero el diseño de tales sociedades aceptó de antemano la existencia de este conflicto de intereses, y eso no da muy buenas apariencias. Y no basta con ser bueno, también hay que aparentarlo. (Nota Especial)

Si enfrentamos honestamente la pregunta "¿quién se beneficia de esto?", seremos guiados al entendimiento del sistema. Los miembros internos de una élite institucional buscarán naturalmente desmentir la existencia de sus propias ganancias y exagerarán los beneficios ofrecidos a sus destinatarios o los más necesitados.

En un mundo con escasez, las instituciones de élite demarcan claramente las líneas que separan a aquellos que ponen en peligro sus beneficios (a los profanos) de aquellos que comparten la misma perversa manipulación para enmascarar el fracaso y el éxito exagerado.

Si la organización puede suprimir toda la información excepto el meticuloso guión escrito por su departamento de relaciones públicas, los profanos no tendrán medios para amenazar los privilegios de los miembros de estas élites o cuestionar sus fallos.

Las organizaciones que ofrecen un empleo seguro y generan incentivos para proteger los privilegios de los miembros internos se llaman *"burocracias"*. Las burocracias son *jerarquías centralizadas*. Las únicas salidas o resultados posibles de tales sistemas, son la información distorsionada y el fracaso institucional.

Las burocracias *fomentan la protección del privilegio y la supresión de información*. Son por lo tanto *sistemas autodestructivos*.

Diseño con base en la teoría de juegos

Una manera de entender los sistemas es diseñar un juego *que tenga las mismas reglas que el sistema que deseamos entender*. Los economistas utilizan simulaciones usando la teoría de juegos para comprender mejor cómo funciona la economía.

Hemos abarcado los fundamentos de lo que son los sistemas, y de cómo por ejemplo las reglas de un sistema pueden fomentar cierta estrategias e incentivos, cómo los resultados pueden llegar a ser muy diferentes de lo que los diseñadores de un sistema esperaron, y cómo el maximizar el beneficio particular (es decir, la búsqueda del propio interés) puede llegar a destruir el sistema desde dentro.

Definimos las siguientes reglas de juego para un sistema que denominaremos "Empleo - # 1":

1. Usted obtiene puntos a su favor, por los días que usted se presenta a trabajar, pero no por cuanto produzca (sus resultados).

2. El producir resultados le va a costar a usted puntos, con los que debe pagar en el juego por los recursos utilizados al realizar diligencias.

3. Su remuneración en forma de puntaje, subirá cada año, independientemente de sus resultados.

4. No podrá ser despedido (es decir, expulsado del juego) por bajo rendimiento, solo cuando tenga un rendimiento igual a cero.

5. No importa si sus colaboradores son productivos o no; el salario de los jugadores será independiente de la colaboración prestada a otros jugadores.

6. Solo hay dos maneras de conseguir más puntos: O bien, usted asciende a un puesto de trabajo con responsabilidades de supervisión, con un 10% más de sueldo y un 50% más esfuerzo o diligencia, o bien usted reduce u optimiza sus esfuerzos o para minimizar la cantidad de puntos consumidos en sus diligencias, propias de su oficio.

¿Qué tipo de estrategias y/o conductas podrían fomentar las reglas de este juego? El único resultado posible bajo estas reglas es que los trabajadores produzcan unos resultados ínfimos, ya que no se les está pagando por producción, y la producción de bajo costo no tiene sanciones.

Estas son las reglas de la burocracia.

La destrucción de los incentivos positivos para producir resultados no es el objetivo del juego. El objetivo de los que diseñaron la burocracia era proporcionar seguridad en el empleo a todos los trabajadores miembros, independientemente de sus resultados. Este objetivo loable genera el incentivo perverso de hacer lo menos posible.

Este es el tipo de conducta que fomenta este tipo de sistemas. No hay otra posible salida en un sistema diseñado con estas reglas.

Establezcamos ahora otras reglas de juego para el sistema que denominaremos "Empleo - # 2":

1. Los puntos de recompensa se basan totalmente en los resultados obtenidos. El tiempo empleado en producir resultados no cuenta para nada.

2. A mayores esfuerzos o diligencias a los que usted invierta sus puntos, mayores serán sus resultados y mayores las recompensas que les correspondan.

3. Entre más valiosos sean los resultados que produzcan sus colaboradores, más valiosa será la recompensa por los resultados producidos por usted.

4. Sus faltas en presentar un alto desempeño, harán más difícil el apoyo de sus colaboradores, reduciendo el valor del fruto de sus labores.

5. En este empleo no existen jefes o subordinados. Por lo tanto, en este empleo no existen jerarquías, y en consecuencia usted no podrá ser despedido o expulsado del juego. Si usted no hace nada, simplemente no obtendrá ningún punto.

6. En este juego, siempre habrá abundantes oportunidades para utilizar sus puntos ganados en inversiones que le resulten redituables.

¿Qué tipo de estrategias terminarán por ser fomentadas, ahora en este juego? El único resultado posible de estas normas, son trabajadores altamente productivos, ya que les pagan solamente por sus resultados y no reciben nada por simplemente llegar a trabajar. La sanción por no producir es cero puntos o cero pago.

Solo hay dos maneras de ganar más puntos: o bien invertir en más esfuerzos y diligencias o mejorar el desempeño, de modo de atraer y beneficiar a más colaboradores productivos.

Las reglas de este juego incentivan la colaboración productiva, ya que todos los colaboradores se benefician de la creciente producción.

Aunque los puntos de pago no están garantizados, las oportunidades de ganar puntos de pago si están garantizadas.

El juego del Empleo-#1 modela a las burocracias, el juego del Empleo-#2 modela a las redes de nodos cooperativos en un entorno de oportunidades de empleos garantizados. En el Juego del Empleo-#1, el pago está garantizado incluso si la producción es mínima. En el Juego del Empleo-#2, la remuneración es cercana a cero para rendimientos cercanos a cero, pero hay oportunidades ilimitadas para ser muy productivos.

¿Cuál de estos dos sistemas es autodestructivo, es decir, cuál de ellos creará incentivos perjudiciales, que socavarán al mismo sistema?; ¿En cuál de los dos sistemas, el trabajar en pos del propio beneficio y los intereses particulares, fortalecerá la estabilidad del mismísimo sistema?

Estos dos juegos revelan una gran cantidad de información acerca de los sistemas, las economías y las organizaciones. Un sistema productivo garantiza oportunidades para generar la producción y recompensa la colaboración productiva; los sistemas autodestructivos garantizan el empleo y el salario independientemente de la producción o de la colaboración.

Aquí la importancia del paralelo entre juegos y sistemas es que todos los jugadores van a responder ante reglas e incentivos similares, más o menos del mismo modo, tanto si se trata de un juego como si se trata de un sistema, porque los sistemas fomentan conductas y estrategias del mismo modo que lo hacen los juegos[45]. Los sistemas no van a fallar debido a que un despreciable puñado de individuos hayan sido codiciosos, ni tampoco tendrán éxito solo porque todos sus participantes tuvieron la fortuna de ser bien intencionados; fracasan o tienen éxito principalmente por causa sus normas funcionales y debido a los comportamientos que estas normas terminan por optimizar.

Los mismos jugadores responden con diferentes comportamientos y diferentes opciones en cada uno de los dos juegos. Por ello, cambiar las reglas del sistema cambia los resultados que ofrece. Y del mismo modo, cambiar a los jugadores no va cambiar nada[46].

Diseño de sistemas para reparar baches viales

El pavimento se degrada con el uso y el tiempo, y como resultado existe una necesidad constante de rellenar baches en calles y carreteras. El sistema estatal convencional para el llenado de baches es una burocracia con un enmarañado proceso:

- Un equipo examina una sección de las calles de baches.

---

[45] Con el agravante de que en algunos sistemas (los jerárquicos, sobretodo) los participantes no eligieron estar dentro de ellos, mientras que en los juegos el jugador siempre tiene potestad de entrar o salir sin perjuicio para su calidad de vida. (Nota Especial)

[46] Es por ello que quienes proponemos un sistema monetario basado en *dinero caudal*, fundamentamos nuestro procedimiento no en la búsqueda de *la mejor estrategia para ganar el juego*, sino en la búsqueda de *las mejores reglas* para que el sistema resultante *nos ponga a ganar a todos*. (Nota Especial)

- Los administradores se reúnen con los datos y priorizan qué calles llaman más la atención en primer lugar.

- Los Ingenieros inspeccionan las calles de alta prioridad y preparan las especificaciones para el relleno de los baches.

- Los administradores preparan el   presupuesto para el trabajo y se reúnen con funcionarios del departamento de finanzas para asegurar el financiamiento.

- Los planos y especificaciones se elaboran y se distribuyen a los licitadores privados.

- Las ofertas son revisadas y la oferta ganadora es elegida.

- El adjudicatario presenta documentos contractuales y la prueba de que cumple con todas las regulaciones de la ciudad o el estado, aplicables en el cumplimiento de su fuerza de trabajo y el pago al día de impuestos.

- El departamento legal de la ciudad revisa los contratos y los somete a revisiones.

- El contratista revisa las correcciones y negocia los cambios.

- El contrato se firma finalmente por ambas partes.

- El trabajo se realiza en la calle #1. La alcaldía inspecciona el trabajo y el departamento procesa un pago al contratista.

- El departamento de gestores informa sobre el progreso a los administradores municipales, presentando un informe financiero intermedio de los gastos proyectados y solicitando fondos adicionales para los sobrecostes.

- El trabajo avanza calle por calle hasta su finalización.

Este sistema fue diseñado para que todos los participantes sean responsables ante las jerarquías de la ciudad, y para registrar cada paso en el proceso, haciendo posible el supervisar los rendimientos y para poder realizar auditorías. La productividad de este sistema es baja por su diseño, ya que la productividad se sacrificó para optimizar la rendición de cuentas y la transparencia de los procedimientos[47].

Digamos que el costo de este sistema es de $450 por cada bache reparado. Para las ciudades ricas que pueden pagar $450 por cada bache, éste sistema ha sido aceptado como algo perfectamente funcional.

Pero supongamos que una ciudad solo puede pagar $45 por reparar cada bache. Si la ciudad adopta el sistema jerárquico centralizado convencional descrito anteriormente, la ciudad solo puede permitirse el lujo de llenar un bache de cada diez. Las calles se convertirán poco a poco en lugares peligrosos a medida que los baches proliferen y los vehículos se dañen debido a dichos baches que se harán más grandes y más profundos con el tiempo.

---

[47] Sin embargo, como puede fácilmente intuirse, las obras públicas son uno de los más altos focos de corrupción en la mayoría de los países en desarrollo, aun aplicando toda esta cadena pesada de controles. (Nota Especial)

Digamos que esta ciudad de menos recursos adopta un sistema descentralizado, de auto organización aprovechando la tecnología actual, de modo que conserve la transparencia y la rendición de cuentas, pero sin una burocracia costosa, de baja productividad y de lento movimiento.

El corazón de este sistema es una cola de ofertantes y de baches para ser reparados. El público informa de la ubicación, el tamaño aproximado y la profundidad de cada bache en una base de datos en línea que es pública para todos. Los contratistas que ofertan en dicho sistema podrían ser cualquier persona o empresa; desde un emprendedor con una camioneta, a un equipo de trabajo organizado en un vecindario o una gran contratista de licitación profesional capaz de reparar cualquier tipo de baches que se les cruce.

Los baches son valorados automáticamente por su ubicación (las calles más concurridas reciben la más alta prioridad) y el tamaño: los baches más profundos y más grandes tienen un precio más alto que poco profundos.

Un contratista de gran tamaño puede hacer una oferta baja en una calle entera de baches porque tiene la tripulación y equipo para llenar decenas de baches en un día. Un equipo de trabajo vecinal puede hacer una oferta baja por los baches de su propio vecindario, solo por el interés de que sean reparados lo más pronto posible. El emprendedor con la camioneta puede tener una mañana abierta y hace una oferta por un par de baches solo para generar algo de ingresos en lugar de estar inactivo.

Todas estas decisiones se toman desde una dinámica de autogestión.

La auditoría y la verificación de la reparación del bache también se ofertan públicamente para los ciudadanos. Se necesitarían informes de tres ciudadanos (cuyos nombres y direcciones reales sean de dominio público[48], para que exista un control en la veracidad de los registros públicos) para confirmar que el trabajo se hace correctamente. Una vez que el trabajo ha sido verificado, se emite el pago[49].

Si un contratista en concordancia con tres ciudadanos presenta un informe falso sobre un bache que no fue reparado, esto será evidente para cualquier persona que se encuentre con dicho bache y lo compruebe en la cola de trabajo en línea de sistema. El contratista y los tres ciudadanos serán marcados en la base de datos por haber presentado informes falsos y se les excluirá inmediatamente del sistema.

Ya que todo el sistema puede ser automático, no hay humanos para sobornar o amenazar. No se pueden conceder favores o privilegios. Cualquiera que rompa las reglas se le prohibirá de forma automática de participar nuevamente del sistema. Todo el mundo tiene el pellejo en el juego.

Lo que se oculta a los ciudadanos de la ciudad que puede costear $450 por cada bache, es el *costo de oportunidad* cuando se paga un sobreprecio de $405 adicionales, cuando cada bache es reparado. ¿Qué más se podría hacer con ese dinero excedente de los impuestos? ¿Qué otros usos más productivos se le puede dar o en qué idea productiva se podría invertir ese dinero que se ahorraría la ciudad?

En efecto, la burocracia de reparar cada uno de los baches por $450, es un proyecto de "obra teatral" para beneficio de los empleados privilegiados de la alcaldía, que no podrán ser despedidos aún si el

---

[48] También es indispensable en estas redes descentralizadas el papel de la reputación, tal como ocurre en e-bay o en UBER. (Nota Especial)

[49] Y he aquí el "bache" que hace ineficiente al sistema descentralizado y más eficiente al jerárquico: ¿Quién va a facilitar el dinero? ¿Quién lo va a administrar? Con el dinero de curso legal tradicional, sería necesario un fideicomiso bancario (un paso burocrático), ya que sería ilegal que ningún particular o empresa, toque siquiera o sostenga en su mano ni por un segundo, un solo centavo ajeno. Sin embargo el uso de criptodivisas que pueden ser creadas con respaldo del fruto de la labor humana, descentraliza la función del dinero tradicional, resolviendo este hasta ahora insoluble problema. (Nota Especial)

número de baches se redujese milagrosamente a cero, o si los costos de reparación se elevarán a $600 por cada bache.

Mientras que la alcaldía de la ciudad pueda recaudar los suficientes impuestos de sus ciudadanos o acceder a créditos o subsidios generosos del estado para subsanar sus déficits presupuestarios, todos aquellos costos de oportunidad en los que incurre la ciudad al pagar $450 para reparar baches viales (esos que pudieran repararse con solo $45) son datos censurados al dominio público. Pero una vez que el crédito de la alcaldía se agote, los costos de oportunidad se harán súbitamente y dolorosamente evidentes y visibles.

Aceptamos este sistema de baja productividad y obras (civiles) "teatrales", no porque sean más rápidas, mejores o más baratas, sino porque es la forma en que se hacen las cosas y las ineficacias, los costos de oportunidad y los privilegios, son mañas impuestas por la jerarquía centralizada de las alcaldías de cualquier ciudad en el mundo.

El flujo de información en los sistemas

Información y conocimiento son pilares fundamentales para el funcionamiento de todo tipo de sistemas, desde nuestro pequeño huerto familiar hasta las economías globales. Para entender cómo funciona un sistema, debemos examinar cómo se maneja el flujo de la información y del conocimiento.

- La información es más que datos numéricos; incluye muchos tipos de observaciones y reacciones ante la data cruda.

- El conocimiento está en función de cómo se organiza la información en estructuras útiles y de relevancia.

En las economías industriales, el flujo de materiales es una forma clave de información. Por ejemplo, el tráfico de alimentos y combustible hacia el interior de una ciudad, conjuntamente con el flujo de los desechos de productos manufacturados hacia el exterior de la misma, son la clave esencial para comprender la economía de una ciudad.

En los sistemas financieros, el flujo de dinero, del crédito y del capital son las formas fundamentales de información.

En una economía del conocimiento, la libre circulación de la información veraz y de la experiencia, son factores clave en la creación de valor y la productividad.

El único modo de hacer que un sistema le incremente las riquezas a todas las personas, es haciendo que aumente su productividad. Si la productividad se estanca, la creación de riquezas y la movilidad social se estancan.

Los sistemas que restringen, acaparan o distorsionan el libre flujo de la información, le colocan un grillete a la productividad. Las *únicas salidas posibles de un sistema de este tipo son la desigualdad y la inestabilidad*, a medida que aquellos que tienen el poder de manipular la información logran extraer cualquier ganancia de la situación, mientras que la productividad se estanca. Estos sistemas son intrínsecamente inestables, ya que una creciente desigualdad crea desequilibrios que eventualmente desestabilizan la sociedad.

Estas dinámicas no se limitan a una ideología específica o a sistemas de alguna naturaleza especial.

Las jerarquías centralizadas limitan, acaparan y distorsionan el flujo libre de la información para servir a su función principal, que es, *preservar los privilegios de unos pocos a expensas de los muchos*. La única manera de preservar estos privilegios es reservando la información veraz únicamente a las personas que habitan en la parte superior de la pirámide, y disfrazándola para todos los que están por debajo.

Cuando entendemos que *dinero y crédito son formas de información* que contienen datos sobre el riesgo, el valor y el capital, entendemos por qué el dinero y el crédito en jerarquías centralizadas fluyen hacia la parte superior de la pirámide.

La limitación de la libre circulación de la información necesariamente limita la productividad.

En otras palabras, no se puede tener al mismo tiempo un sistema jerárquico y centralizado y también un flujo libre y transparente de la información y del conocimiento en ese sistema. Los dos elementos son mutuamente excluyentes. Sin el libre flujo de la información y del conocimiento, no se puede mejorar la productividad en una economía del conocimiento. De esto se deduce que no se puede tener una jerarquía centralizada y un sistema altamente productivo que distribuya generosamente las ganancias de la productividad.

Si ponemos juntas estas deducciones, llegamos a la conclusión de que *los únicos resultados posibles de un sistema estructurado bajo jerarquías centralizadas son el estancamiento, la desigualdad y la inestabilidad*. Estas características pueden ser enmascaradas a expensas de recursos que aumentan directamente la productividad, tales como energía barata y el crédito generoso, pero una vez que estos recursos van en declive, las salidas del sistema regresan al estancamiento, la desigualdad y la inestabilidad.

Las jerarquías centralizadas estimulan la politización y manipulación de la información

Si comparamos las listas de atributos de los sistemas jerárquicos y de las organizaciones en red, nos damos cuenta de que las jerarquías centralizadas fomentan la *politización y el acaparamiento/ manipulación de la información*. Por el contrario, las redes fomentan *la transparencia, el flujo libre de la información y la verificación* fortalecedora de la confianza.

Una manera de entender por qué cada sistema fomenta características tan diferentes, es necesario analizar cómo es que cada sistema gestiona el flujo de la información y el conocimiento.

A pesar de que el conocimiento es intangible, es sin embargo muy real. Por lo tanto, consideraremos lo siguiente:

- Si a los ciudadanos se les da la información incorrecta sobre las acciones de su gobierno, su apoyo podría desplomarse una vez que la verdad se conozca.

- Si a los inversionistas en la bolsa de valores se les da información inexacta sobre las ganancias de una empresa, sus decisiones al invertir serían propensas a generarles pérdidas catastróficas una vez que la verdad se difunda.

- Si un cónyuge descubriese alguna infidelidad de su pareja, su vida irrevocablemente se alteraría por este conocimiento.

En las jerarquías centralizadas, la información y el conocimiento son peligrosos, ya que pueden socavar los intereses de la élite. Por ello, aquellos que pertenecen a altas jerarquías centralizadas entienden que el conocimiento es intrínsecamente arriesgado y su primera prioridad es el control de la información y el conocimiento, para distribuir lo que se refleje positivamente de ellos y enterrar todo lo que sea negativo. Esto priva al sistema de información vital y de su retroalimentación, lo que conduce al eventual colapso del sistema en sus niveles más fundamentales.

La necesidad de controlar la información optimiza las relaciones públicas (PR) y fomenta la propaganda, es decir, la ingeniería de medias verdades y falsedades.

En organizaciones jerárquicas, el poder está concentrado en la cúspide de la pirámide. Debido al alto riesgo que representa la información no controlada, el sistema fomentará la *lealtad a los superiores* en lugar de la lealtad al propósito de la organización. Promover a un cargo superior a una persona que coloca la lealtad a la información no manipulada por encima de la lealtad a sus superiores, no tiene ningún sentido en las jerarquías centralizadas. De hecho, tales personas representan una amenaza de alto riesgo.

Como resultado, la promoción de roles dentro de las jerarquías centralizadas es necesariamente un *proceso político* que convalida la lealtad del candidato ante sus entes superiores y su dominio comprobado en el arte de manipular la información. Estas habilidades intrínsecamente políticas son precisamente lo que las jerarquías centralizadas fomentan. El cumplimiento de la misión de una organización es un asunto secundario ante la imperiosa necesidad de mantener el control de la información y la lealtad dentro de la cadena de mando.

En los sistemas basados en redes que carecen de jerarquía (o tienen jerarquías muy planas), la subversión del conocimiento pone a todo aquel a quien se le ha negado la información veraz en desventaja. Los que ocultan información para crear una buena impresión paralizan a sus colaboradores. En tal sistema, los que retienen información son rechazados como riesgos tóxicos.

Curiosamente, cada sistema optimiza un conjunto de habilidades opuestas.

- Las jerarquías centralizadas fomentan la lealtad política hacia los superiores y el arte de manipular la información. Atributos que son especialmente destructivos para aquellos que participan de sistemas estructurados en redes distribuidas.

- Para los sistemas basados en redes colaborativas, la lealtad a la distribución libre de información y conocimiento veraz es de suma importancia, ya que solo una buena información puede apoyar la confianza y la toma de decisiones bien fundamentadas.

Los sistemas que optimizan la información poco fiable también optimizan las *decisiones erróneas* y la *erosión de la confianza en el sistema*. Como resultado, las jerarquías centralizadas fomentan una toma de decisiones defectuosas y la erosión de la confianza. De ello se desprende que las jerarquías centralizadas socavan la democracia, los mercados y la productividad a niveles muy esenciales, relativos al manejo de información y a la edificación de la confianza dentro del sistema.

Las desventajas de las jerarquías

A juzgar por la historia humana, las jerarquías han sido parte de nuestra naturaleza humana. Pero esto no quiere decir que no posean inconvenientes sistémicos.

Las jerarquías concentran el poder en la parte superior de la pirámide. Dado que la riqueza en estos sistemas es simplemente otra manifestación del poder, las jerarquías concentrarán la riqueza y el poder en las manos de los pocos ubicados en la parte superior de la estructura.

Las jerarquías fomentan el control, y el capital centralizado fomenta la existencia de economías de escala. Las empresas que planifican sus finanzas y el trabajo humano para optimizar sus beneficios son exitosas porque explotan las economías de escala de modo eficiente.

Las jerarquías se basan fundamentalmente en la obediencia a los superiores y en la imposición de órdenes. Estas estructuras crean dos desventajas sistémicas.

Los que dan las órdenes tienen influencia por sobre quienes les obedecen, puesto que pueden privarlos de su salario o posición. Este tipo de privilegios, ofrece la tentadora opción de servir al interés particular de aquellos que están en el poder, en detrimento de los intereses de la estructura jerárquica misma.

La coacción es la esencia de las estructuras jerárquicas, y los que tienen el poder enfrentan continuamente la tentación de utilizar su influencia para proteger sus propios intereses particulares a costa de los de aquellos que están debajo.

Todas las estructuras jerárquicas tienen mecanismos para regular la procura indebida de los beneficios particulares a expensas de los de la organización, pero estos mecanismos contiene una falla intrínseca que no se puede resolver: Los mismos encargados de erradicar el tráfico de influencias dentro de la organización son precisamente quienes tienen la tentadora opción de utilizar su propia influencia para optimizar su beneficio personal.

Las jerarquías por necesidad limitan la retroalimentación de información que fluye de regreso hacia el liderazgo. Los pocos en la parte superior no tienen suficiente tiempo o los conocimientos necesarios para analizar toda la información que les llega. El trabajo de cada eslabón de la cadena de mando es resumir la retroalimentación desde abajo antes de pasarlo hacia arriba en la cadena. Pero dado que los intereses particulares de cada persona en la cadena de jerarquías se ven favorecidos al complacer a sus superiores inmediatos, la prioridad por defecto para ellos será el informar aquello que más agrade a esos superiores. Aquellos jefes que exijan información honrada a sus subordinados se enfrentarán al mismo dilema cuando les toque informar a sus superiores: "Este informe honesto... ¿Perjudica mis propios intereses?".

Esta procura progresivamente incremental del propio interés y del miedo a la desaprobación superior se manifiesta a medida que se asciende en la pirámide de mando. Este proceso puede conducir a una manipulación de la información para con los superiores, rayando en el absurdo. En un famoso ejemplo de la época de la China de Mao, sus subordinados ordenaron plantar un arrozal en abundancia a lo largo de un estrecho tramo de una determinada carretera, de manera tal que cuando el susodicho presidente Mao fuese conducido a lo largo de este camino, viera evidencias de una generosa cosecha de arroz espectacular.

En realidad, China estaba bajo la terrible presión de una hambruna resultante de las más desastrosas políticas de Estado. Pero ya que todos temían las consecuencias de decirle a Mao que por causa de sus políticas, millones de personas estaban muriendo de hambre en China, se plantó el arrozal por la carretera para enmascarar la peligrosa realidad.

Este estrangulamiento de la retroalimentación de información tiene otras consecuencias sistémicas.

Incluso los informes más honestos reflejan los prejuicios de aquellos que sintetizan la retroalimentación. Como resultado, cuando la información finalmente llega a la máxima autoridad, puede ser inexacto en formas que son difíciles de detectar. Dicho de otra manera, la disidencia ha sido suprimida o maquillada.

Todos los líderes tienen sus propios prejuicios y límites experimentales, y estos tienen el potencial de dar lugar a decisiones desastrosas.

Las organizaciones en redes están expuestas a la constante retroalimentación, y no hay ninguna ganancia en manipular la información para complacer a ningún superior, porque no hay ninguna cadena de mando. Una decisión desastrosa puede acabar en todo caso con un único nodo en la red, pero en una jerarquía centralizada, una decisión desastrosa puede acabar con toda la organización.

Esta es la debilidad de las organizaciones basadas en las pirámides de obediencia y la autoridad.

Vamos a considerar ahora un ejemplo en el campo militar

Ejército tradicional	Guerrilla subversiva
Una orden para ejecutar un asalto casi suicida, debe ser obedecida.	Cada célula puede optar por cuál escenario de asalto es más pertinente.
El comandante supremo puede decidir que una defensa perimétrica de un enemigo, está a punto de ceder y ordenar en consecuencia un asalto directo. El ataque frontal podría dar lugar a horrendas bajas porque no habría la retroalimentación necesaria para cuestionar la desastrosa decisión del comandante.	Una célula podría tratar de penetrar en el perímetro del enemigo, y ser eliminados. Las células circundantes se darán cuenta de que el enemigo ha cambiado de táctica y ha diseñado una defensa destinada a engañar células rebeldes para atraerlas a una emboscada.

En otras palabras, no se trata solo de la calidad de la retroalimentación lo que es importante; sino la velocidad y la integridad de esa retroalimentación lo que más importa.

Consideremos los incentivos presentados a los miembros que yacen bajo las cúpulas del poder: sus recompensas (sueldos, pensiones, vacaciones, etc.), son fijadas en el momento en que firman su contrato de trabajo. La única manera de incrementar sus recompensas es escalar hacia arriba de la pirámide de la organización, lo que significa exagerar la propia lealtad a los superiores y mejorar su desempeño en el arte de manipular información peligrosa.

Otra opción es optimizar recompensas en caso de no poder incrementarlas. La única forma de optimizar estos beneficios, participando de una jerarquía centralizada, es *minimizando los recursos* a ser invertidos: trabajos, esfuerzos y cuidados. Sorprendentemente ésta constituye precisamente la vía que eligen las personas menos ambiciosas al perseguir su beneficio personal: realizar la menor cantidad de trabajo posible, y reducir sus esfuerzos y diligencias al mínimo.

Una vez más, nos encontramos con que los incentivos debilitan la eficacia del sistema, ya que cada participante busca maximizar su beneficio personal dentro de la jerarquía que le ha tocado. Una vez más, vemos que los incentivos están fuera de sincronía con los objetivos del sistema.

A pesar de las desventajas de su estructura, las jerarquías exhiben una buena eficacia en el control y en las economías de escala. En la era de la revolución industrial, en la que se favorecieron el auge de la información sobre los recursos y el dinero, estos beneficios fueron mucho mayores que cualquiera de sus inconvenientes.

Pero en esta nueva revolución digital de la economía del conocimiento, las desventajas de los sistemas jerárquicos llegarán a ser fatales, sin importar cuáles puedan ser sus beneficios.

Muchos dentro de la dirección empresarial y estatal están muy conscientes de esto, y están tratando de incorporar en sus jerarquías el libre tráfico de la información, la autonomía y la inventiva que son nativas de las redes descentralizadas.

Pero aún está por verse si esta información libre, esta autonomía y libre inventiva, que son propias de las organizaciones en red, terminarán por ser aceptadas en las estructuras jerárquicas, dado que cada una de ellas es incompatible con el esquema piramidal. En última instancia la única manera de liberar a las jerarquías de sus limitaciones intrínsecas es eliminar la estructura centralizada completamente.

Veamos un famoso ejemplo que condujo al colapso de todo un sistema; la burbuja inmobiliaria estadounidense de 2008.

Las hipotecas de alto riesgo y la burbuja inmobiliaria

Como en la mayoría de los colapsos catastróficos de sistemas aparentemente estables, las semillas que iniciaron la burbuja inmobiliaria y el colapso del valor de las viviendas e hipotecas de alto riesgo, fueron sembradas con las mejores de las intenciones.

El liderazgo de las agencias federales de vivienda querían que más familias se beneficiaran de tener una vivienda propia, por lo que desreguló las normas de crédito a prestatarios marginales (o de alto riesgo) y premiaba aquellos bancos que emitían hipotecas a estos prestatarios de riesgo.

Al mismo tiempo, el liderazgo popularmente electo y las máximas autoridades federales de entes reguladores financieros, querían liberar a los bancos de ataduras legales, para que pudieran emitir cuanto instrumento financiero exótico se les ocurrieran (derivados financieros, permutas de incumplimiento crediticio, etc.), ya que los expertos les habían convencido de que con una mayor libertad financiera (menor regulación legal-financiera) se reducirían los costos generales de prestar dinero (incluyendo claro, la oferta de hipotecas) al permitirles a las instituciones financieras (bancos, fiduciarias, prestamistas, y demás especímenes del mundo de la deuda) la posibilidad de ofrecer a sus inversionistas, un espectro más amplio de opciones e instrumentos que permitieran moderar, disminuir o contrarrestar los riesgos de cualquier tipo de crédito.

Las hipotecas originales con períodos de madurez de 30 años, que estaban en poder de los prestamistas originales (bancos comerciales), fueron aseguradas y transformadas (por bancos de inversión) en activos financieros de una ingeniosa nueva naturaleza: "participaciones respaldadas por hipotecas".

Estos activos respaldados por hipotecas, fueron picoteados en acciones, que se mezclaron con otros ingredientes financieros; porciones grandes de algunos otros activos más riesgosos (de mala calidad), una pizca de otros menos arriesgados (de mayor calidad) para luego empaquetarlos como un nuevo producto exótico que se ofrecieron a la venta a inversionistas a lo largo y ancho del mundo.

Estas innovaciones financieras permitieron a los prestamistas (la banca estadounidense) obtener de sus préstamos los beneficios que las hipotecas iban a darles a lo largo de 30 años, *de forma inmediata* y les permitía de paso, descargar todos los riesgos del futuro que no iban a asumir, en activos exóticos que otros inversionistas incautos (personas como usted y yo) iban a terminar comprando.

Los bancos presionaron con fuerza ante el congreso y las autoridades financieras, para que estos cambios se implementaran, debido a que con las nuevas libertades se podrían vender más servicios de banca de inversión (respaldados en actividades civiles o ciudadanas que nada tenían que ver con la intención de invertir dinero) y les permitiría ganar mayores beneficios. El cabildeo (lobby) bancario incluyó contribuciones sustanciales a las campañas de los funcionarios elegidos por votación popular.

El número de personas que tomaron estas decisiones fue muy pequeño. Esto no fue accidental; ésta es la naturaleza de las estructuras jerárquicas altamente centralizadas. En cada caso, los liderazgos (de la banca, del congreso y las agencias reguladoras) no solo actuaron siguiendo su propio interés, sino también con el asesoramiento de expertos dentro de sus propias jerarquías.

Muy rápidamente, estos cambios desencadenaron incentivos perversos aguas abajo en la pirámide.

Los organismos encargados de calificar los riesgo de los estos exóticos instrumentos financieros y en especial los riesgos de aquellos "Activos Respaldados por Hipotecas (ARH)", recibían el pago por su trabajo de calificar, en función del volumen de instrumentos financieros que calificaban (otro ejemplo de que optimizar lo que se mide). Debido a que la emisión de las calificaciones de alto riesgo podría causar que los prestamistas se fueran otras agencias de calificación algo más complacientes, todas las agencias desestimaron deliberadamente diversos factores de riesgo para asegurar los mayores volúmenes de ventas con sus clientes y así, maximizar sus ganancias.

Los prestamistas descubrieron que el mercado mundial para los ARH que recibían buenas calificaciones de riesgo (y altamente rentables) estaba insaciablemente hambriento de estos productos financieros, por lo que relajaron aún más las directrices para evaluar los riesgos, para alentar a los corredores de hipotecas-ARH, a vender tantas ARH como les fuera posible. Es decir, que modificaron los requisitos de las entradas del sistema y sus reglas de operaciones para obtener la salida que querían (ganar el juego era tan atractivo que corrieron el riesgo de hacer "trampa").

Esto condujo a la creación de hipotecas sin soportes, conocidas coloquialmente como "créditos mentirosos"[50] porque el prestamista no tenía la necesidad de verificar los ingresos del prestatario, ni la documentación de sus declaraciones de impuestos, recibos de pago, etc.

La desregulación de las normas de crédito y la expansión de las hipotecas aseguradas por el gobierno federal emitidas por la Asociación Nacional Federal de Hipotecas y la Administración Federal de la Vivienda ampliaron la emisión de hipotecas con pagos iniciales bajos, permitiéndole a prestatarios marginales (familias sin ingresos), calificar por hipotecas con tasas de interés tan bajas como de un 3% anual.

Esta extensa expansión de hipotecas para compradores calificados como muy riesgosos, disparó el acceso a la propiedad de la vivienda, el objetivo deseado de los políticos, y esto hizo relucir la buena reputación de las agencias reguladoras de la vivienda y a sus líderes.

Estas políticas, eventualmente condujeron a la aprobación de hipotecas a deudores de alto riesgo (o sin calificación apropiada como candidatos a un crédito), sin respaldo de documentos, sin pago de inicial y con amortización negativa (es decir con pagos de cuotas inferiores al monto mínimo requerido para ir amortizando la deuda). Cualquiera podía entonces comprar su casa sin un empleo y prácticamente sin dinero en el bolsillo.

La expansión de esta clase de hipotecas otorgadas a compradores con una calificación de riesgo "marginal", generó una oleada de nuevos compradores de viviendas, que debido a su acción de compra en el mercado, incrementaron significativamente los precios del sector inmobiliario. Aun cuando las constructoras se movilizaron con diligencia a construir muchas más viviendas, aprovechando la bonanza del mercado, el incremento de la oferta no logró compensar la subida continua de precios de los bienes raíces.

Los inversionistas rápidamente se percataron de esta enorme apreciación del valor de las viviendas y se apresuraron a aprovechar estas oportunidades, comprando viviendas con fines especulativos. A esta práctica se le conoció como la *reventa inmobiliaria*: los inversionistas compraban viviendas a duras penas sin terminar de construir, o incluso, cuando apenas estaban en los planos del proyecto, por un precio irrisorio, luego esperaban a que los precios subieran, y las revendían ya terminadas a buenos precios por elevadas ganancias[51].

Esta actividad especulativa de reventas, expandió aún más la demanda inmobiliaria que eventualmente fustigó una elevación aún más pronunciada de precios en el sector. Estamos de nuevo ante un *lazo de retroalimentación positiva*, pues cada elemento que impulsaba un aumento de precios, desembocaba en actividades que aceleraron aún más esta mecánica inflacionaria del sector bienes raíces.

Lo que es más importante resaltar en todo este asunto del lazo de retroalimentación provocado por el otorgamiento de hipotecas, su bursatilización, la acción de los entes reguladores federales y las buenas pero falsas calificaciones de riesgo que otorgaron unas muy reputadas agencias de evaluación financiera, es el hecho de que cada personaje de la historia simplemente estaba optimizando la forma de aprovechar las oportunidades que el sistema les había presentado.

---

[50] También conocido como el crédito "NINJA" haciendo mofa a la denominación en inglés "No loans": "No Income, No Asset Loans". Es decir, créditos sin ningún tipo de respaldo o colateral más allá de la "promesa" de pagar [http://www.brokeroutpost.com/reference/59076.htm]. (Nota Especial)
[51] Y a esto se debe añadir que las ventas estaban garantizadas por el mismo boom de las hipotecas marginales; ventas que fueron en esa época totalmente seguras, y que eran financiadas o impulsadas por la misma banca. (Nota Especial)

Ninguno de estos excesos fue provocado por el simple proceder deshonesto de ningún actor en particular (aunque sí hay que admitir que hubo innumerables casos descarados de fraude), más bien, cada participante, fuera grande o pequeño, lo único que intentaba era maximizar sus propios beneficios, respondiendo de una manera muy racional a los incentivos que el sistema les presentaba.

Todos los involucrados en el sector financiero-hipotecario que se abstuvieron de perseguir los beneficios ofrecidos por estos incentivos mediante la especulación, obtuvieron resultados realmente decepcionantes y eventualmente fueron despedidos. Esta selección darwiniana que favorecía a quienes maximizaban el apalancamiento financiero, en detrimento de aquellos que se conducían por el discernimiento y los escrúpulos, avivó aún más las intenciones de enmascarar ante el público los riesgos en pleno auge de la burbuja.

La codicia, no solo fue vista como una actitud racional durante este frenesí especulativo, sino que se veía como una actitud positiva, porque esta expansión de la especulación y el riesgo estaban impulsando el crecimiento, no solo del sector inmobiliario, sino también de la recaudación fiscal, del otorgamiento de viviendas, y de toda la torta macroeconómica.

Un gran número de observadores (entre los que me incluyo) reconocieron los enormes peligros de esta ola de especulación y riesgos, pero nuestras advertencias fueron ignoradas o desestimadas.

El inevitable estallido de esta burbuja de riesgosos créditos y de la especulación que ellos originaron, no solo hizo colapsar al sistema hipotecario, sino que el mismo ecosistema financiero estuvo a punto de derrumbarse. Tal como se hizo resaltar previamente, estamos ante un rasgo distintivo de las jerarquías centralizadas: los miembros de un sistema siempre responderán a los incentivos que éste les presenta en favor de sus propios intereses, aún si estas respuestas vienen a ser tácticas perversas y resultan auto-destructivas para el mismo sistema.

Aunque algunos pocos parecieron percatarse de los riesgos en secuencias (al estilo de los dominós en filas), las hipotecas y los ARH se mantuvieron *firmemente incrustados* en la totalidad del sistema financiero. El colapso de las hipotecas riesgosas fue una estocada al sistema hipotecario completo, que estuvo muy cerca de derribar a todo el sistema financiero mundial.

Esto hace resaltar una característica extremadamente peligrosa de las jerarquías centralizadas: Aquellos sistemas que pueden en apariencia estar débilmente acoplados, en realidad son internamente muy interdependientes debido a la mismísima estructura de la centralización. La desregulación de las normas que regían al crédito y la legalización de la bursatilización de las hipotecas, no afectó solamente al sector del crédito inmobiliario y a la banca de inversión, sino que debido a que el cambio en las reglas del juego cambió también lo que optimizaba el sistema mismo, las jerarquías regulatorias centralizadas, habían también acoplado firmemente entre sí a cada sector del sistema que dependía de las finanzas, lo que en definitiva arrastró a todo el sistema financiero global.

La debacle inmobiliaria es capaz de ilustrar cada desventaja fundamental de las jerarquías centralizadas:

- Un puñado de miembros de la cima elitista de la pirámide, tomaron unas decisiones basadas en buenas intenciones, el consejo de unos expertos y la procura de su propio bienestar particular.

- Las medidas políticas que se tomaron, incentivaron conductas (la especulación y la toma de riesgos cada vez mayores) que no estaban para nada alineadas con los propósitos que motivaron dichas políticas (es decir, darle un hogar donde vivir a tantas familias como fuera posible; familias previamente excluidas por el rígido estándar crediticio anterior).

- Puesto que se observó un incremento de la titularidad de viviendas, una revalorización de las viviendas, y se detectó que el mercado inmobiliario empezaba a reportar buenos beneficios y buenos índices de crecimiento (y debido a que *podemos optimizar solo aquello que podemos observar*), se creyó que las políticas adoptadas habían sido tremendamente exitosas... hasta que el sistema colapsó.

- Los suministros que este sistema necesitaba para mantener estas expansiones financieras (es decir, nuevos deudores marginales o riesgosos, más inversionistas buscando comprar más ARH y más especuladores inmobiliarios) mermaron, puesto que llegado cierto punto, todos los que querían entrar en el juego ya estaban de momento dentro de éste.

- Los miembros de la cúpula amañaron las reglas (es decir, *hicieron del sistema, su juego*) para posibilitar la mercantilización de instrumentos hipotecarios de alto riesgo como si se tratase de productos de bajo riesgo y alta calidad (vendieron gatos por liebres). Conforme la burbuja se expandía, esta *asimetría de la información* (es decir, que solo los miembros de esta cúpula conocían de los verdaderos riesgos de los ARH) terminó por establecer un sistema de igualdad donde *algunos eran más iguales que otros*.

- El liderazgo de las jerarquías regulatorias aceptó que los riesgos se hubiesen enmascarado detrás de exóticos instrumentos financieros creados mediante los entuertos del mismo sistema y eligieron hacerse de la vista gorda ante evidentes actividades de fraude, porque al hacerlo evitaban descarrilar los efectos del lazo positivo de retroalimentación que estaba impulsando el crecimiento.

Los excesos creados por el cambio de las reglas no podrían haber ocurrido en un sistema descentralizado de nodos en red, en donde cada nodo podría colocarle el precio a la hipoteca basados en el riesgo y las ventas de los inmuebles que provendrían de la retroalimentación de todos los demás nodos de la red.

Los excesos y el colapso solamente son posibles dentro de una jerarquía centralizada.

De hecho, viéndolo en retrospectiva, se hace evidente que *el colapso era la única salida posible de este sistema*.

Este colapso no fue exclusivo del sector inmobiliario, aunque los defensores del sistema argumentaron (nuevamente) que todo esto no se trataba más que de un caso aislado. El colapso más bien, fue la consecuencia directa de la estructura de las jerarquías centralizadas.

Las características básicas de las jerarquías centralizadas que llevaron a este colapso sistémico incluyen:

- Que el flujo de información se limitara a servir a los intereses constituidos en la parte superior de la pirámide de poder.

- Que las decisiones basadas en la información distorsionada sobre los riesgos, fueran desastrosas para quienes confiaron en dicha información.

- Que tan pronto la confianza en la validez de esa información sobre el riesgo se erosionó, el sistema se desmoronó.

- Dado que las hipotecas, los bienes raíces, la banca de inversión, los instrumentos financieros exóticos y el sistema financiero eran todos elementos del sistema fuertemente acoplados, el colapso del sector hipotecario, estuvo a punto de hacer colapsar a todo el sistema financiero.

- La persecución del interés personal de todos los personajes de la historia (es decir, el simplemente responder a los incentivos presentados) socavó todo el sistema.

En toda esta situación no hubo una autoridad central que ordenara a los partícipes cómo manipular el sistema, mentir sobre sus solicitudes de hipotecas, exagerar la seguridad de los valores respaldados por las hipotecas o los riesgos de descuento; los participantes solo buscaban optimizar sus beneficios de acuerdo con las normas e incentivos que el sistema les presentó. Teniendo en cuenta otra serie de reglas e incentivos del sistema, los participantes hubieran tomado otras opciones, así de simple.

Cuando la información se distorsiona o es retenida a conveniencia y la persuasión sustituye el conocimiento, la confianza se pierde y se derrumba el sistema. *Esta es la teleología* (la consecuencia natural) *de las jerarquías centralizadas; no hay otra salida posible.*

Como se ha señalado en el ejemplo de los juegos del empleo: cambiar las reglas del sistema provoca un cambio en sus resultados. Pero cambiar a los jugadores no cambia nada.

El fracaso de las reformas marginales

Una de las más grandes incoherencias de la matriz ortodoxa de pensamiento, es la aparente incapacidad de reconocer que es inviable hacer reformar a un sistema de jerarquías centralizadas con meras regulaciones marginales. Si reconocemos a las jerarquías centralizadas como sistemas fuertemente acoplados que fomentan la restricción de información, la lealtad a los superiores, y los incentivos perversos, entendemos por qué 1.000 páginas de regulaciones marginales apenas terminan reduciendo las pocas cosas eficientes aún latentes en el sistema, mientras que no cambian en nada la estructura del sistema o sus resultados.

- Si colocáramos auditores que vigilarán a los reguladores del sistema, para comprobar que no están restringiendo la información de forma ilegítima, solo crearíamos un nuevo incentivo para un doble discurso Orwelliano que terminará por limitar la información de manera que ya no podrá ser documentada.

- Exigirle a los partícipes del juego que manifiesten en todo momento una lealtad a la veracidad en la información y al pensamiento crítico, solo les conllevará al sacrificio de cualquier esperanza de progresar dentro de la organización.

- Redactando miles de páginas en regulaciones arcaicas para garantizar la independencia de poderes de unidades fuertemente acopladas a un ente de poder central, únicamente logrará que estas estructuras sub-sistémicas se unan más estrechamente a la estructura regulatoria, lo que reforzaría la fragilidad de un sistema aún más fuertemente acoplado.

La única manera de reformar verdaderamente a las jerarquías centralizadas es en primer lugar desmantelar las estructuras que las hacen jerarquías centralizadas. Una vez que se elimina la capacidad de restringir y distorsionar la información, hemos eliminado su capacidad para recompensar y defender a los privilegiados. Y una vez que tales debilidades desaparecen, ¿quién queda para sostener la organización?

Y es aquí que tenemos que preguntarnos: ¿cuál es la ventaja de mantener las jerarquías centralizadas en el primer lugar?

El contexto histórico del sistema mundial moderno

Los sistemas surgen para fomentar cierto contexto histórico particular de recursos, al capital y al trabajo. Al hacerlo, los sistemas fomentan también concesiones mutuas. Cuando las condiciones cambian, esas concesiones ya no son productivas y el sistema pasa a operar en modo autodestructivo.

Grosso modo, la primera y la segunda revolución industrial fomentaron el movimiento y la transformación de las materias primas porque éstas eran las fuentes de la creación de valor. En términos de la teoría de la información, la información y el conocimiento necesario para procesar y fabricar los materiales desde el envío del mineral en bruto hasta fabricar el acero que se crearía vehículos, herramientas, edificios, era la fuente de las ganancias y por lo tanto lo que, naturalmente, debía ser optimizado.

Por lo tanto no es de extrañar que a principios del siglo XX, la Ford Motor Company optimizara la integración vertical de toda su cadena de suministro, desde la fabricación de acero hasta la fabricación de los vehículos, o que Wal-Mart optimizara la cadena de suministro desde los fabricantes asiáticos hasta sus tiendas de todo el globo desde 1990.

Pero a medida que la producción de bienes y la optimización de la cadena de producción están siendo mercantilizadas (masificados) por el software y la robótica, estos ya no son los motores de la creación de valor.

La información y el conocimiento necesario para crear y vender instrumentos financieros exóticos (el motor que crea valor financiero y que llamamos *bursatilización*) también está siendo masificado por el software.

Tanto la industrialización como la bursatilización han prosperado en el acaparamiento de la información y la explotación asimétrica de la información, es decir, maximizando los beneficios mediante la explotación de lo que solo los privilegiados conocen.

Pero a medida que la industria y las finanzas se han empezado a masificar, la retribución que genera el acaparamiento de la información ha comenzado a disminuir. Conforme la información se vaya progresivamente digitalizando, *todo el mundo tendrá acceso a la misma información*. Y esto disminuirá el valor de acaparar la información.

He aquí un ejemplo de la vida diaria. En la década de 1960, los EE.UU. gastaron miles de millones de dólares en el desarrollo de satélites espías sofisticados que podían tomar fotografías nítidas de la superficie de la tierra desde una órbita terrestre baja. La tecnología de captura y transmisión de estas imágenes era uno de los secretos mejor guardados de esta potencia.

Esta información fue altamente asimétrica. Solo los más altos estratos de los organismos de seguridad nacional de Estados Unidos tuvieron acceso a estas fotos. No había ningún sustituto de estas imágenes; su valor de seguridad nacional era única.

Ahora, cualquier persona con un dispositivo digital puede ver la imagen de Google Earth con aproximadamente la misma resolución que los satélites espías súper confidenciales de la década de los 60. La información que una vez fue muy valiosa y un secreto muy bien guardado, hoy en día está disponible para todo el mundo.

Como resultado, las empresas están haciendo uso de estas imágenes en nuevas y productivas formas. Las imágenes tomadas desde el espacio están ayudando a mejorar los rendimientos de los cultivos (observando el color de los campos) y la información de producción (contando los nuevos vehículos almacenados en los estacionamientos).

En la primera y segunda revolución industrial, la información y el conocimiento sobre los materiales y las cadenas de suministro se acaparaban como ventajas competitivas.

En la economía del conocimiento, el acaparamiento de información y del conocimiento sobre los procesos sometidos a una rápida masificación es un boleto sin retorno al fracaso. Mientras que las patentes básicas todavía pueden exigir una prima inicial, el valor se crea más bien al innovar y al lograr adaptarse a los cambios de una forma más rápida que los competidores y no acaparando información.

El valor se crea mediante el intercambio de conocimientos con la ayuda de colaboradores, no acaparando este conocimiento.

Los procesos que las jerarquías y burocracias centralizadas han fomentado ya no son los motores que crean el valor. A medida que sus costos son mayores al valor que crean, estas estructuras son autodestructivas.

Del mismo modo que las empresas que ha maximizado sus ganancias optimizando la producción de bienes y las cadenas globales de suministro, los estados centralizados han optimizado el control de vastos departamentos y de proyectos nacionales en expansión, con burocracias.

En un mundo de telecomunicaciones lentas, principalmente en base a papeles y de baja productividad, las burocracias fomentaron la fiabilidad y la gestión de sistemas complejos, tales como los ejércitos y las armadas.

Incluso en un mundo revolucionado por las ondas de radio, la gran industria y las fuerzas militares de la Segunda Guerra Mundial fueron manejadas en gran medida por órdenes de papel y facturas (a mitad de los años 50, los recibos de pago de mi padre que provenían del minorista más grande del país, Sears Roebuck & Co., todavía estaban escritos a mano por un empleado; y el recibía una copia en papel carbón).

De las 400.000 mujeres que sirvieron en las fuerzas armadas de los EE.UU. en la Segunda Guerra Mundial, aproximadamente el 70% realizaban trabajos de oficina como oficinistas, mecanógrafas, y similares. Este vasto ejército luego se fue ampliado con otro ejército de asistentes masculinos, mecanógrafos y otros cargos similares.

Dado que los salarios y los beneficios eran modestos, estos sistemas podrían permitirse la redundancia y múltiples capas de gestión que proveía cierto nivel de complejidad, pero generalmente eran muy fiables.

Sin embargo, por todas las razones ya cubiertas en el capítulo uno, los salarios y los beneficios siempre aumentan inexorablemente[52], y las burocracias ahora son sistemas muy costosos. La baja productividad en estos sistemas es ahora un coste asumido por muchos para beneficiar a pocos.

Los sistemas que fomentan el movimiento de materiales y la bursatilización, también fomentan la expansión del consumo y de la deuda, es decir, el crecimiento. Si el crecimiento del consumo y la deuda ya no son posibles debido a los límites de recursos y el sobreendeudamiento, estos sistemas colapsan a medida que los costos aumentan y los beneficios van disipándose.

En pocas palabras, necesitamos un nuevo sistema que optimice la creación de valor en la economía del conocimiento, y que optimice una economía baja en deuda; que haga más con menos, lo que llamamos *decrecimiento*. Las viejas jerarquías y burocracias centralizadas están condenadas, no importa el número de reformas y regulaciones marginales que intenten colocarles aquellos que tratan de proteger sus privilegios. Estos "pañitos calientes" (reformas marginales) en forma de artificios adicionales y sus costos involucrados, únicamente serán de utilidad para engrasar el tobogán del actual sistema mundial que nos está llevando a todos al precipicio.

---

[52] En los casos referidos en el capítulo 1 (Véase sección "El auge del costo del trabajo humano") se puede entender como el incremento de sueldos y salarios representa una carga difícil en economías que casi no experimentan inflación en sus divisas o en países especialmente industrializados. Sin embargo las élites políticas han hallado una solución para la mayoría de los países del mundo, al instigar planes cuidadosos de desindustrialización que impulsan la devaluación de las divisas de esos países, disparan la inflación y siempre consiguen que aunque los salarios aumenten, siempre lo hagan de último, manteniendo una constante depreciación del costo real de la mano de obra en países del tercer mundo. (Nota Especial)

Capítulo tres: Escasez, productividad y privilegio

Ahora estamos en condiciones de comprender la forma en que la productividad, las ganancias, los privilegios, la mercantilización, la creación de dinero, la democracia, la desigualdad y la inestabilidad están sistémicamente concatenados.

Una vez más, les recuerdo en honor a lo correcto, que aquí en este capítulo, deberíamos estar abriendo todo un nuevo libro, ya que cada tema es todo un campo de conocimientos completo en sí mismo. Pero ya que vamos a diseñar un sistema completamente nuevo en la Sección 2, tenemos que seguir resumiendo conceptos, para no encontrarnos al final del camino con un montón de pesados libros extensos.

Aún hay una gran cantidad de conexiones por entender, así que vamos a resumir lo que hemos discutido hasta ahora:

Los únicos resultados posibles en una jerarquía centralizada dentro de una economía del conocimiento son el estancamiento, la desigualdad y la inestabilidad.

Las jerarquías centralizadas protegen los privilegios de unos pocos a expensas de los muchos.

La protección de los privilegios es incompatible con la innovación, ya que la innovación, inevitablemente, pone en peligro las estructuras que protegen al privilegio. Como resultado, los sistemas optimizados para proteger privilegios, inevitablemente se estancan conforme se elevan los costos para proteger al privilegiado a costa de la productividad.

Es una elección simple: o elegimos proteger las jerarquías centralizadas y aceptar el estancamiento de la productividad, o elegimos la innovación de esquemas auto-organizados, descentralizados y de alta productividad. No se puede tener ambas cosas.

Al igual que cuando la productividad se estanca todo el mundo se empobrece, cuando aumenta la productividad y se puede producir *más rápido, mejor, y barato,* la innovación beneficia a todos.

El sistema mundial actual no es solo un orden económico; su estructura también genera un orden socio- político mundial que es tan autodestructivo como su estructura económica.

La escasez artificial y el estancamiento

En los capítulos anteriores, discutimos que el valor (en forma de activos y utilidades) fluye en torno a lo que es escaso. En un mercado transparente, bienes y servicios escasos estarán al frente de los que tienen los precios más altos y generarán las mayores ganancias.

También se encontró que cuando los bienes y servicios se masifican por la automatización, su valor de escasez cae en picada, al igual que las ganancias.

El privilegio se alimenta a partir de la imposición de una escasez artificial de la información veraz. Los pocos con acceso a esta información de calidad, logran recaudar altas ganancias derivadas de dicha escasez, y no de la mejora de la productividad ni de producir bienes o servicios que son escasos, sino aprovechando la escasez artificial impuesta por las jerarquías centralizadas tales como los estados, los bancos centrales y los monopolios.

En general, la riqueza no se incrementa por la explotación de una escasez artificial. Más bien, esta concentración de ganancias en las manos de solo uno pocos privilegiados (que no producen ningún bien, servicio o alguna nueva innovación de valor) le roban al sistema el capital que podría haber alimentado una mejora de la productividad.

El costo de oportunidad que conlleva el mantener a estos pocos privilegiados a través de una escasez artificial son inmensos, dado que los proyectos productivos y necesidades prioritarias que este capital desviado a la élite privilegiada puede satisfacer o resolver, quedan desatendidos.

La escasez artificial forzada por las jerarquías centralizadas *solo tiene un número limitado de posibles resultados*: el aumento del estancamiento, la desigualdad y la inestabilidad.

¿Qué soluciones fomentan las jerarquías centralizadas?

Mucho se ha hablado de las soluciones que se hacen posibles gracias a las estructuras jerárquicas centralizadas: las economías de escala y las concentraciones masivas de capital, trabajo y talento. Estas soluciones dieron sus frutos en la primera y segunda revolución industrial, que estuvieron enfocadas en la fabricación y en los avances en la integración de la cadena de suministro. Aquellos pocos que fueron capaces de concentrar el capital, el trabajo y la experiencia en una fábrica amasaron enormes fortunas a medida que las cadenas de suministro integradas redujeron los costos y la producción en masa se intensificó.

Sin embargo, en las economías basadas en el conocimiento:

- Tanto la fabricación como la optimización de la cadena de suministros se han mercantilizado en gran medida, y la automatización sigue masificando lo que aún mantiene algún valor de escasez.

- Las economías de escala fomentadas por las jerarquías centralizadas han sido reducidas a procesos de baja rentabilidad y baja participación debido a la automatización y la competencia global.

- El valor derivado de la escasez es fomentado por organizaciones basadas en estructuras de redes. Aquellas jerarquías centralizadas que aún cosechan algún valor genuino derivado de la escasez, lo hacen solo mediante la adopción de las características que son inherentes a las redes descentralizadas: grupos autónomos de trabajo, el flujo libre de información dentro de la empresa, respuesta rápida a los cambios del mercado, y todas las demás características.

En general, las jerarquías centralizadas que promueven la mercantilización son negocios de bajo margen de ganancias que están altamente expuestos a la competencia global y al impacto de la automatización. La única forma en que las jerarquías centralizadas convencionales puedan obtener ganancias sustanciales es solo a través de la creación de un monopolio, ya sea uno que sea apadrinado por el Estado a través de reglamentos o convirtiéndose en el proveedor predominante de su sector.

Si usted está tentado a colocar en una lista a las empresas Apple, Facebook y Google como prueba de que las jerarquías centralizadas son altamente rentables, debe recordar que solo existe una única Apple, un solo Facebook y un único Google en el planeta, y que estas empresas tienen menos de 100.000

empleados en los EE.UU. y menos de 150.000 en todo el mundo (lo que es una insignificante rebanada de la fuerza laboral de los Estados Unidos que cuenta con 150 millones de trabajadores). Como se ha detallado anteriormente, sus ganancias combinadas solo son una pequeña porción insignificante de lo que el estado norteamericano gasta cada año ($6.2 billones).

Un pequeño puñado de corporaciones globales ha logrado integrar a sus estructuras las características de las redes descentralizadas, que permiten el libre flujo de información, la colaboración y la rápida retroalimentación. Pero estas corporaciones representan casos atípicos y aislados, no ejemplos de la norma.

Y como se señaló anteriormente, las innovaciones arraigadas en las economías de escala, son rápidamente masificadas por los competidores. No hay garantías de que incluso las jerarquías centralizadas más exitosas seguirán siendo rentables a menos que se conviertan en un monopolio.

El monopolio es la cúspide de una jerarquía centralizada

El monopolio (que es la destrucción de la competencia y de la capacidad del mercado para dar forma a los precios) es la cúspide de las jerarquías centralizadas. Si se les da la oportunidad, cada jerarquía centralizada optaría por convertirse en un monopolio, ya que únicamente los monopolios permiten ganancias en una economía estancada.

El monopolio *fomenta el estancamiento de la productividad, altos costos de oportunidad y la concentración de capital en manos de unos pocos privilegiados a expensas de los muchos.* El único resultado posible a partir de un monopolio es la reducción de la competencia, de la productividad y de la innovación.

La competencia es el resultado de nuevos conocimientos que se incorporan al sistema. De manera que: competencia = innovación.

Toda aquella innovación que aumente la productividad y la riqueza neta será combatida por el monopolio. Los que tienen el monopolio no tienen ningún incentivo para arriesgarse a aceptar las innovaciones en desarrollo, ya que sus mejores oportunidades de enriquecimiento estriban más bien en sobornar al estado para continuar imponiendo su monopolio.

El capital que podría haber sido invertido en innovaciones se desvía, de este modo a los pocos privilegiados. Como resultado, los sistemas dominados por monopolios se estancan, sufren de un acusado aumento en la desigualdad y terminan por sofocar a la innovación.

El monopolio distribuye sus ganancias a una minoría, pero no como una recompensa por haber mejorado la productividad, sino por haber suprimido la competencia y la innovación.

La productividad requiere del libre flujo de conocimientos e información, las cuales se manifiestan en la figura de la competencia y la transparencia en el mercado. Al ser suprimidos el conocimiento y la información, la competencia y la transparencia mueren y también lo hacen la productividad, la democracia y los mercados.

El libre flujo de la información genera confianza y recompensa el nuevo conocimiento el cual es la fuente de la productividad. El monopolio solo busca destruir estos tres.

Todos ellos están fuertemente entrelazados: no se puede mantener la productividad dentro de un monopolio, ni se puede sostener a un monopolio en un sistema donde el conocimiento fluye libre y transparentemente.

Es por ello entonces que los monopolios y las jerarquías centralizadas son incompatibles con cualquier sistema que necesite de la competencia y el libre flujo de la información para florecer: como por ejemplo, los mercados libres y la democracia.

¿Qué es lo escaso?

¿Qué es lo que cree usted, querido lector, que se convierte en un bien escaso como resultado de la estructura de un sistema como el actual?

En un mercado transparente, el valor fluye hacia lo que es escaso. En los monopolios, la escasez es artificial. Si la única tienda en la ciudad le pertenece a cierta empresa, lo que se convierte en escaso es la competencia y las varias opciones a elegir para el consumidor. La escasez de la competencia es totalmente artificial, la inevitable consecuencia del monopolio.

En las jerarquías centralizadas, la información sin filtro es escasa, y esta escasez genera valor que será acaparada por los pocos privilegiados con acceso a esa información de relevancia.

En el mundo financiero, el acceso al capital barato es muy escaso; como igualmente lo es, la facultad de crear dinero.

En los sistemas que optimizan el privilegio, el ingreso a las filas de los privilegiados es escaso. Esta escasez es completamente artificial, es decir, es creado por la estructura del sistema, no por el funcionamiento de un mercado transparente.

La escasez artificial genera una alta rentabilidad para los privilegiados. Pero, como hemos visto, la aplicación de una escasez artificial erosiona precisamente aquello que más necesitan los sistemas vibrantes, elásticos y adaptables: la libre circulación de la información, el conocimiento y la retroalimentación.

Los sistemas que benefician el privilegio, fomentan todas aquellas dinámicas que socavan la democracia, las oportunidades y los mercados: la innovación, la competencia, la variedad de la oferta, las buenas decisiones y el aumento de la productividad.

Los sistemas que no están basados en la protección de los privilegios

En un mundo dominado por los monopolios y las jerarquías centralizadas, el estancamiento de la productividad y las oportunidades es predecible porque se trata del único resultado posible. La ideología ortodoxa es ciega ante este hecho, por lo que hacerse la siguiente pregunta jamás se les ocurre: ¿cómo funcionará un sistema que no se base en mantener privilegio alguno?

Para responder a esto, debemos empezar por mirar la vida humana mucho antes de la aparición de las jerarquías centralizadas, tal y como fue en el pasado lejano cuando la humanidad había sido forzada por el cambio climático a convivir en una estrecha franja de la costa sur de África hace unos 160.000 años.

Hay evidencia de que este entorno altamente estresante (de escasos recursos y junto a otros grupos humano en constante competencia) reforzó nuestra capacidad para cooperar y para luchar, ya que ambas estrategias fueron útiles en la obtención y la defensa de los escasos recursos. En este entorno competitivo, los pequeños grupos que cooperaban con otros en defensa de los escasos recursos optimizaron la comunicación, la colaboración, el intercambio de los recursos y fomentaron las reparticiones de las cargas en las tareas de la defensa y en las de un amplio espectro de innovaciones técnicas y sociales.

En ese intensamente competitivo ambiente se optimizó la cooperación, la comunicación y la rápida retroalimentación (la localización de posibles intrusos, quien defiende actualmente nuestros recursos, y otras tareas similares), el liderazgo privilegiado habría sido insostenible sin el consentimiento de los gobernados, es decir, el puñado de miembros de cada pequeño grupo.

El privilegio de estar en el grupo de los líderes dependía del éxito de las funciones del liderazgo, ya que todos en el grupo tenían "el pellejo en el juego" y sufrirían por igual las dolorosas consecuencias de un mal liderazgo o de decisiones basadas en información defectuosa, como por ejemplo: el hambre, la pérdida de recursos y posiblemente la muerte en combate a manos de competidores más fuertes, y mejor dirigidos.

¿Y que era escaso en este entorno? Pues las fuentes seguras de alimentos y agua, las habilidades necesarias para comunicarse y cooperar con otros grupos amistosos para defender mejor los recursos, el acceso a las innovaciones técnicas y sociales, información confiable acerca de los grupos rivales y los nuevos recursos, y así sucesivamente, en otras palabras, el libre flujo de información confiable y conocimientos y múltiples lazos efectivos de realimentación.

En un entorno tan difícil, las habilidades de liderazgo, sin duda, eran escasas. El privilegio que fluía en torno a esta escasez dependía de que el liderazgo en sí, tuviera éxito.

En este tipo de sistemas se fomenta el liderazgo oportuno y eficaz, mientras que cualesquiera que fuesen los privilegios con los que se recompensaba la carga que representaba la responsabilidad del liderazgo, estos dependían de los resultados. También se fomentaba el aprendizaje rápido y productivo (no solo en los líderes, sino en todos los miembros del clan), capaz de acelerar el desarrollo y la distribución del conocimiento innovador para servir mejor a un grupo diverso que probaba e iba corrigiendo estas innovaciones en el campo de acción.

La disidencia también se fomentaba, ya que aquellos grupos que nunca cuestionaban al liderazgo eran más propensos a sufrir las consecuencias de la falta de un buen líder.

Si recordamos los atributos de las organizaciones basadas en redes, está claro que estos primeros grupos humanos fueron descentralizados, formaron organizaciones en redes que fomentaban la transparencia, la participación activa, el flujo de la información, el acceso a los recursos y la colaboración desde la base hacia los líderes.

Los seres humanos adoptaron a los sistemas descentralizados y basados en redes como un asunto de vida o muerte. Sean cuales fueren las jerarquías que existían es obvio que eran planas (es decir, solo dos capas, líderes y miembros), y basadas en la verificación de los resultados, no en la imposición de una autoridad.

Esto contrasta con las jerarquías centralizadas de hoy en día que desvían la mayor parte de las ganancias para privilegiar a solo unos pocos, es un sistema que optimiza incentivos perjudiciales, el monopolio, el estancamiento, la desigualdad y la inestabilidad.

En las jerarquías centralizadas, las habilidades claves no son un rápido flujo del conocimiento entre los miembros o la innovación; las habilidades claves se basan en la experticia en la politiquería y la distorsión o el ocultamiento de la información.

Si sumamos todo esto, es fácil entender por qué el sistema mundial actual, está dominado por las jerarquías centralizadas y los monopolios, y este sistema está cada vez más estancado e inestable. Es también claro que en la historia de los seres humanos estamos condicionados para optimizar la clase de sistemas que se desarrollan en la economía del conocimiento: un sistema profundamente descentralizado, adaptable, basado en redes y transparente.

Capítulo cuatro: El dinero centralizado, la riqueza y la subversión de la democracia

Como se señaló anteriormente, los bancos centrales, el estado y las empresas orientadas a maximizar beneficios se ven en la óptica de la ideología imperante como los equivalentes a los elementos naturales, tales como la tierra, el aire y el agua y que más allá de esto simplemente no hay alternativas.

Pero cada uno de estos elementos es en realidad un contrato social. No hay nada inevitable acerca de ellos.

Se puede argumentar que el gobierno manifiesta una innata preferencia humana por las jerarquías y las empresas con fines de lucro ya que manifiestan nuestro innato de interés particular, pero ¿cuál es el argumento a favor de los bancos centrales que acaparan el monopolio de la emisión y distribución del dinero?

En épocas anteriores, los estados acuñaban sus monedas en metales preciosos. Pero en última instancia el valor de cada moneda no residía en las promesas del estado sino en el valor intrínseco del metal que se había acuñado en una unidad de dinero[53].

En el actual sistema de dinero fiduciario, es decir, el dinero que no tiene un valor intrínseco, los bancos crean dinero mediante la emisión de préstamos. Esta capacidad de crear dinero mediante la emisión de préstamos sobre la base de pequeñas reservas de dinero en efectivo es lo que se conoce como los préstamos *de reserva fraccionaria*, debido a que los bancos pueden emitir un préstamo de $20 por cada dólar de reserva (en efectivo) que posean. Dicho de otra manera, los bancos comerciales solo tienen que tener $5 en efectivo como garantía real (ante el banco central), por cada $100 de activos que retienen en su poder como colaterales (o garantías de un préstamo) del dinero que han prestado.

Este sistema beneficia a solo unos pocos que con el acceso al crédito bancario y al *caudal ilimitado del préstamo de reserva fraccionaria*, crean múltiplos de dinero en efectivo a través de la emisión de créditos (préstamos). En este sistema se *concentra la riqueza en las manos de solo unos pocos*, que luego la utilizarán *para doblegar a las democracias a su antojo*.

Esta no es una característica accidental o aleatoria de la estructura centralizada de emisión monetaria; es *el único resultado posible de semejante sistema*.

---

[53] En el capítulo 6, sin embargo, el mismo autor demuestra que esta afirmación es relativa. Existen innumerables pruebas históricas de que las monarquías de la antigüedad experimentaron con una variedad muy amplia de materiales en la elaboración de sus "monedas" o fichas destinadas al intercambio comercial y que no se limitaron sólo a metales preciosos. Se utilizaron piezas de barro, de hueso y de madera, incluso un pequeño reino de la región del antiguo Tibet, utilizaba bosta de ganado con un pequeño "sellito real", como moneda de curso legal. Pero como referencia más notable, destacaremos el famoso "palo de madera" o Tally Stick, decretado por el rey Henry Primero de Inglaterra alrededor del año 1100. Aunque el valor de la moneda acuñada por el rey gozaba de valor por cumplir con un servicio social (el facilitar el intercambio comercial), también el valor de la moneda dependía de la *amenaza* que representaba la imposición fiscal. Podríamos resumir esta "amenaza" procedente de la realeza, más o menos así: "De ahora en adelante esta ficha será el único medio que aceptaré para el pago de mis impuestos y quien a final de la cosecha no tenga para pagarme sus impuestos en forma de estas fichas, le corto la cabeza". Esto fomentaba bajo el miedo y el terror un mercado de intercambios basado única y exclusivamente en esas fichas y solo las fichas acuñadas por el rey. En el capítulo 6 se discute cómo el valor intrínseco de estas monedas, surge en mayor medida de las actividades de los mercados que las utilizan, más que de cualquier valor "intrínseco" que pudieran tener los materiales con las que se fabrican. El valor que para los monarcas podrían tener los metales preciosos estribaba en la dificultad de extraerlos, pues como se sabe, son muy escasos y su escasez representaba una garantía en contra de la falsificación de la moneda. De este modo, el valor "intrínseco" de un metal "precioso" como base monetaria podía en todo caso depender del valor que los monarcas le otorgaban a ese material en su industria de acuñación monetaria a prueba de plagio. http://unusualhistoricals.blogspot.com/2010/10/money-matter-tally-stick-system.html (Nota Especial)

Los bancos centrales tienen el monopolio de la emisión y distribución de dinero y del crédito. Dado que los monopolios generan estancamiento, desigualdad e inestabilidad, y dado que los bancos centrales son monopolios *por excelencia*, no debe sorprendernos que el sistema de banca central recompense predominantemente a los privilegiados y no a la productividad o a la innovación.

La característica principal del sistema de banca central es que el dinero y el crédito no se distribuyen a los productores de bienes y servicios; *el dinero y el crédito solo fluyen a los pocos privilegiados del estrato superior de la pirámide de poder*. En otras palabras, la creación y distribución del dinero y del crédito están completamente desconectadas de la producción de valor. El dinero y el crédito solo fluyen hacia los bolsillos de los más privilegiados que pueden utilizar este crédito para comprar bienes de producción, superando la oferta de aquellos que solo tienen ahorros. Con semejante ventaja, los pocos ricos son cada vez más ricos, ya que compran más activos y ganarán más ingresos procedentes de estos activos.

No es extraño que la desigualdad económica vaya en aumento; *el aumento de la desigualdad en la riqueza es la única salida posible de la banca de préstamos reserva fraccionaria*. Podemos entender esto más a fondo si consideramos la diferencia entre un individuo y un banco.

El monopolio en la creación monetaria y el aumento de la desigualdad en la riqueza

Un individuo no puede simplemente pedir dinero prestado directamente al banco central. Este debe ir a un banco privado[54] ya que ellos tienen acceso a fondos de bajo costo emitidos por el banco central.

El banco pide prestado dinero al banco central con un interés (por ejemplo) del 0,25% (un cuarto del 1%), y le cobra al solicitante del crédito un 4% por la hipoteca de su casa, o un 18% de interés por los consumos en una tarjeta de crédito[55].

La cantidad de dinero que puede pedir prestado un individuo está limitado por sus ingresos. Y si él no es capaz de pagar los intereses y amortizar capital adeudado en la hipoteca, el banco tomará posesión de su casa.

Digamos que un individuo ha ahorrado $100.000 en efectivo. Si mantiene el dinero en el banco, este le pagará un interés inferior al 1%. Pero si en lugar de preferir esta migaja, el individuo decide prestar su dinero a otra persona que quiere comprar una casa, obtendrá una mayor ganancia. Pero hay una desventaja en intentar obtener una ganancia por su dinero con una tasa mayor de interés: el prestamista tiene que aceptar el riesgo de que el prestatario podría incumplir con el pago del préstamo, y que la casa a la larga no valga los $100.000 que el prestatario le pidió para comprarla.

El banco, por el contrario, puede hacer maravillas con estos $100.000 que obtienen del banco central. El banco puede emitir 19 veces esta cantidad de dinero en nuevos préstamos y crear en efecto $1,9 millones en nuevos fondos de la nada.

---

[54] En general, *ir a un banco comercial*. Existen países donde hay bancos comerciales pertenecientes al gobierno, pero aun así, estos bancos operan bajo la misma dinámica. (Nota Especial)

[55] Interesante y muy relevante hacer notar aquí que los créditos provenientes de las tarjetas de crédito, son una especie de "crédito mentiroso" porque el único colateral que se le pide al tarjeta-habiente es la firma en el voucher, dando su palabra de que pagará el préstamo. Lo único que el solicitante se arriesga a perder ante el sistema de banca mundial (nada más y nada menos) es su *reputación*. (Nota Especial)

Esta es la magia de los préstamos de reserva fraccionaria. *Al banco solo se le obliga a mantener un pequeño porcentaje de los préstamos como reservas contra pérdidas.* Si el requisito de reservas (conocido como encaje legal) es del 5%, el banco puede emitir $1,9 millones en nuevos créditos: el banco podrá tener derechos sobre activos valorados en $2.000.000, de los cuales solo un 5% ($100.000) debe existir en forma de dinero en efectivo.

En caso de que el 1% de los préstamos se pierdan, es decir, el prestatario no pague, el banco solo tendría que restar $19.000 de sus reservas, debido a que este préstamo no se cancelará. El préstamo pendiente se registra como una pérdida. Dado que esta pérdida reduce la reserva en $81.000, el banco debe reemplazar los $19.000 perdidos con dinero en efectivo adicional. Esto se llama *recapitalización*. El banco puede reservar depósitos o ganancias para levantar sus reservas de vuelta al requisito mínimo.

Una administradora de fondos de cobertura, una sociedad de fondos de inversión de capital privado, una corporación grande, y demás entes privados similares, pueden dirigirse a un banco comercial y pedir prestado $1.900.000 a una tasa de interés preferencial, debido a que cualquiera de ellos tiene suficientes activos de capitales como para ofrecerlos en garantía (como colateral) a cambio de semejante préstamo. Cualquiera de ellos puede luego comprar 19 casas con ese dinero.

Dado que ese dinero ha sido prestado a estas empresas por menos del 4% de interés (4% que un prestatario individual pagaría), los gastos que deben costear estas empresas son más bajos que los que costearía un individuo y por lo tanto se cosecharan mayores ganancias del alquiler de dichas viviendas que aquellas que obtendrían 19 individuos que posean cada uno una casa hipotecada para alquilar.

Las 19 casas en alquiler, al ser fuentes adicionales de rentas, se convierten ahora en nuevos activos que estas compañías pueden ofrecer como colateral para pedir prestado [56] más dinero para comprar nuevas casas para ser alquiladas.

El banco[57] agrupa entonces todas estas las hipotecas y las vende a inversionistas en forma de activos respaldados por hipotecas (ARH). En lugar de esperar 30 años para recoger las ganancias por la emisión de estas hipotecas, el banco recolecta los beneficios tan pronto como se venden los AHR. El Banco puede ahora emitir más hipotecas y repetir el proceso, obteniendo aún más beneficios por adelantado, por cada nuevo grupo de hipotecas que empaqueta y que comercializa como un activo.

El departamento de inversión de este banco, vende entonces unas pólizas de seguros contra la posibilidad de que algún AHR caiga en impago, y entonces cosecha todavía más beneficios adicionales por la venta de estas pólizas financieras.

Aun cuando esta es una explicación muy simplificada de cómo se crea el dinero, nos ayuda a entender por qué este dinero de emisión y distribución centralizada concentra la riqueza solo en manos de aquellos que tienen acceso a esta fuente centralizada de crédito y asimismo en manos de aquellos que

---

[56] Aunque pueda parecer que ésta estrategia predatoria y especulativa pudiera continuarse hasta el infinito, sí posee una función limitadora: Al ser viviendas hipotecadas, sí pueden servir de colateral para un crédito, pero por mucho, mucho menos de su valor nominal. Esto atenúa exponencialmente la cantidad de dinero que con una renta de alquiler se puede pedir prestado, pero si el apalancamiento ocurre inicialmente con suficientes viviendas hipotecadas (19 es solo un ejemplo pequeño), entonces la audaz estrategia puede refinanciarse 2, 3 o hasta 4 veces. Otro factor que abarata el costo de estas inversiones especulativas es que si las empresas que realizan estas operaciones son entidades financieras reguladas, gozarán de exoneraciones de impuesto enormes, que no gozarían ni un individuo ni una empresa no financiera. (Nota Especial).

[57] En este caso, antes de la desregulación en Norteamérica, los únicos bancos con permisos para realizar esta operación eran bancos de inversión. Los bancos comerciales no podían hacer esto, o les hubiese salido muy costoso pedir este servicio a una entidad de inversiones. (Nota Especial)

tienen el privilegio de apalancar cada dólar en efectivo para crear $19 dólares nuevos que les generarán una ganancia por intereses.

Hagamos una lista de las diferencias entre un individuo, un banco y una administradora de fondos de cobertura.

- El individuo no puede pedir prestado directamente del banco central. Se debe solicitar un préstamo a un banco privado a una tasa de interés que es de una magnitud mayor a lo que el banco le paga al banco central. El individuo debe primero ahorrar $1 para que puedan prestarle $1.

- El banco puede utilizar $1 para crear $19 en nuevos préstamos.

- El individuo debe esperar a que pase el tiempo para obtener los beneficios derivados de un préstamo. En el caso de una hipoteca, suele ser de 15 a 30 años.

- El banco puede vender la hipoteca como un activo de capitales y cobrar las ganancias por adelantado.

- El individuo no puede emitir instrumentos financieros exóticos para aumentar sus beneficios. El banco es libre de hacerlo, lo que aumenta en gran medida sus ganancias.

- El individuo debe pedir prestado a tasas minoristas. Una sociedad de fondos de cobertura puede pedir prestado a tasas mucho más bajas. Esto permite que la sociedad pueda obtener mayores beneficios como resultado de menores gastos.

- El banco y la sociedad pueden ambos acumular riqueza, utilizando activos adquiridos con dinero prestado para comprar activos generadores de ingresos, que a su vez soportan los préstamos adicionales para comprar más activos.

¿Cómo se distribuye el dinero en el sistema centralizado de la banca?

Vamos a resumir la forma como el dinero se distribuye en el sistema del banco central:

- El banco central crea dinero y lo pone a disposición de los bancos privados a tasas de interés muy bajas.

- Los bancos privados aprovechan esta política para entonces crear por cada dólar, $19 adicionales, en forma de nuevos créditos o hipotecas.

- Los bancos venden los préstamos otorgados con el dinero recién creado, en forma de activos de capitales, recibiendo las ganancias por adelantado.

Los principales beneficiarios del actual sistema de distribución son los siguientes:

- Las entidades financieras (personas extremadamente ricas, entidades fiduciarias, administradoras de fondos de cobertura) pueden pedir prestado grandes cantidades de dinero a tasas de interés muy bajas para comprar activos tales como acciones, bonos, propiedades de alquiler, etc. Debido a que tienen un acceso casi ilimitado al crédito, podrán superar cualquier oferta de los no privilegiados que deben ahorrar todo el dinero en efectivo o solicitar préstamos con altas tasas de interés.

- Las personas con acceso a fondos del banco central tienen una ventaja sobre aquellos que no pueden tomar prestado directamente de los bancos centrales.

- Los que pueden crear $19 en nuevos créditos, a partir de cada dólar, tienen una ventaja sobre aquellos que no pueden crear dinero de la nada.

- Los que pueden recibir por adelantado ganancias de un crédito y cobrar altas tasas de interés tienen una ventaja sobre aquellos que no pueden hacer semejantes malabarismos financieros.

- Los que pueden pedir prestadas sumas casi ilimitadas a tasas de interés atractivas para comprar activos que produzcan ingresos tienen una ventaja sobre aquellos que no pueden tomar prestado el suficiente dinero a una tasa razonable.

El resultado final es la siguiente:

- El acceso al dinero del banco central concentra la riqueza en manos de los que tienen este acceso, es decir, los dueños de los bancos comerciales y demás financieras reguladas.

- El acceso al crédito casi ilimitado concentra la riqueza en manos de aquellos que pueden comprar activos generadores de renta. Una vez que la riqueza se ha concentrado en las manos de unos pocos, estos pocos utilizarán esta gran riqueza para comprar influencia política y favores a través de contribuciones de campaña y grupos de presión.

Nadie pone en duda que los multimillonarios (que son el 1% del 1% de la población) poseen el 22% de toda la riqueza en los EE.UU., o que el 1% posee el 35,5% de toda la riqueza (el 10% posee el 75% de toda la riqueza y es por eso que *para estos pocos afortunados el sistema funciona maravillosamente porque funciona para ellos*).

Esta riqueza concentrada eventualmente subvierte a la democracia.

Si nos preguntamos quién se beneficia de la emisión y distribución de este dinero centralizado, la respuesta es obvia: los pocos privilegiados con acceso a este dinero. Si nos preguntamos que fomenta el dinero emitido y distribuido centralmente, la respuesta es: *el aumento de la desigualdad mediante la concentración de la riqueza privada que luego subvierte la a democracia*. Teniendo en cuenta las reglas del sistema de banca central, *este es el único resultado posible*.

El siguiente ejemplo lo ilustra claramente:

Ejemplo de la riqueza piramidal usando el sistema de banca centralizada

Imagínese que cada uno de nosotros tuviésemos una línea de crédito relativamente modesta de apenas 1 millón de dólares al 0,25% de interés anual, otorgada por el banco central y pudiéramos usar esta línea de crédito para pagar un encaje legal (o fondo mínimo de reserva) y emitir préstamos hasta por 19 millones de dólares. Digamos entonces que emitimos esos $19 millones en préstamos para la compra de viviendas a una tasa de interés anual del 4%. Los ingresos brutos (dejando los gastos fuera) de nuestro apalancado 1 millón de dólares, ascenderían a 760.000 dólares al año. Y por último, supongamos que tenemos una ganancia neta anual de $600.000 por año después de restarles unos gastos de apenas $160.000 (Recordemos que los intereses derivados de la línea de crédito de un millón de dólares que nos dio el banco central, son de apenas unos míseros $2,500 al año).

El ingreso medio de los trabajadores en los EE.UU. es cerca de $30.000 al año. Por lo tanto las ganancias generadas por ese modesto millón de dólares de crédito al 0,25% *se equiparan a 20 años laborales de un típico trabajador cada año.* Esto es solo un modesto ejemplo de la riqueza piramidal del que goza la banca comercial.

Ahora imaginemos que cada uno obtenemos una línea de crédito al 0,25% anual de nada menos que mil millones de dólares y que los utilizamos para crear 19 mil millones de dólares en préstamos remunerados al 4%. Ahora nuestro ingreso neto anual pasa a ser de $600 millones, los ingresos equivalentes a: ¡20.000 trabajadores! Y aquí no hicimos nada para mejorar ninguna productividad, ni tampoco produjimos ningún producto o servicio. Simplemente utilizamos el poder de los bancos centrales y de los préstamos derivados del sistema de reserva fraccionaria para extraer de las personas que en realidad producen bienes y servicios, $600 millones de dólares en rentas financieras[58].

Tenga en cuenta que cuando buscamos maximizar nuestro beneficio personal a partir del sistema de la banca central, no nos estaríamos convertimos particularmente en seres malvados o despiadados; simplemente estaríamos respondiendo racionalmente a los incentivos que el sistema nos otorga.

Al igual que con el ejemplo del colapso de las hipotecas de alto riesgo, el sistema concentra la riqueza y subvierte la democracia no porque los participantes sean personas diferentes al resto de nosotros, sino porque están actuando racionalmente dentro del sistema que incentiva ciertos comportamientos ¿Acaso Ud. rechazaría $600.000 al año? ¿Qué tal si fueran $600 millones al año?

No tiene sentido ni para los bancos ni para las entidades financieras dejar de buscar el máximo posible de sus beneficios dentro de este sistema. Quienes trabajan para la banca y el sector financiero y no persiguen continuamente maximizar beneficios, terminan por ser despedidos.

Espero que comprendan con todo lo antes expuesto, que el actual sistema en el cual todos coexistimos, al expedir dinero y créditos *solo beneficia a los pocos a expensas de los muchos.* El enorme privilegio y la igualmente enorme desigualdad que genera, *son los únicos resultados posibles de este sistema.* Esta desigualdad no puede ser reformada; es intrínseca al dinero emitido por la banca privada centralizada.

El problema no es el dinero fiat; el problema es la emisión centralizada del dinero y del crédito distribuido a solo unos pocos a expensas de las mayorías. Si queremos poner coto a la perversión de la democracia, *hay que descentralizar y democratizar la emisión y distribución del dinero.*

En el sistema actual, el dinero no es creado para recompensar a las mejoras de la productividad. Está creado para aumentar la riqueza y el poder de los pocos privilegiados.

---

[58]http://inequality.org/wealth-inequality/
http://www.businessinsider.com/inequality-in-the-us-is-much-more-extreme-than-you-think-2015-6
https://www.washingtonpost.com/news/wonk/wp/2015/05/21/the-top-10-of-americans-own-76-of-the-stuff-and-its-dragging-our-economy-down/

Si queremos conectar la creación y distribución del dinero y del crédito con la productividad, hay que emitir dinero nuevo directamente a las personas que crean valor y aumentan la productividad, sin tomar en cuenta a ningún privilegiado en los estratos del sistema de banca central y banca privada.

Mediante la concentración de la riqueza y el poder, el dinero y el crédito emitido y distribuido de forma centralizada no solo termina por pervertir a la democracia. También *fomenta la desigualdad social, el monopolio, el tráfico de influencias, el estancamiento, la baja movilidad social y la inestabilidad sistémica.*

Capítulo cinco: Los límites del mercado y del Estado

En nuestro actual sistema piramidal, solo hay tres soluciones que se ofrecen para resolver cualquier problema macroeconómico:

- Crear mercados cuyo principio organizador será la maximización de los beneficios particulares;

- Emitir más crédito a los pocos privilegiados a través de un banco central; o

- Conceder más poder al estado.

El que estas "soluciones" no solo son incapaces de solventar los problemas del sistema, sino que en realidad son la fuente de los problemas, es una realidad simplemente innegable. Asumimos que estas *tienen que ser las soluciones, porque no hay otras opciones*. Obviamente, esto es un supuesto falso. Sí, hay alternativas, pero no existen los espacios intelectuales, financiero o políticos para ventilar estas nuevas alternativas en el sistema actual.

En la segunda sección de este libro plantearemos una alternativa. Pero para hacerlo, primero debemos entender los límites de estas supuestas soluciones: los mercados y el Estado.

El mercado y el Estado no son soluciones para la automatización y el decrecimiento

El libre mercado y el Estado nacieron para atender necesidades específicas.

Un mercado donde se manejan transparentemente bienes, servicios, mano de obra, dinero y una información veraz sobre los riesgos, proporciona un foro de intercambios inclusivo (donde todos tenemos opción de entrar) capaz de darle un precio a cada producto mediante un conocimiento en tiempo real de la oferta y la demanda. Esto fomenta el intercambio y el comercio.

El Estado (un gobierno nacional o imperial) proporciona la cohesión política y social necesaria para la acción colectiva como lo es por ejemplo una movilización masiva para defenderse ante una invasión.

Pero ni el mercado ni el Estado ofrecen ninguna solución ante las consecuencias de la automatización, la mercantilización, la globalización y el decrecimiento, es decir, el proceso de deterioro de las ganancias corporativas, de los salarios y la merma de los ingresos fiscales.

El mercado puede fijar el precio de cierto incremento o excedente de recursos tales como la mano de obra y del capital, pero simplemente tasar el precio a estos excedentes, no revierte el daño del desempleo tecnológico ni el deterioro de la capacidad del capital para crear nuevo valor en un mundo inundado de mano de obra cesante y de capital financiero especulativo.

El estado fomenta las jerarquías centralizadas para dirigir la acción colectiva. *La destrucción creativa* del actual sistema mundial por la automatización, la masificación, la globalización y el decrecimiento no es un problema que puede ser resuelto mediante la acción colectiva de las burocracias centralizadas. Estos fenómenos están cambiando la naturaleza de la creación del valor, y esto representa *un problema de una categoría muy diferente* a la que los estados pudieran ser capaces de resolver.

En su libro *La Sociedad Postcapitalista*, Peter Drucker escribió: "Cada organización tiene que desarrollarse sobre la base de un abandono organizado de todo lo que ha hecho. Cada vez más, las organizaciones tendrán que planificar el abandono en lugar de tratar de prolongarle la vida a una política, una práctica o un producto exitoso...".

El estado fomenta a las burocracias para prolongar cualquier privilegio existente en la actualidad, y depende de la expansión permanente del consumo y de la deuda para financiar estas burocracias. El estado es incapaz de hacer frente a la *evaporación del sistema mundial* el cual ha dominado, porque la automatización, mercantilización y el agotamiento del crecimiento y la deuda no pueden ser derrotados por la movilización de un ejército o la emisión de más crédito. En cuanto a la prohibición de la automatización, esto simplemente acelerará la caída del sistema hacia el mausoleo de la historia.

Sus defensores afirman que los mercados pueden resolver prácticamente cualquier problema con solo convertir en mercancía todo lo que exista bajo el sol, para ser tasado con un precio dictado por la oferta y la demanda. Pero esto no es una solución universal. Los mercados están optimizados para fijar el precio de todo mediante la exposición de la oferta y la demanda, pero esto por sí solo no puede revertir la total destrucción de la mano de obra y el valor del capital financiero.

Los defensores del Estado, creen que si éste controlara todos los mercados, entonces podría resolver cualquier problema económico o social. Pero si las consecuencias de la automatización y el decrecimiento son imposibles de resolver por el Estado, esta creencia (ya sean mercados o mercados controlados por el gobierno) no es solo errónea, sino que puede terminar siendo fatal.

Si los sistemas auto-organizados descentralizados y distribuidos, son la única solución posible, el Estado no tiene nada que hacer en el escenario de una solución. Los Estados más productivos no tratan de solventar problemas que están más allá de sus competencias y se limitan a sus funciones de proteger a la población frente a la explotación y el ataque militar.

La solución del mercado para el exceso de demanda laboral: servidumbre mediocre

Los límites del mercado son fácilmente visibles cuando en éste hay un exceso permanente en la oferta de mano de obra, es decir, el número de trabajadores supera con creces el número de puestos de trabajo.

Los defensores del mercado consideran que el bajar el precio de la mano de obra es la solución estructural al declive del empleo como lo conocemos. Esta dinámica es ya visible en las subastas de trabajo en línea (Task Rabbit y similares) donde el comprador selecciona la oferta más baja disponible de una fuerza laboral informal convertida ya en *mercancía* (es decir, los trabajadores son intercambiables)

Todas estas formas de servidumbre de baja categoría (para aquellos que no están protegidos por el estado o un monopolio privado), están teóricamente compensadas por una reducción paralela en el costo de vida que permite a la nueva y desprotegida multitud de siervos mal pagados, sobrevivir día a día. Sin embargo, debido a la estructura monopólica del Estado que busca proteger los privilegios de *aquellos que son más iguales que el resto*, la realidad es que el costo de vida no está decayendo, más sí lo hacen los salarios fuera de estos focos de privilegio.

¿Es este el mercado haciendo su magia, o, es simplemente, *la explotación asimétrica* entre aquellos cuyos ingresos están protegidos contra aquellos que están a merced del mercado?, ¿Es esta explotación de la nueva servidumbre a manos de la clase privilegiada realmente el mejor uso que se le puede dar al inmenso caudal de mano de obra disponible? Y si no es el mejor uso, (y está claro que no lo es), entonces ¿cuál es el valor de este mercado asimétrico cuando es solo *una herramienta para ayudar a los privilegiados a fijar un precio que intensifica la explotación de esa mayoría?*

Los límites de maximizar el beneficio privado

Lo que los mercados optimizan es más que evidente: *usar todos los medios disponibles para maximizar las ganancias privadas.*

Aunque es cierto que la búsqueda de beneficio personal puede incentivar aspectos positivos como la innovación, también es cierto que puede incentivar actividades destructivas e insostenibles como la explotación.

A modo de ejemplo: la maximización del beneficio privado incentiva la pesca en arrecifes con dinamita (especialmente si usted puede dinamitar las aguas de otra persona en lugar de las propias) y la caza hasta la casi extinción del atún rojo en aguas profundas. (Y a medida que los peces se vuelven escasos, su valor en el mercado se eleva.)

Maximizar el beneficio privado incentiva el falsificar bienes y servicios, el diseño con obsolescencia (lo que obliga a los compradores a reemplazar sus artículos en un futuro elaboradamente cercano), mafias de precios, y la externalización de costos provocando daños al medio ambiente al contaminar áreas comunes, que en efecto, descargan de los costos de producción a los bolsillos de las personas comunes.

Podemos resumir los límites intrínsecos de los *mercados basados en* la búsqueda de las *máximas ganancias privadas* en siete puntos:

1. El mercado no tiene la capacidad intrínseca para conocer el costo a largo plazo de las consecuencias a ciertas decisiones, tales como; la pérdida de valor futuro debido a la tala de los bosques o los riesgos a largo plazo en el uso continuo de pesticidas. Se trata de una *falla ontológica*, lo que significa que es inherente al mecanismo básico del mercado el solo interesarse por descubrir el precio actual de la oferta y la demanda.

2. El mercado no tiene ningún mecanismo para calcular el costo de oportunidad que se produce a largo plazo para lograr beneficios a corto plazo. En otras palabras, no hay manera de saber qué inversiones habrían sido más rentables cuando fueron abandonadas en la búsqueda de beneficios a corto plazo.

3. Cuando una economía de mercado se introduce en sociedades tradicionales (sociedades no alteradas por la modernización), los incentivos en esas comunidades cambian radicalmente, pasando de fomentar sistemas sustentables a la búsqueda de extraer el mayor beneficio posible del medio ambiente antes de que otros lo hagan. Si la economía de mercado viene con un mercado de crédito (que por lo general lo hace, ya que el crédito es aún más rentable que el comercio), la sociedad

tradicional es incentivada a pedir prestado dinero para comprar lujos que no podrían producir de otra manera.

- El crédito barato distorsiona profundamente nuestra valoración de los costes de oportunidad, ya que los costos futuros del servicio de la deuda están enmascarados en los modestos pagos mensuales.

- Esta incapacidad para descubrir el precio y el valor real más allá del el precio actual fijado por la oferta y la demanda no puede ser subsanada mediante una regulación.

4. Los mercados son inherentemente vulnerables a las élites que buscan beneficios provenientes del control y no de la producción de bienes y servicios. Los ingresos derivados del control de la tierra, las fronteras, puestos de mercado y de los créditos son conocidos como los ingresos *rentistas*, ya que son formas de rentas (o impuestos) pagadas a cambio de nada, más que por el permiso de acceder a algo que estas élites no se ganaron.

5. Los mercados que fijan la maximización del beneficio como único objetivo, ofrecen muy pocos incentivos para la adopción de mejores prácticas o la construcción de capital intangible.

6. Los mercados son inherentemente propensos a ciclos de auge y colapso, debido a que la explotación de todo lo que es rentable desata un torrente de ingresos que pronto subsidia la fuente de creación de valor, para que esta luego se desplome o se agote socavada por la competencia. Los participantes finalmente se quedan con la deuda contraída en el auge y con los costos externos de un ambiente diezmado.

7. Los mercados no tienen manera de incentivar tareas que no generen una ganancia inmediata; como por ejemplo: monitorear los arrecifes de una comunidad para limitar su explotación por otros. Podríamos presumir que el Estado daría el paso al frente para realizar estas tareas, pero un Estado hacinado por élites privadas nunca lo hará ya que los funcionarios no tienen ningún incentivo en solucionar los problemas de grupos con muy poco poder político, especialmente si estas tareas podrían limitar los ganancias de los privilegiados.

No hay nada en la estructura actual de los mercados que incentive la prosperidad sostenible. La creencia de que la mano invisible del interés personal, inevitablemente hará nacer una economía sostenible que ofrezca oportunidades a todos es otro ejemplo del pensamiento ilusorio. El interés propio es de hecho una motivación poderosa, pero que responde ante los incentivos y desincentivos que estén presentes en el sistema. Si lo que está presente son incentivos perversos, la búsqueda del beneficio personal conduce a la explotación y al colapso.

La economía de mercado puede ser entendida constructivamente como una herramienta mecanicista en la caja de herramientas del capital. El motor real de las oportunidades y de la prosperidad universal, es el *capital intangible* que genera un conjunto productivo de valores, indicadores, incentivos y herramientas para construir todas las demás formas del capital.

Obtener un beneficio versus maximizar el beneficio

Una suposición implícita en este actual sistema jerárquico es que debido a que es necesario obtener un beneficio, maximizar las ganancias privadas es obviamente la meta natural de todos los participantes en la sociedad.

Pero hay una diferencia fundamental entre *la obtención de un beneficio y la maximización de éste beneficio privado*: un sistema que incentive la obtención de un beneficio aún puede asignarle algún valor a un sin fin de cosas más allá de las ganancias. Pero los sistemas cuyo único objetivo es la maximización del beneficio privado, perseguirán sus objetivos excluyendo el valor a todo lo demás.

Esta es la razón por la cual Immanuel Wallerstein describe el actual sistema mundial como *"una configuración histórica particular de los mercados y las estructuras de gobierno, donde el beneficio económico privado obtenido por casi cualquier medio es el objetivo primordial y la medida de éxito"*.

Obtener un beneficio que puede ser luego reinvertido o distribuido a los dueños de la sociedad mercantil, es necesario para sostener una empresa. Pero esto no requiere que la empresa o sus propietarios devalúan todo en favor de dicho beneficio. *Maximizar los beneficios privados por cualquier medio posible*, inevitablemente conduce al sacrificio de lo que se interponga en el camino hacia ello: ya sea la biosfera, la comunidad, la ética o la integridad.

Aquellos que tratan de justificar su saqueo del medio ambiente, de la comunidad y del sistema financiero aducen como excusa el *obtener un beneficio*, para camuflar sus verdaderos propósitos de *maximizar sus beneficios particulares por cualquier medio disponible*.

Pero estas dos premisas no son equivalentes[59]:

- Incentivar la obtención de un beneficio en un mercado transparente puede ser parte de un sistema productivo que ofrezca oportunidades a todos para construir capital[60].

- Incentivar la maximización de la ganancia privada genera desigualdad al socavar todo en favor del beneficio de unos pocos privilegiados a expensas de los muchos.

---

[59] Puede demostrarse que debido a la naturaleza del tipo de dinero utilizado en el diseño de nuestro actual sistema social, el simple hecho de que todos los personajes que participan (sean empresas o individuos) de un mercado como este, obtengan una ganancia, es decir, que estén saludablemente capitalizándose a diario, pone en peligro la estabilidad del sistema. Si las políticas monetarias de un mercado generan suficientes caudales de suministro para cubrir la demanda monetaria, y todos nos convertimos en ganadores, capitalizaremos enormes cantidades de dinero, que en cierto punto pueden provocar una estampida de hiperinflación que devalúe la moneda de un día a otro. Si por el contrario, las políticas monetarias son cautelosas y no crean suficiente dinero al mercado, pronto la liquidez se agota, mermada por el simple capital que ingresa a cada bolsillo y no regresa al mercado. Por ende, es muy poco probable que un sistema como este permita un escenario donde todos seamos ganadores, y esto lo saben bien las grandes empresas, quienes decididas a ser ellas, las ganadoras de este sistema, se dan a la tarea de maximizar sus beneficios, llevándose por delante a quien se tengan que llevar, y sin importarles nada. (Nota Especial)
[60] Ciertamente, una política saludable de obtener beneficios, puede hacernos a todos ganadores, pero es necesario que las reglas del juego monetario sean diferentes a las del sistema en el cual existimos actualmente. (Nota Especial)

El Estado impone el *riesgo moral*[61]

El Estado tiene un único objetivo: expandirse. No tiene mecanismos internos para reducir su fuerza, alcance o control. Desde el punto de vista del Estado, todo fuera de su control representa un riesgo, y la única manera de aminorar este riesgo es controlar todo lo que pueda controlar.

Al centralizar el poder, el Estado crea el patronazgo y el privilegio. El privilegio institucionaliza el riesgo moral, que es *la separación del riesgo de la ganancia*. La característica clave de riesgo moral puede resumirse de una manera muy sencilla: las personas que están expuestas al riesgo y a sus consecuencias toman decisiones muy diferentes de aquellas de quienes no están expuestos a esos riesgos y consecuencias.

El potencial de pérdida (es decir, el riesgo) es un elemento esencial en la toma de decisiones y en la asignación de recursos, de capital y de trabajo. Las decisiones tomadas cuando los riesgos se han volcado en los demás, son muy diferentes de las decisiones tomadas por las personas con *su propio pellejo en juego*. Las decisiones tomadas por los que no tienen nada que perder, siempre serán de alto riesgo, ya que es sobre la espalda de otros donde recaerán las consecuencias.

Las apuestas de alto riesgo son generalmente malas apuestas. Los sistemas que institucionalizan el privilegio, también institucionalizan el riesgo moral. Estos sistemas son intrínsecamente improductivos, porque el riesgo moral rompe los mecanismos que recompensan a la productividad y castiga a las apuestas costosas.

Cuando las apuestas especulativas pueden ser hechas por los privilegiados y el Estado absorbe todo su riesgo, el estado permite el riesgo moral. En otras palabras: Estado = Privilegio = Riesgo Moral Institucionalizado.

El estado también separa las consecuencias del fracaso, del despilfarro y de la ineficiencia de aquellas personas que diseñan las políticas estatales que provocan tales desastres. Los que trabajan en las agencias estatales no sufren ninguna consecuencia si las agencias no alcanzan sus fines públicos. Dado que los empleados estatales no pierden sus empleos, beneficios o pensiones si el organismo funciona mal, no tienen realmente el pellejo en el juego.

El riesgo moral que está institucionalizado por el estado centralizado tiene numerosas consecuencias negativas. Los autores Franz Kafka y George Orwell abordaron estas consecuencias en sus escritos.

- Kafka, abogado de formación y de práctica, entendió que mientras más potente y afianzada este la burocracia estatal, mayor será el daño colateral infligido sobre los inocentes, y más extremas serán las perversiones de las injusticias.

- Orwell entendió que el imperativo ontológico del Estado es la expansión, es decir, expandirse es la principal razón de ser del Estado. Una vez que el Estado se ha expandido más allá del control de la

---

[61] Término anglosajón para referirse a las consecuencias de la asimetría en la transparencia de información. Cuando las personas deciden tomar riesgos cuyas consecuencias asumen terceros, ocultan todo lo posible dicha decisión al público. (N.T.). http://www.eumed.net/cursecon/1/instagencia.htm

ciudadanía, se convierte en el refugio de los que buscan aprovechar su poder para su propio beneficio.

Protegidos detrás de los gruesos muros del Estado, los privilegiados son libres para expoliar a muchos y sin ningún riesgo de sufrir consecuencias.

Esta es la principal lección de las crisis financieras y la aparición de *bancos demasiado grandes para quebrar, con banqueros demasiado importantes como para ir a la cárcel* ya que son protegidos por el banco central y el Estado.

Es así como las sociedades colapsan: el poder centralizado protege a los pocos privilegiados de las consecuencias, a expensas de todos los demás. Ahora podemos entender la caracterización de Wallerstein sobre el sistema actual: *"una configuración histórica particular de los mercados y las estructuras de gobierno, donde el beneficio económico privado obtenido por casi cualquier medio es el objetivo primordial y la medida de éxito".*

Ningún sistema plagado de riesgo moral puede aumentar su productividad o distribuir las ganancias de ésta de una forma equitativa, ya que las ganancias son desviadas a o apostadas por los privilegiados.

Los estados centralizados no se caracterizan accidentalmente por la corrupción, el favoritismo, el nepotismo, bancos demasiado grandes para quebrar, fraude, malversación de fondos, acuerdos preferenciales, abuso de información privilegiada, parasitismo, inversiones improductivas, despilfarro y la ineficiencia endémica. Estos son los frutos inevitables de proteger el privilegio y la institucionalización del riesgo moral.

¿Qué hacer a partir de aquí?

Los Estados, bancos y las corporaciones surgieron hasta alcanzar el dominio actual porque sus jerarquías centralizadas optimizaron los procesos de creación de valor de la primera y segunda revolución industrial.

En la economía del conocimiento, la creación de valor se ha alejado de las previas fuentes de ganancias provenientes de la mano de obra, la deuda y el capital financiero. A medida que la mercantilización y la automatización disminuyen las ganancias y los salarios, el crecimiento del consumo, la deuda y los ingresos fiscales que el sistema necesita para mantenerse con vida se convierten en decrecimiento.

Las consecuencias de la automatización, la mercantilización, la globalización y el decrecimiento no pueden ser revertidas mediante la ampliación de los mercados, la deuda o el poder del gobierno. Estos mecanismos, tan exitosos en el pasado, ahora son destructivos porque las consecuencias no son compatibles en lo absoluto con el antiguo tipo de problema que una vez versó en torno al desplazamiento de la mano de obra y del capital en la primera y segunda revolución industrial.

Ahora entendemos por qué los tres pilares de las creencias actuales (de estados, bancos centrales y *mercados convencionales que buscan maximizar el beneficio privado*) no pueden ser realmente la solución; ya que ellas son en realidad las fuentes estructurales del estancamiento del sistema, de la desigualdad y de la inestabilidad.

También entendemos por qué el sistema no puede ser reformado con regulaciones adicionales, ya que sería lo mismo que cambiar el color de los caramelos de gomitas. Aumentar el costo y la complejidad simplemente acelera el proceso de la autodestrucción.

Volvamos a los principios de la matriz de opinión ortodoxa del sistema mundial actual que enunciamos en la introducción:

- El dinero creado por la banca se distribuye aguas abajo en el mercado para crear trabajo y riquezas para todos.

- La tecnología siempre crea más empleos de los que destruye la automatización.

- La centralización es la solución a los problemas de las economías a gran escala.

- Mediante la expansión de la deuda y del consumo (es decir, el crecimiento) se allana el camino hacia la prosperidad.

- La maximización del beneficio privado, tiene el poder de organizar la economía en beneficio de todos.

Cada uno de ellos es falso. Hemos encontrado que *el único resultado posible del sistema actual* se resume en una disminución de oportunidades y de la movilidad social, así como una creciente desigualdad e inestabilidad.

La solución es desarrollar un sistema global, descentralizado alternativo, libre de incentivos perversos y de privilegios amparados por las jerarquías centralizadas.

Evitar la teleología (¿Recuerdan esta palabra en el Capítulo 1?) autodestructiva, de las jerarquías centralizadas que protegen el patrocinio, el privilegio y el monopolio es el primer paso esencial. Pero también necesitamos objetivos que resuelvan los problemas de fondo: la pobreza de oportunidades, la pobreza de salarios garantizados, la pobreza del capital, la pobreza de conocimientos y la pobreza de propósito en los roles sociales positivos.

Las iniciativas convencionales contra la pobreza tienen mucho que enseñarnos acerca de lo que no funciona: ya que la gran mayoría falla miserablemente. Sin embargo, llama la atención ciertos resultados de un programa retroalimentado por data observable, obtenidos en numerosos países. Dean Karlan de Innovaciones para la Acción contra la Pobreza encontró que un programa de seis pasos iniciados por BRAC[62] (una gran organización sin fines de lucro) logró efectivamente un aumento en los ingresos familiares y en el consumo de alimentos (los índices más básicos del bienestar financiero) en aquellos hogares sumidos en la pobreza extrema, donde el programa fue aplicado.

---

[62] Se trata del "Bangladesh Rural Advancement Committee", es una organización sin fines de lucro fundada en 1972 con el propósito de erradicar la pobreza. http://www.brac.net/. (N.T.)

Los seis pilares del programa son:

1.   La existencia de un activo productivo, es decir, alguna forma de ganarse la vida; por ejemplo, recursos para la cría de pollos, para la apicultura, una prensa de aceite para procesar semillas y extraer aceite de cocina, etc.

2.   La formación técnica sobre cómo hacer un uso productivo del dicho activo, es decir, el conocimiento práctico.

3.   Un pequeño salario regular para pagar los gastos del hogar, mientras que el nuevo usuario aprende cómo poner a producir el referido activo.

4.   El acceso a la asistencia de salud para mantenerse saludable y poder seguir trabajando.

5.   Una forma de ahorrar dinero.

6.   Las visitas regulares de un mentor / entrenador para reforzar las mejores prácticas, resolver problemas prácticos y construir confianza.

Podemos resumir estos pilares en un solo objetivo que sería aplicable no solo a los más menesterosos, sino a todo el orden social:

Constituir una oportunidad garantizada de trabajo remunerado, dentro de una estructura comunitaria, que prioriza el trabajo más apreciado y significativo dentro de ella y ofrece oportunidades para construir capital en todas sus formas, financieras, intelectuales, experimentales, humanas y sociales.

Sobre la base de lo que hemos encontrado en nuestro análisis, podemos añadir unos requisitos clave adicionales:

1.   El sistema monetario que sustente el programa, debe ser independiente a los bancos y a los Estados.

2.   La estructura social de la comunidad se puede configurar prácticamente en cualquier lugar y casi sin costo.

3.   Precisamente lo que es más escaso: las mejores prácticas de producción, el conocimiento de lo que funciona, las innovaciones y la información, está disponible para todos dentro de la comunidad y para cada miembro en el sistema.

4.   El sistema opera una plataforma libre a escala global para el intercambio de ideas, del capital y para el comercio entre grupos y miembros.

Afortunadamente, los avances tecnológicos permiten la construcción actual de un sistema como este de forma global, que sea totalmente voluntario (abierto y no coercitivo) e independiente de los bancos centrales y los estados.

La decisión de los privilegiados

He mencionado el sesgo de las personas que se benefician del patrocinio y de los privilegios del sistema mundial actual: *dado que el sistema funciona para ellos y sus compañeros, entonces el sistema funciona*; y en cuanto a aquellos a quienes el sistema no beneficia, pues se trata simplemente de personas que no han trabajado lo suficientemente arduo como lo han hecho ellos.

Existe algo más que una simple ironía en el apetito de la automatización y la mercantilización, pues en su escalada de la cadena alimenticia laboral comienza a eliminar puestos trabajo antiguamente protegidos, tales como los cargos profesionales o gerenciales. Los feudos protegidos por el estado en la educación superior, la salud y la seguridad nacional (áreas por mucho tiempo inmunes a la competencia y a la innovación), van a implosionar debido a sus altos costos, o bien serán devorados por la automatización y la masificación.

Aquellos que se aferran a la creencia de que el sistema mundial actual es sostenible solo podrán sostener esa fe al negar la dinámica autodestructiva del sistema. En pocas palabras, el sistema requiere del crecimiento continuo para salvarse del colapso, tal como en el caso de una supernova: aumento sin cesar de las nóminas laborales, de los beneficios, de la deuda, de los ingresos, de los impuestos y del consumo.

Una mayor expansión de la economía, cuando nos dirigimos hacia una era de automatización y masificación, de disminuciones de nóminas y sus beneficios, de feudos estatales, de monopolios y la saturación de la deuda; es simplemente imposible, independientemente de lo que los bancos centrales y los estados establezcan como política. Esta era, que apenas inicia, es una era de decrecimiento, y el sistema mundial actual (que necesita del crecimiento para subsistir) dejará de funcionar.

Si la falta de crédito y la insuficiencia de la centralización fuesen los problemas, la economía global no estaría sufriendo de este estancamiento tan persistente.

El sistema mundial actual es auto-destructivo de otra forma. Como hemos visto, *la única posible salida de este sistema es el aumento de la desigualdad y una disminución en los roles sociales positivos.* El aumento de la desigualdad, no solo en la sociedad en general, sino dentro de cada clase social, desencadenando inestabilidades que hacen tambalear a los gobiernos, las sociedades, las economías y las naciones.

Es que la pobreza no es simplemente una estadística financiera, es la falta de los elementos esenciales para la vida humana, es decir, los roles sociales positivos y la esperanza para un mejor futuro. Cuando los privilegiados roban la mayor parte de las ganancias, esto crea no solo la desigualdad financiera, sino también la injusticia social, y esta injusticia que no irrita solo a las capas inferiores de la sociedad, sino también a los miembros de la clase alta que sufren de la movilidad descendente mientras que sus compañeros más afortunados (o mejor conectados) disfrutan la mayor parte del pastel de la contracción.

El aumento de la desigualdad va de la mano con la disminución de la movilidad social. Cuando las clases bajas y medias se dan cuenta que a la escalera hacia la riqueza le han robado unos peldaños, la conciencia de la injusticia social se hace cada vez más inflamable.

Este sentido de quedarse atrás o de ser apartados de los beneficios, actúa como el combustible de la desintegración social, en el que la sociedad pierde su cohesión, pero también pierde su capacidad de perseguir (según la expresión de historiador Peter Turchin) "la acción concertada y colectiva", es el rasgo que une a las sociedades y a las naciones.

Como lo ha señalado Michael Spence y sus coautores en su ensayo *El trabajo, el capital y las ideas en las economías de leyes exponenciales*, las recompensas de la economía del conocimiento seguirán la ley de distribución de la energía: la mayoría de las ganancias fluirán a los pocos que pueden proporcionar lo que es escaso, es decir, nuevos modelos de negocio e ideas.

En otras palabras, un mundo en el que el trabajo y el capital crean poco valor es un mundo de creciente desigualdad, y el sistema mundial actual no tiene otra solución más que colocarles un impuesto a los pocos ganadores para poder financiar un estado protector del privilegio. Esto no es una solución, es una medida provisional. El sistema mundial actual no tiene ninguna solución a la automatización o la mercantilización ni a la teleología auto-destructiva de las jerarquías centralizadas.

La inestabilidad financiera, política y social surgen juntas. La historia demuestra que la desigualdad financiera se transforma en la inestabilidad social y política.

Todo el que se está beneficiando del sistema mundial actual tiene una decisión que tomar: puede aferrarse a la ilusión y seguir siendo parte del problema, o puede aceptar que la única solución posible se encuentra fuera del sistema actual y se unirá a las personas que trabajan en una solución real.

He propuesto una completa solución sistémica en la sección 3, que integra tecnologías fácilmente disponibles e innovaciones sociales de muy bajo costo que están en uso hoy día. Así que empecemos.

SECCIÓN II: Diseño de un sistema radicalmente próspero a escala global

Capítulo seis: Criterios de diseño para un nuevo sistema mundial

Hemos encontrado que hay tres problemas sistémicos en el actual sistema mundial.

El primero es que la automatización y la mercantilización están destruyendo el trabajo remunerado, las ganancias y los ingresos fiscales.

El segundo es que las jerarquías centralizadas fomentan el privilegio, siendo ésta una dinámica que desestabiliza todo el sistema.

El tercero es que la lógica de la maximización de la ganancia privada por cualquier medio posible, termina en la explotación del trabajo, el saqueo de los recursos naturales[63], las prácticas financieras predatorias y la corrupción de la democracia.

La más obvia solución a estos problemas es diseñar un sistema global, descentralizado[64], no gubernamental, sin jerarquías que distribuya el trabajo remunerado y el capital en forma segura, mientras también límite estrictamente la creación y protección de privilegio.

Por todas las razones expuestas en la Sección 1, se requiere de una *moneda descentralizada*[65], no gubernamental.

En efecto, *este nuevo sistema integra la creación y distribución de dinero con la creación y distribución de trabajo remunerado y el capital*. Esta estructura básica puede ser evidente en sí misma, pero el diablo se esconde en los detalles: es decir, necesitamos ver en detalle qué es lo que fomentará y optimizará este nuevo sistema a través de sus normas, que variables será capaz de medir y cuáles son los incentivos que va a generar.

El papel esencial de la crisis en el cambio sistémico

Los cambios sistémicos profundos no se producen en épocas tranquilas o en regiones donde hay estabilidad, por la sencilla razón de que no hay presión para hacer dichos cambios si todo está bien (o al menos tolerable). El cambio sistémico solo es posible cuando todos finalmente aceptan que el mecanismo actual está colapsando bajo su propio peso. Solo una crisis sistémica abre la puerta a un cambio estructural, aun cuando aquellos que se benefician del sistema actual se resistirán ante cualquier situación que pueda poner en peligro sus privilegios.

---

[63] Esto incluye el enorme incentivo que bajo este sistema tiene el "trampear" la fabricación de los productos para que tengan una fecha segura de caducidad, garantizando así un elevado volumen de ventas. La *obsolescencia planificada* es el principal vertedero de ingenio humano (ya que diseñar un producto con el fin de estropearse en cierta fecha consume mucho más esfuerzo de diseño que si simplemente diseñásemos el producto para lo que debe servir) y de recursos naturales, ya que con el fin de mantener la cadena de consumo, hay que evitar el reciclaje y mantener la explotación de la naturaleza más allá de sus límites. (Nota Especial)

[64] Un sistema centralizado no es necesariamente disfuncional. Lo que en este libro se ha demostrado con claridad hasta el momento, es que bajo las premisas de diseño actuales y bajo las reglas que rigen el juego que actualmente jugamos como sociedad humana, los sistemas jerárquicos tienen consecuencias perjudiciales tanto para el mismo sistema como para las grandes mayorías. Sin embargo, esto no descarta que puedan existir diseños donde las estructuras centrales no menoscaban la integridad del sistema ni la de los participantes de dicho sistema. Lo que si presentan TODOS los sistemas centralizados es su gran vulnerabilidad a un ataque en su contra: Por lo general tienen una sola cabeza a la cual apuntar para derribar ese sistema. (Nota Especial)

[65] Muy poco se insiste en la importancia del diseño monetario a la hora de organizar una comunidad, una población o cualquier estructura social: los sistemas monetarios son el mismísimo material del que está hecha la fibra de todo tejido social, y sin su existencia la civilización es imposible. Sin un mecanismo de recompensas, reconocimientos e intercambios, no seríamos más que una manada de zombis. La plataforma monetaria es el motor organizador de toda sociedad humana.(Nota Especial)

Dado que al sistema alternativo que propongo no se le permitirá surgir en economías estables, lo más probable es que el nuevo sistema surja en lugares donde la mayoría esté harta de las injusticias del sistema y además los poderes establecidos hayan perdido su influencia[66].

Este nuevo sistema solo puede acoplarse si el estado, el banco central y los carteles no son capaces de suprimirlo.

Irónicamente, el nuevo sistema de hecho, fortalece al estado cuando es legítimo y los espacios del mercado. La función principal de este nuevo sistema es la reducción de la pobreza a través de la expansión de la renta y el capital. En lugar de ver este nuevo sistema como una amenaza, un estado y un mercado progresistas abrazarían la disolución de la pobreza como una gran ayuda para la sostenibilidad de dicho estado y sus mercados.

Estableciendo los objetivos y priorizando las salidas

Para descubrir lo que el nuevo sistema debe fomentar y optimizar, vamos a dar prioridad a los objetivos, que a su vez definen los resultados deseados.

Al final de la sección 1, cubrimos seis principios para la reducción de la pobreza: bienes de producción, capacitación técnica, salarios regulares, servicios de salud, ahorro y la tutoría, que he resumido como: *la oportunidad garantizada para obtener un trabajo remunerado dentro de la estructura de una comunidad que organice el trabajo significativo y ofrezca oportunidades para construir capital en todas sus formas: financiero, intelectual, experimental, humano y social.*

Hice un listado de cuatro requisitos:

1. El dinero del sistema debe ser independiente de bancos centrales y de los Estados[67].

2. La estructura de la comunidad se puede configurar prácticamente en cualquier lugar y con un costo cercano a cero.

3. Aquello que sea escaso (las mejores prácticas, el conocimiento, las innovaciones y la información) estará disponible para cada miembro y grupo comunitario en el sistema.

4. El sistema opera con un intercambio mundial abierto de ideas, de capitales y de comercio entre sus grupos y miembros integrantes.

Podemos afinar estos requisitos aun un poco más:

---

[66] Las crisis generalmente originan cambios *políticos*, cuando se congregan una serie de factores. Pero aquí de lo que se habla es de un profundo cambio estructural de la sociedad, no de un superfluo cambio en la ideología de las masas, es decir, cambios que no han reformado ninguna estructura monetaria (el "comunismo" no propone ningún sistema monetario que difiera del "capitalismo"). Muchos factores importantes que han fomentado el cambio social han ocurrido en regiones y en épocas tranquilas. Un ejemplo claro es el desarrollo tecnológico de las comunicaciones y la Internet. Son innovaciones que han producido cambios, sin necesidad de una crisis. Aun así, sí se han podido observar en la historia, cambios profundos motivados por la crisis: durante la época de la gran depresión en una remota población de Austria, se experimentó con "El Milagro de Wörgl", y en la Argentina post-De La Rúa, múltiples comunidades regionales experimentaron con los "Patacones", para enfrentar la crisis del corralito. Y ejemplos como estos existen en la historia de un modo más o menos frecuente. Sin embargo, la nueva revolución de las criptodivisas, por ejemplo, ha estado sucediendo a escala global y al margen de focos específicos de crisis. Lo que en nuestra opinión demuestra que las crisis no son indispensables para fomentar un cambio sistémico profundo. (Nota Especial)

[67] Algunas personas encontrarán controversial este punto, porque se puede alegar que el dinero debe ser "soberano", es decir, ser emitido en beneficio del pueblo. Y esto es justamente lo que haría un estado legítimo siempre y cuando el mismo sistema no fomente la corrupción. En nuestra estructura monetaria actual esto no es posible (tal como ha quedado explicado en la sección previa del libro), pero sí podría ser posible bajo otros diseños. Aun así queda la vulnerabilidad de que un sistema centralizado es fácilmente desmontable si se derriba a su líder o cabeza. Un sistema monetario soberano puede existir al margen de cualquier banco central, tal y como lo demostraron los "Patacones" en la Argentina de los años 2001-2002. (Nota Especial)

1. Garantizar un trabajo remunerado para todos quienes lo deseen mediante la integración de mano de obra, necesidades de la comunidad y la creación y distribución del dinero.

2. Un sistema global autofinanciado que crea su propia criptodivisa, es decir, dinero que no será creado mediante el crédito de la banca comercial instituida.

3. Mantener *una infraestructura de oportunidades* para todos los miembros: cualquier persona puede comenzar un nuevo grupo comunitario, unirse a otro grupo, u operar una empresa privada independiente sin dejar de cumplir sus funciones de miembro en la comunidad.

4. Operar dentro de un mercado transparente para el conocimiento, la información, las mejores prácticas, las ideas, los capitales, bienes y servicios que corresponda exclusivamente a los grupos comunitarios y sus miembros.

5. Suprimir la creación y la protección del privilegio.

6. Proteger al sistema contra el robo, el fraude y la explotación.

¿Cómo se diseña un sistema de este tipo en la que su única salida posible sea la constitución de capital y de trabajo remunerado para todos los que lo deseen participar de un sistema global sostenible, descentralizado, que limite el privilegio y la explotación? Comencemos esbozando las partes constitutivas de un sistema de este tipo.

El papel de la tecnología en la creación de un sistema global independiente y autofinanciado

La tecnología es el factor clave en este nuevo sistema mundial. Y no me refiero a la tecnología del futuro, sino a la tecnología de hoy.

La base de un sistema autofinanciado que integre el dinero y el trabajo es en esencia una red de servidores punto a punto[68], es decir, serán computadores que comparten datos y recursos con otros ordenadores. Este sistema mundial no residirá en un servidor central sino en una red global de servidores. Esto lo hará resistente frente a las caídas de energía, intentos de sabotaje u otras interrupciones.

Muchos detractores señalan que el Internet no es gratis, ya que una red global de servidores, ordenadores y dispositivos móviles consumirán enormes cantidades de electricidad. Por esta razón, algunos concluirán que el sistema global propuesto será incosteable.

Pero 5 tendencias tecnológicas desestiman esta conclusión:

1. Los procesadores y memoria digital están utilizando considerablemente menos energía por unidad que en el pasado reciente. Esta reducción en el consumo de energía es una tendencia de toda la industria, y el foco de muchas investigaciones.

2. La Internet actual de granjas de servidores comerciales está optimizado para producir resultados casi instantáneos a búsquedas y transferir grandes archivos de vídeo y audio. Pero no todas las redes deben optimizar la velocidad y la transferencia de archivos de gran tamaño. Una red optimizada para

---

[68] Sistema *peer-to-peer* (entre miembros) es un sistema nodal, donde los nodos son servidores de igual jerarquía a todos los demás, o *peers*. No existe ningún servidor central que juegue un rol especial o que tenga "autoridad" por sobre los demás nodos. (N.T.)

ser de bajo consumo de energía sería más lenta y limitada a datos de texto y fotos muy comprimidas. El consumo eléctrico de un sistema de este tipo estaría en un orden de magnitud muy inferior a la Internet comercial convencional.

3. Las redes entre miembros son *sistemas distribuidos*, es decir, el software, los datos, los procesadores y la memoria de la red se distribuyen a nivel mundial a través de miles o millones de dispositivos. Esta red distribuida recibe igualmente su energía desde fuentes eléctricas distribuidas de manera uniforme, es decir, a pequeña escala en la tecnología apropiada fuentes de energía renovable.

4. Los avances en la capacidad de procesamiento y de memoria, acopladas con fuertes reducciones de costos indican una tableta de $45 puede convertirse en un servidor si el software, el flujo de datos y los datos almacenados se simplifican, por ejemplo, en archivo de solo texto[69].

5. Para las operaciones simples con datos en texto (micro pagos, mensajes de texto, etc.), almacenamiento de datos y aplicaciones compactas, los teléfonos inteligentes de bajo costo ya actúan como ordenadores. Estos dispositivos de bajo costo se comunican con los servidores a través de la telefonía móvil cada vez más omnipresente.

En una red optimizada para la participación de bajo costo y bajo consumo de energía, grupos comunitarios solo necesitarían una tableta barata (como servidores), una fuente local de energía eléctrica (si no hubiera una red de energía eléctrica disponible) y una red de miembros con los teléfonos inteligentes del más bajo costo posible para unirse al sistema global. Incluso los hogares muy pobres por lo general tienen un teléfono móvil barato, y los micro pagos a través de los teléfonos móviles ya son parte de la vida cotidiana en muchas naciones en desarrollo[70].

Se estima que la actual Internet comercial (optimizada para ofrecer la mayor velocidad de conexión y el mejor ancho de banda[71], y no el menor consumo de energía) consume aproximadamente el 2% de la electricidad mundial[72]. Digamos que esta estimación subestimase el verdadero consumo en un 100% (y véase que un error del 100% suele ser de una pésima fuente estadística), lo que significa que la Internet mundial podría consumir el 4% de la electricidad mundial.

Una red optimizada para el mínimo consumo de energía utilizaría aproximadamente un 10% de esta cantidad, es decir, el 0,4% de la generación mundial de energía eléctrica. Esto es considerablemente menor que la electricidad desperdiciada en la iluminación de edificios vacíos, por no hablar de mucho mayores focos de desperdicios de energía, como las denominadas cajas de enchufes zombi y dispositivos electrónicos en modo de espera, que consumen aproximadamente el 5% de la producción eléctrica total mientras que no producen ningún beneficio en absoluto.

---

[69] Los requisitos que deben cumplir las redes de pago peer-to-peer para servir de plataforma a un sistema de cripto-monedas son sorprendentemente sencillos. Como la data que se intercambia es totalmente pública y no es sensible a la censura, cualquier medio de comunicación es útil. Las redes tradicionales de Internet son la base inicial, pero el canal de comunicación puede ser cualquier otro, pasando por redes móviles tales como FireChat (http://firech.at/) que funcionan en función de enjambres de teléfonos inteligentes que conforman redes espontáneas, al uso de servidores de compuerta (gateway), como "37coins.com" para recibir y administrar transacciones con mensajes de texto (SMS) hasta inclusive utilizar mensajes por radio de onda corta. (Nota Especial)

[70] Un sistema monetario puede diseñarse con la más baja tecnología posible, conformando pequeñas comunidades en torno a un único nodo provisoriamente central. Esta red comunitaria podría utilizar fichas, estampillas o billetes emitidos por esta casa central, que tendría la responsabilidad de procesar los pagos. Una comunidad pequeña muy difícilmente sucumbe a la centralización, pues todos se conocen. Sin embargo este esquema necesita estar respaldado por la más avanzada tecnología en plataformas de pagos (para evitar ataques de intrusos con más tecnología): las redes autónomas descentralizadas (en inglés, las DAO), también asociadas con la "cadena de bloques", pero las cadenas de bloques pueden tener diversos diseños y ya estamos en un punto de necesitar mejorar esta terminología. A medida que la comunidad se desarrolla e implementa innovaciones industriales y comerciales terminará por tecnificarse, implementando otros canales de pago, como tarjetas inteligentes, teléfonos más avanzados, más computadoras, más nodos de procesamiento de pago, hasta llegar al punto de descentralizarse por completo y equipararse tecnológicamente con el estándar global de las DAO (o como se les conoció hasta hace poco, las cadenas de bloques). (Nota Especial)

[71] Velocidad de conexión y ancho de banda son conceptos diferentes. La velocidad de conexión es como la máxima velocidad permitida en una autopista, y el ancho de banda es como el número de carriles de la autopista. (Nota Especial)

[72] Hudson, G. "How Much Energy Does the Internet Use?" http://cleantechnica.com/2012/06/01/how-much-energy-does-the-internet-use/

Si tenemos en cuenta la iluminación incandescente siempre hambrienta de energía y otras fuentes de consumo evidentemente innecesarias, está claro que una red global optimizada para un bajo consumo de energía y un bajo costo de participación, consumiría una rebanada muy delgada de la demanda eléctrica mundial. Además mucha gente parece haber olvidado que la Internet funcionaba perfectamente bien para el envío de textos y fotos comprimidas y con un ancho de banda muy bajo, así como procesadores lentos y una memoria modesta a finales de los años 90.

Es igualmente claro que este tipo de red distribuida se presta para la implementación de fuentes distribuidas de energía renovable, incluyendo paneles fotovoltaicos, pequeños generadores impulsados por agua, molinos de viento, generadores de bicicletas con motor, etc.

Si tenemos en cuenta los enormes beneficios generados por un sistema global que integra la creación de dinero, trabajo remunerado para todos y una red de distribución de capital, bienes y servicios para cubrir la escasez de poblaciones locales, el consumo moderado de la electricidad requerida no es precisamente el gran escollo que algunos podrían imaginar.

También debemos tener en cuenta los incentivos de recibir su salario mediante pagos realizados a través de ésta red. Todo aquel que espera recibir un pago tendrá una tremenda motivación para hacer lo que sea necesario para acceder a esta red de pagos.

El papel de la innovación, la estabilidad y la movilidad social

Para generar una deseable abundancia de trabajo remunerado a escala global, el nuevo sistema debe distribuir los motores de la creación de la riqueza: *el conocimiento y el capital*. Esto requiere un equilibrio *de la estabilidad, la innovación* y *la movilidad social;* esta última, en términos generales, es la vía sobre la cual pasamos de no poseer capital a convertirnos en dueños de un capital con importancia. Este equilibrio no es sencillo, debido a que estas tres pueden ser fuerzas contradictorias. La innovación desestabiliza el orden establecido, y la destrucción creativa que viene con la innovación puede poner de cabeza las antiguas vías de la movilidad social.

Un equilibrio productivo entre la estabilidad y la inestabilidad, activa la distribución de la innovación (en esencia, *determinando qué es aquello que el sistema permite desestabilizar*). Mientras que el nuevo sistema fomenta una mejora continua en las metodologías de producción a través de la innovación, las dinámicas básicas del trabajo remunerado y las oportunidades para la captación de capital deberán mantenerse estables, porque las reglas del sistema y sus procesos intrínsecos se mantendrán simples y rara vez cambiaran.

En otras palabras, las reglas de gobernabilidad, de intercambios y de recompensas se mantendrán estables, mientras que las prácticas que guían a la producción de bienes y servicios cambiarán constantemente a medida que mejores ideas se incorporen y el acopio de nueva información se haga disponible.

El diseño ideal sería un conjunto estable de normas simples y un mecanismo de gobierno transparente, con entradas y salidas también transparentes, públicas y verificables y unas fuentes de innovación que estén altamente interconectadas, así como una cultura que de la bienvenida a la experimentación y al fracaso, y con múltiples mecanismos para distribuir las innovaciones. En otras palabras, la innovación no debe limitarse a permanecer en la capa superior de los investigadores; debe haber múltiples vías para que las innovaciones se propaguen rápidamente a través de todo el sistema.

Podemos pensar en estas vías de difusión de las innovaciones como vías de movilidad social, la difusión de la innovación distribuye las oportunidades.

Nassim Taleb ha descrito la ironía de buscar estabilidad mediante la supresión de la inestabilidad. Un sistema aparentemente estable y sin vías para difundir las ideas y tecnologías desestabilizadoras es propenso a derrumbarse. Todos los atributos de la estabilidad a largo plazo tales como la adaptabilidad, flexibilidad y la capacidad de recuperación son la consecuencia de la inestabilidad y de la innovación.

El papel de los mercados transparentes

La historia ha demostrado que el medio más rápido y eficiente para la distribución de las innovaciones es un mercado que premia la innovación.

- Un mercado transparente para el intercambio de ideas y conocimientos distribuye innovaciones útiles a aquellos que pueden beneficiarse de ellas.

- Un mercado transparente para el intercambio de bienes y servicios que crea oportunidades para que aquellos que no tienen capital, puedan constituirlo.

La innovación no puede entrar en el mundo real de la producción, sin la flexibilidad y la especialización. Aunque tendemos a pensar en la especialización como una *ventaja comparativa* de las industrias nacionales, descrita por el economista David Ricardo en el siglo XIX, la especialización y la flexibilidad son sin embargo, fundamentales al nivel más bajo de la producción económica: los individuos y los hogares.

La especialización a este nivel es impulsada por el deseo que tiene el individuo de llevar a cabo un trabajo que sea valioso a nivel personal y también valioso debido a la escasez de bienes y servicios en su comunidad, es decir, es la razón por lo cual el trabajo se hace valioso[73].

La flexibilidad es el elemento clave para acercar la innovación al mundo real. La especialización que es común en los países desarrollados no es necesariamente el modelo más productivo a seguir. Si solo tengo una habilidad como trabajador, ¿qué sucede cuando ese trabajo ya no es necesario? Pero si aprendo tres (o más) habilidades, me he especializado de una manera flexible. Si añado una nueva habilidad para satisfacer nuevas contingencias de escasez, mi productividad aumentará porque estoy proporcionado aquello que si tiene un valor para mi comunidad.

Existen dos elementos en el desarrollo de un nuevo mercado. Uno es el reconocimiento del *no-consumo*; se trata de un mercado potencial que no se ha desarrollado debido a la falta de dinero en los bolsillos de los compradores o debido al alto costo de ciertos bienes y servicios que de momento se ofrecen.

Por ejemplo, cuando los teléfonos móviles eran costosos, los países en donde el ingreso per-cápita era predominantemente bajo, estaban condenados a "no-consumir": la demanda de los teléfonos sí existía, pero los precios eran demasiado altos. A medida que los precios de la telefonía móvil se desplomaron a niveles inconcebiblemente bajos, incluso los hogares más pobres fueron capaces de adquirir, no uno, sino varios teléfonos móviles (uno para cada miembro de la familia).

Por otra parte, el no-consumo puede ser superado mediante la ampliación de las oportunidades para la obtención de ingresos. El concepto clave aquí es la *distribución de los medios para crear el caudal de ingresos que da pie a la constitución de un capital*, ya que el dueño de un capital posee un flujo de ingresos independiente de las arbitrariedades de un "mercado laboral".

El otro elemento consiste en el desarrollo de nuevos mercados innovadores; mercados que no existían debido a las limitaciones tecnológicas o sociales. Ejemplos recientes incluyen las redes peer-to-peer

---

[73] De este modo, la especialización hace alusión al concepto de *división del trabajo*. (Nota del Traductor)

y las sociedades de economía colaborativa que aportan activos que están ociosos y mano de obra a diversos usos productivos: como vehículos y bicicletas compartidas, trueque de servicios por publicidad, etc.

No todo el mundo tiene las habilidades y talentos que son recompensados por el mercado de las "máximas ganancias". Lo que se necesita es un sistema con un diseño tal que proporcione a cada participante una manera de construir su propio capital y de allí obtener un ingreso garantizado dentro de un sistema paralelo de mercados que no sean dependientes de la "maximización de ganancias".

La economía de la comunidad como la fuente de capital social

Dado el predominio de los mercados que se enfocan en maximizar las ganancias y del Estado (que los protege), es natural suponer que ellos *son* la economía. Pero hay un tercer sector, *la economía (colaborativa) de las comunidades*, que se compone de todo lo que no está directamente controlado por las empresas que maximizan sus ganancias o por el Estado.

¿Qué diferencia a la economía colaborativa del mercado orientado a maximizar ganancias y del Estado?

1. La economía comunitaria permite satisfacer prioridades y lograr objetivos distintos a aquellos que buscan la maximización de beneficios. Obtener beneficios es necesario para sostener la empresa, pero no es el principal objetivo de estas empresas colaborativas.

2. La economía de la comunidad no es financiada por ningún Estado.

3. La economía de la comunidad es administrada localmente y sus bienes están bajo posesión de la comunidad local; no se controla por jerarquías corporativas distantes. El dinero que circula en la comunidad permanece en la comunidad.

4. La economía de la comunidad no está dominada por el riesgo moral; la comunidad debe vivir con las consecuencias de las acciones de sus residentes, organizaciones y empresas.

La economía de la comunidad incluye a pequeñas empresas, los mercados de agricultores locales, organizaciones comunitarias, empresas sociales y las instituciones basadas en la confianza o la buena fe. Su estructura es descentralizada y *de autogestión*; no tiene una jerarquía formal, aunque siempre surgen líderes de forma natural dentro de los grupos cívicos y empresariales.

Pocos estadounidenses han trabajado en una plantación. Soy probablemente uno de los pocos que ha vivido y trabajado en un clásico pueblo de plantaciones (Lanai City, alrededor de 1970; yo cosechaba piñas junto a mis compañeros de escuela secundaria como un trabajo de verano). En mi opinión, el actual sistema mundial es similar a la *economía de una plantación*: muy centralizada y jerarquizada, dedicada a maximizar las ganancias para los propietarios distantes, una máquina alimentada por finanzas para la extracción de las riquezas de las economías locales.

Podemos caracterizar a las economías comunitarias, comparándolas con una *economía de plantaciones*. En una economía de plantación, él una vez diverso entorno descentralizado de pequeñas empresas de propietarios locales, es desplazado por las empresas que dependen de la ayuda estatal para obtener sus beneficios: como subvenciones directas, exención de impuestos, y un cartel o monopolio impuesto por el estado. Los bajos salarios de una plantación corporativa convierten a muchas familias de trabajadores en dependientes de la ayuda estatal para sobrevivir, por lo que prospera sobre las espaldas de los contribuyentes que subvencionan sus bajos salarios y *la externalización de los costos* descritos anteriormente.

El actual sistema mundial premia a aquellos que tienen acceso a capital barato y al poder del Estado. La economía de la comunidad no tiene ninguno de estos privilegios (ni los necesita).

Contrastemos la economía de plantaciones que es fuertemente financiada, orientada a la maximización de las ganancias y soportada por el Estado con la próspera economía comunitaria de un atareado barrio chino (no aquella versión importada, sino un barrio chino en la China original).

Cada tienda en el barrio chino es pequeña según los estándares corporativos de "ventas al detal". En este pequeño espacio (que podría ser de solo un pasillo) se encuentran despensas llenas de carne, aves y pescados, mostrados en varios cortes, una amplia selección de verduras y frutas (normalmente colocadas en la acera cada mañana), y los pasillos de productos enlatados, bebidas, frutos secos, etc. Cada tienda tiene numerosos empleados para abastecerse de bienes y para servir a los clientes. El propietario, quien es un miembro de la familia, está normalmente presente en todo momento. Si uno se detiene a examinar las cajas cargadas, podrá observar en ellas una amplia gama de productos locales que provienen de la agricultura familiar y los proveedores locales.

Al lado, la panadería tiene varios vendedores en el mostrador y varios panaderos en la parte posterior. La tienda de al lado de la panadería tiene cuatro empleados y cuatro o cinco trabajadores que preparan la comida en la pequeña cocina.

Este pequeño barrio soporta decenas de puestos de trabajo, paga el alquiler a varios propietarios (que distribuyen aún más los ingresos) y tiene múltiples propietarios. Además, docenas de pequeños proveedores y granjas locales reciben una parte de los ingresos. Iglesias, guarderías, escuelas y patios de recreo están incrustadas en el vecindario.

Esta es la compleja ecología interconectada a pequeña escala del capitalismo, en el que la competencia produce una rica variedad de bienes, servicios, precios y salarios. Este ecosistema es descentralizado, auto-organizado y flexible; si un empleador trata a un empleado en mala manera, este puede migrar fácilmente a una tienda de la competencia. Si un espacio está vacante, alguien lo ocupará para su empresa. El papel del Estado se limita a la supervisión de la seguridad y la salud pública, y a recaudar los ingresos fiscales. Dado que las noticias viajan rápido en la comunidad, cualquier engaño a algún cliente pronto pagará un precio muy alto ya que de seguro estos abandonarán ese negocio. Multitud de opciones y flexibilidad son las dinámicas dominantes en este ecosistema.

Esto contrasta con las cadenas de suministro globales de una economía de plantaciones que excluyen a las pequeñas empresas locales y desplazan la mayor parte de los beneficios de la cadena de suministro a los propietarios corporativos. La economía de plantaciones institucionaliza la pobreza, las finanzas parasitarias, los costos externalizados, el riesgo moral (ya que los supervisores corporativos y/o estatales no viven en las comunidades que están siendo destruidas) y la riqueza y el poder político centralizado. *Estas son las únicas salidas posibles en una economía de una plantación.*

Una vez que la economía de plantaciones ha desplazado a la economía de la comunidad, las oportunidades de trabajo y de iniciar pequeñas empresas se marchitan, y los residentes se vuelven dependientes de la asistencia social del estado para su supervivencia. Al eliminar la necesidad de ser un miembro productivo de la comunidad, el estado de bienestar destruye los roles sociales positivos y las capas de interconexión, propias de una economía comunitaria, entre el Estado y el individuo.

Cuando el individuo recibe asistencia social del estado, ese individuo no tiene ninguna demanda urgente que satisfacer para con su comunidad o de participar en cualquier otra manera, más que como un simple consumidor de bienes y servicios corporativos. El estado de bienestar social se traga la economía de la Comunidad mediante la eliminación de incentivos financieros para participar o contribuir.

¿Por qué es tan importante la economía de la comunidad? La economía de la comunidad es, ante todo, *el motor del capital social*, que es la fuente de oportunidades y de la riqueza distribuida ampliamente.

El capital social es la suma de todas las conexiones y relaciones que permiten la colaboración productiva, el comercio, el intercambio y la cooperación (Vamos a cubrir los ocho tipos de capital en breve).

Las corporaciones ofrecen una versión limitada de capital social (por ejemplo, reunirse con un gerente de otro departamento en una fiesta privada de la empresa), pero la mayor parte de este capital se desvanece una vez que la persona sale de la empresa. Este capital social estará incrustado solo a modo superficial en un lugar y en una comunidad, a medida que las empresas continúan desplazando sus operaciones hacia distintas geografías de manera rutinaria, en búsqueda de su objeto fundamental: la maximización de ganancias.

Las empresas no pueden sustituir a las comunidades por la sencilla razón de que cada esquema tiene diferentes propósitos y objetivos. El único propósito y objetivo de una gran empresa es ampliar capital y maximizar beneficios, ya que si no lo hace, se tambalea y colapsa. El propósito de una comunidad es preservar y proteger una configuración regional específica mediante el fomento de la solidaridad social: el sentido de compartir un propósito con otros, de pertenencia a una comunidad que es capaz de una acción concertada, colectiva en nombre de sus miembros y su entorno local.

El politólogo Robert Putnam ha descrito esta estructura como *una red social horizontal interconectada*. A diferencia de las corporaciones y el estado, las economías colaborativas son redes horizontales, es decir, redes de pares o iguales conectados por afiliaciones e intereses superpuestos.

No es casual que en el sistema actual de sociedades jerárquicas, bancos y estados aumenten la desigualdad y erosione las economías de las comunidades: *la única salida posible cuando existe un bajo capital social es una creciente desigualdad.*

Putnam identificó una correlación entre las desigualdades impuestas por las élites opresoras (la esclavitud es el ejemplo más extremo) que temen el potencial de las redes igualitarias (horizontales) que se pueden organizar para resistir al sistema y los entornos de bajo capital social. Las regiones con bajo capital social, se caracterizan por la limitada movilidad social y el aumento de la desigualdad económica. En otras palabras, la única manera de disminuir la desigualdad económica es nutrir las redes horizontales entre iguales (es decir, la economía de la comunidad) que crea el capital social.

Esto tiene sentido, ya que las comunidades despojadas de capital social ofrecen un acceso limitado a otras formas de capital que resultan necesarias para poner en marcha nuevas empresas de acumulación de capital que construyan escaleras para la movilidad social.

para poner en marcha empresas de construcción de capital y de esta manera construir escaleras para la movilidad social (o lo ofrecen de forma muy limitada).

Una economía colaborativa vibrante, ofrece a sus miembros una *infraestructura de oportunidades*, es decir, múltiples vías para acceder a la construcción de capital, la adquisición de conocimientos y la conexión con los demás miembros.

La clave para difundir ampliamente el capital generador de ingresos y revertir la desigualdad es nutrir la fuente del capital social: la economía de las comunidades.

Sistemas auto-organizados

El estado y las corporaciones son jerárquicos por naturaleza; en donde las decisiones son tomadas en la parte superior de la pirámide, y las órdenes fluyen hacia abajo en una cadena de mando hacia todos los empleados, soldados, encargados, etc. Por el contrario, en las estructuras no jerárquicas, los sistemas descentralizados son *auto-organizativos*; los participantes se auto-incorporan al sistema de acuerdo con sus reglas.

Un ejemplo de un sistema auto-organizado es la Internet (la red mundial). No hay autoridad central determinando el número de servidores ni nadie exigiendo o regulando la existencia de un número determinado de páginas web. El flujo de tráfico se encamina de acuerdo a protocolos simples. Los servidores web se suman o se retiran, sobre la base de las decisiones de millones de participantes. Los protocolos son gestionados por una organización sin fines de lucro que opera de manera transparente, y tienen licencia de código abierto, lo que significa que cada vez que entramos en una dirección *URL* no se tiene que pagar por el derecho a usar dicha dirección. Los protocolos web básicos están en el dominio público, disponibles para su uso por todos.

Otro ejemplo es el próspero barrio chino que se ha descrito anteriormente. No hay autoridad central que dicte los alquileres, la propiedad de las empresas, o sus taxonomías. Si el número de restaurantes es superior a la base de clientes, su número disminuirá a medida que algunos restaurantes pierdan dinero y cierren. Si un determinado tipo de alimento es escaso, alguien va a abrir un lugar para venderlo y suplir esa necesidad. La decisión de probar la necesidad del mercado no es hecha por una administración central, sino por el empresario.

La democracia es también una forma de sistema auto-organizativo, ya que los participantes eligen una jerarquía que proteja los intereses del bien comunitario y vigilen el cumplimiento de los acuerdos sociales para que unos pocos no se atrevan a aprovecharse de las costillas de unos muchos.

Hay muchos ejemplos de sistemas de auto-organización, la más ubicua es la naturaleza, que funciona sin un mando central o estructura jerárquica. Los circuitos de retroalimentación y conductas adaptativas permiten la auto-organización.

Los sistemas de auto-organización en el reino de los humanos deberían limitar el saqueo de los privilegiados a expensas de las mayorías. Como regla general, el costo de engañar al sistema debe ser más alto que el beneficio a extraer y los beneficios de cumplir con las normas deben ser muy superiores a los beneficios obtenidos al violarlas. Las dos dinámicas que destruyen a los sistemas de auto-organización en el reino de los humanos son el *riesgo moral* (cuando los pocos descargan el riesgo sobre los muchos) y el cabildeo o fraude libre, en todas sus formas: el robo, la colusión, malversación, eludir el trabajo percibiendo salarios, y demás similares.

Una vez que las normas se incumplen en beneficio privado, el sistema pierde legitimidad y se quiebra.

Por estas razones, un sistema *cuya única salida posible* sea el trabajo remunerado y garantizado para todos, deberá invertir continuamente un porcentaje significativo de sus recursos para el cumplimiento y supervisión de sus normas, para asegurar que los costos de hacer trampa sean mucho mayores a los costos de su cumplimiento, y que los beneficios de hacer trampa sean muy bajos comparado con las ganancias obtenidas por seguir las reglas.

Afiliación y no privilegio Creando roles sociales positivos

El sistema mundial actual se basa en grupos de *élites privilegiadas* poseedoras de titularidades que les confieren beneficios pero que no les asignan responsabilidades. Las propuestas de ingresos mínimos garantizados discutidos anteriormente son simplemente titularidades de bienestar social: los residentes tienen derecho a la renta mínima propuesta simplemente por vivir en el Estado-nación que emite dichos derechos. Nada se exige de aquellos quienes lo reciben.

Aunque muchos ven estas dos estructuras como enteramente naturales (jerarquías de unos pocos privilegiados y *"algo por nada"* que es el pan de los desocupados), la organización humana básica que se remonta a la aparición de los humanos modernos fue un grupo relativamente pequeño de personas unidas por la reciprocidad y la responsabilidad del grupo y otros miembros.

La dinámica central de esta organización social es la membrecía que es constantemente ganada por las obras realizadas, y que puede ser revocada si un miembro elude sus responsabilidades o engaña a los demás miembros.

La pertenencia condicional es la alianza esencial de cualquier sistema sustentable. La membresía requiere deber, participación, esfuerzo concertado para lograr metas comunes, la colocación de las prioridades del grupo por encima de la ganancia propia privada y el sacrificio por el bien común[74]. La membresía exige lealtad y esfuerzo; el recibir *algo por nada* no tiene cabida en la membresía[75].

La dependencia económica y la ausencia de un orden social productivo genera *derrota social*, lo que defino como la rendición de la autonomía, el miedo al deterioro de nuestro rol o estatus social, y un estado permanente de inseguridad. El derrotado socialmente, (quien es despojado de las fuentes de la dignidad y de la autoestima, es decir, de su pertenencia a su comunidad, de su orgullo y de su propósito), se hunde en

---

[74] En el proceso de describir detalladamente este proyecto de trascendencia social, se hará evidente que este modismo en el lenguaje es solo reflejo del mundo al que ya nos hemos habituado a vivir. La estructura sistémica que habitamos no permite otros resultados diferentes al mero perjuicio de los intereses del colectivo, cuando el individuo persigue su propio beneficio. Pero esta es una circunstancia del defectuoso diseño de nuestro actual sistema social, y no una regla universal que nos haya sido impuesta. De hecho, un sistema donde la persecución del propio provecho nos pone en conflicto con los intereses de los demás miembros de la comunidad, es otro diseño defectuoso que debemos repudiar. Un criterio necesario de diseño es exigir que la persecución del propio provecho individual dentro del nuevo sistema arroje como resultados o bien un provecho real para la colectividad o al menos un efecto inocuo sobre la misma. (Nota Especial)
[75] Del mismo modo, aportar un beneficio a la comunidad y no recibir a cambio nada, tampoco debe tener cabida en ningún diseño sistémico. (Nota Especial)

un *drenaje conductual*: conforme los roles sociales positivos se desvanecen, las patologías sociales van apareciendo y aumentan hasta el punto de colapsar psicológicamente a la persona.

Este agujero negro de sufrimiento autoinfligido se caracteriza por estados mentales auto-destructivos y conductas como: ansiedad crónica, renuncia, violencia doméstica, la automedicación con sustancias adictivas, pérdida de la empatía, las polaridades de pasividad y rabia, y un amplio espectro de los trastornos mentales, trastornos del narcisismo, rasgos de déficit de atención (ADT) y otras psicosis sociales.

La estructura social que tiene éxito en la creación y distribución de la derrota social, está poblada de gente infeliz, deprimida, ansiosa y frustrada, independientemente de la prosperidad material que posean.

Cabe destacar que pocos analistas logran conectar las patologías sociales del actual orden socio-económico con el deterioro de roles positivos en los sistemas de gobierno orientados al subsidio social. Pero las patologías sociales no son accidentales; ellas *son la única salida posible de un sistema que promueve el "algo a cambio de nada"*, la dependencia y la escasez de roles sociales positivos.

Un aspecto de la derrota social es el vacío que experimentamos cuando la prosperidad material no entrega el sentido de plenitud que aparenta prometer. Un estudio sociológico reciente comparó el nivel de satisfacción que sienten los residentes adinerados de Hong Kong con el de sus criadas inmigrantes. El estudio encontró que el personal de servicio era mucho más feliz que sus jefes ricos, que a menudo eran personas con tendencias suicidas y depresivas. Las criadas, por el contrario, disfrutaban de su *afiliación a un grupo de criadas de confianza* (un grupo de criadas que se reunían en su único día libre) y del apoyo financiero que brindaban a sus familias en sus países de origen.

La derrota social es más destructiva que la carencia material, ya que no se puede resolver con una simple distribución de un salario mínimo universal; esta solución convencional a la falta de trabajo exacerba la derrota social. La única manera de combatir la derrota social y la falta de trabajo es la creación de un orden social positivo que ofrezca una variedad de funciones sociales positivas y mecanismos para la restauración de la autonomía a todos los participantes.

Como lo ha observado mi colega Bart Dessart, *un orden social positivo debe exigir cohesión, resolución, y el sacrificio de sus participantes*. Esto requiere *la pertenencia a un grupo cuyo objetivo sea más grande que nuestro propio beneficio*, el propósito que exige el sacrificio individual por el bien común y una voluntad común para perseverar en cara a los desafíos, las pérdidas y los fracasos.

Para diseñar una *unidad ideal de orden social*, hay que ir más allá de los modelos convencionales del estado de bienestar y del consumo impulsado por el mercado, y preguntar: ¿qué orden social coherente genera lo que el autor Garry Wills llama *"La Felicidad Pública"*?

La felicidad pública no es solo la suma de todas las felicidades individuales. Es un reflejo del éxito del orden social al permitir la existencia del bien común, es una expresión de lo que es el potencial de desarrollo humano y personal dentro de las organizaciones que sirven al bien común.

Para entender la importancia del bien común en la realización humana, debemos tener en cuenta los rasgos sociales que beneficiaron a los seres humanos durante aquel período de 160.000 años durante el cual nuestros ancestros fueron cazadores-recolectores. ¿Qué rasgos eran entonces esenciales para la supervivencia de todos? La cooperación en el trabajo productivo, el sacrificio en servicio del grupo, celebrar las ganancias inesperadas con el consumo comunitario, y el liderazgo basado en el éxito y la sabiduría.

Dessart describe un rasgo clave como "interactuar de manera significativa con otras personas de su entorno. La interacción significativa representa hacer algo para todos, apoyándose en otros y, a veces asumiendo riesgos por otros".

La unidad ideal de orden social debe cumplir con todos estos requisitos. El sistema que propongo distribuye la propiedad y el poder a todos sus miembros, y se rige por normas estrictas de pertenencia y una cadena de mando elegida. Se promueve la acumulación privada del capital, pero dentro de un orden social que da prioridad a la felicidad pública y al bien común.

La organización de la felicidad pública y el bien común no resulta en consumidores atomizados a los cuales se les da *algo por nada*, en lugar de ello, se trata de un orden social que ofrece funciones sociales positivas y oportunidades para ganar y contribuir. Aspectos importantes e igualmente esenciales para el bienestar humano.

El trabajo productivo es la fuente de propósito

El Estado y las empresas no crean significado. Ambas son abstracciones. El Estado-nación es una abstracción conveniente para controlar a las poblaciones en grandes masas, y las corporaciones cosechan los excedentes de sus empleados, para el beneficio de sus propietarios.

La fantasía pequeño/burguesa de esa autorrealización que experimentan aquellos individuos al expresarse como artistas, músicos y creadores, una vez liberados del trabajo, es también otra abstracción, que nació de la difusión de ciertos enclaves académicos y del poner a pulular en los medios a ciertos aficionadillos bien financiados y selectos por fuentes privadas muy privilegiadas. La ironía de esta abstracción particular es especialmente rica: cuanto más nos doblegamos y endeudemos ante las altas jerarquías centralizadas, en aras de garantizarnos nuestros ingresos y riquezas, más heroicas serán las expresiones artísticas de rebelión creadas contra esas mismas jerarquías centralizadas. Pero incluso estas rebeliones artísticas son abstracciones. En lugar de generar sentido en un sistema desprovisto de significado, estas expresiones autorreferenciales de resistencia, de imitación y de *novedad en aras de algo diferente para consumir* son parodias de rebelión y revolución. La expresión artística se convierte en una broma compartida por élites autorreferenciales ¡El colmo de la falta de autenticidad!

La autoexpresión y el consumismo son simplemente dos aspectos de la misma abstracción vacía. Una vez que el vacío de estas abstracciones es entendido, todo lo que queda es la búsqueda de consuelo por parte del individuo en un mundo que le despoja de sus más necesarias cualidades para su realización, su propósito y su significado.

Los seres humanos extraen significado a partir de lo que producen, no de lo que consumen, y de la pertenencia a un grupo que le proporciona un objetivo más grande que la auto indulgencia, que es el objetivo del consumismo. Tanto el mercado que maximiza la ganancia como el estado, despojan al individuo de estos dos elementos esenciales al convertir a los productores en consumidores y a los grupos en individuos atomizados que persiguen infructuosamente las quimeras del consumo y de la autoexpresión.

Es irónico que las clases de profesionales tecnócratas bien pagadas del sistema, hayan internalizado la fantasía del sistema de mercado y del estado tan completamente que se han vuelto ciegos a su propia alienación profunda en un sistema cuya única salida posible solo es la explotación, la inseguridad, la ansiedad, el vacío, la infelicidad y la destrucción de significado.

El autor Umair Haque resume perfectamente esta internalización de patologías del sistema en un blog del 2011 en el sitio web de Harvard Business Review. A pesar de que se estaba dirigiendo a las patologías en el corazón de la corporación, la pregunta que hace es igualmente aplicable a las burocracias estatales. Haque escribió:

"Si usted entrara a cualquier corporación, ¿Podría encontrar en ella caras rebosantes de realización y auténtica alegría?, o acaso encontraría caras pétreas que se preguntan: si no fuera por el hechizado cheque de pago quincenal, ¿Me habría realmente encarcelado a mí mismo en este calabozo de almas humanas?".

El concepto *libertad de asociación* evoca de cierta manera los ideales de libertad de elección y de movilización para el individuo. En las abstracciones de Estado, corporación y autoexpresión consumista, la libertad de asociación es ilusoria: pasar de un trabajo sin sentido a otro igual no puede contar como una opción, y el intercambio sin sentido entre las formas de falsa autoexpresión tampoco se puede contar como libertad.

En el contexto de nuestra discusión anterior, el trabajo, la autoexpresión y el consumo han sido convertidos en mercancía. Los trabajos son intercambiables, los empleados y los empleadores son intercambiables (todos somos prescindibles), y las diversas formas de expresión personal y el consumo son intercambiables.

La fantasía es pretender que estos roles mercantilizados generen significado, al igual que la pretensión de que abstracciones tales como Estado, corporación y la autoexpresión consumista puedan generar significado. Pero ninguna de ellas crean significado; todas están vacías y son alienantes, social, espiritual y psicológicamente.

Las verdaderas fuentes de significado son simples: una auténtica libertad de asociación (que nos otorgue verdadera libertad de circulación y de elección), la pertenencia a grupos auto organizativos, y el trabajo productivo que podemos realizar con orgullo. El sistema actual es intrínsecamente incapaz de producir estos tres requisitos. En su lugar despoja a los individuos de estos tres elementos esenciales.

Las únicas salidas posibles del nuevo sistema que propongo son auténticas *opciones de asociación, la pertenencia a grupos de auto-organización y de trabajo productivo.*

- Cada individuo tiene plena libertad de asociación. Cualquier persona es libre de no pertenecer a ningún grupo.

- Cualquier persona puede comenzar su propio grupo, reclutar miembros y hacer frente a un trabajo productivo en su comunidad.

- Cualquier persona es libre de mantener su pertenencia a varios grupos, operar una empresa con fines de lucro o realizar proyectos artísticos[76] después de completar sus funciones de miembro. Cualquier persona es libre de cambiar de grupo, o trabajar para el Estado o una corporación.

- La adhesión requiere seguir ciertos códigos de conducta y el cumplimiento de las responsabilidades hacia otros miembros del grupo, y la comunidad en general.

- El trabajo realizado en esta estructura es productivo y significativo (es de relevancia para la comunidad), y por ello tiene propósito y aún más, me atrevo a decirlo, es potencialmente divertido.

Los grupos auto organizados que generan trabajo productivo son la base de los roles sociales positivos y del significado. Un sistema de grupos auto-organizados e inclusivos, son capaces de ofrecernos libertad de asociación, inclusión y significado, así como también una remuneración.

La afiliación (la membrecía con méritos) y el trabajo significativo van de la mano; son dos aspectos de un mismo sistema. La membresía y un trabajo significativo son los fundamentos de la libertad de asociación humana, de su identidad, propósito, orgullo, satisfacción y significado. Es por ello que digo: El futuro pertenece al trabajo que está lleno de propósito y significado.

El capital como fuente de ingreso seguro

El capital es la única fuente de ingresos que no depende de los empleadores o del estado. Esta es la razón del porque la principal dinámica para el alivio de la pobreza es la construcción de un capital en los hogares y en las comunidades.

Cuando hablamos del capital, se asume generalmente que nos referimos al capital financiero o activos en herramientas, fábricas, campos agrícolas, etc.[77]Pero los capitales intangibles que son humanos, sociales, culturales y simbólicos son igualmente esenciales en la creación de valor[78].

Podemos visualizar el espectro del capital, considerando el proceso de construcción de una casa. Los materiales de construcción y las herramientas que vamos a utilizar para la construcción de la casa son el *capital tangible*[79].

Imagine un grupo de trabajo sin conocimientos en la construcción, pero que se ha dado a la tarea de transformar la pila de madera en una estructura robusta. Ellos serían incapaces de llevar tal hazaña a cabo, porque carecen del capital humano referente al conocimiento y a las experiencias.

---

[76] Es decir, expresiones artísticas realmente *financiadas* por el genuino oficio de su autor. Estas si serían fuentes de auto-expresión auténticas y llenas de propósito. (Nota Especial)

[77] Estos son lo que se conocen tradicionalmente como "medios de producción". (N.T.)

[78] En nuestra propuesta de implementación de redes colaborativas para la incubación de nuevas de empresas y comercio, este concepto es clave, y lo referimos como el "*patrimonio intelectual*". Para organizar grupos de trabajo hemos sugerido ciertos protocolos para el logro de acuerdos, a los que hemos definido "*protocolos de sinergia*", en los cuales los aportes de este capital intangible, recompensan al miembro de la comunidad con participaciones, que terminarán convirtiéndose en su fuente de ingresos y en la fuente de creación del dinero colaborativo de dichas comunidades. (Nota Especial)

[79] El capital tangible, junto con el dinero invertido, y el terreno a utilizar, conforman un conjunto de *activos* que ya están presentes, ya existen. Este es un buen criterio para identificar el aporte de capital tangible: si los beneficios a ser aportados son pre-existentes. No obstante, las herramientas no pasarán a formar parte final del patrimonio (la casa) y pertenecen al análisis de las partidas de ejecución o al proceso de la mano de obra. (Nota Especial)

El capital humano es a la vez *capital intelectual* y *capital de la experiencia*. Una persona con conocimientos sobre los procedimientos de obras, tiene el capital intelectual[80], pero si nunca ha martillado un clavo o aserrado una tabla, le falta el capital de la experiencia,[81] capital necesario para transformar la madera en una casa.

Si el grupo no tiene medios económicos para reclutar al capital humano necesario, también carecerá del suficiente *capital social* en las habilidades de contratación, gestión y colaboración con otras personas[82].

Si el grupo no tiene conocimiento ni de los procedimientos de obras ni de las prácticas de los negocios locales, entonces también carecerá de *capital cultural*[83].

Si el grupo no maneja conceptos de integración con un el conjunto de los sistemas relevantes en el ramo de la construcción, entonces también carecerá del *capital simbólico* necesario para construir la casa[84].

La taxonomía del capital ha sido presentado en un sinnúmero de maneras, y mi versión reconoce tres tipos básicos de capital[85]: capital tangible (del 1 al 3); capital intangible (del 4 a 6) y dos tipos especiales adicionales:

1. El capital financiero: dinero en efectivo, las inversiones negociables, etc.

2. El capital natural: los recursos del mundo natural incluyendo capital viviente (peces, árboles, etc.) y recursos tales como minerales y combustibles fósiles.

3. El capital fijo: La maquinaria, herramientas, redes de comunicaciones, etc.

4. El capital humano: el capital intelectual y la experiencia necesaria para tomar las otras formas de capital productivo.

5. El capital social: las conexiones y relaciones que permiten la colaboración productiva, el comercio y la cooperación.

6. El capital cultural: las instituciones políticas y sociales que permiten a los aumentos generalizados en la productividad.

---

[80] Con este capital intelectual, un ingeniero de diseño planifica desde su oficina las etapas de construcción de la obra. Pero es incapaz de ejecutar ninguna de las tareas que él planifica. (Nota Especial)

[81] Un obrero con capital de la experiencia o pericia, puede ejecutar las tareas de la obra. Es de hecho el último eslabón del patrimonio intelectual, ya que el obrero *planifica en campo* la ejecución de su propia tarea y es inseparable de la labor de ejecución. Con la experticia, un maestro de obra puede programar un automatismo robótico a que ejecute el trabajo que él sabe hacer. (Nota Especial)

[82] Estas son otro tipo de habilidades de planificación: la gestión de personal. Pero la experticia de saber cómo hablar con los candidatos, entenderse con ellos y llegar a un acuerdo, forman parte de la labor de negociar. No es comparable a la de la ejecución de la obra, puesto que aquí el fruto de la labor es obtener un "sí" de otro ser humano, pero es una labor *complementaria* a la del obrero, pues sin la contratación no llegará a existir la mano de obra ni la casa. (Nota Especial)

[83] Es otra de las habilidades del negociador: obtener la permisología, tener los contactos con las autoridades y la comunidad para ser guiados por las buenas prácticas, obtener apoyo de los locales y mantener la armonía con la comunidad. Sin ello la casa sería imposible. Este patrimonio de capital cultural posee al mismo tiempo componentes de mano de obra (el oficio del negociador) y de patrimonio intelectual (la experticia del negociador). (Nota Especial)

[84] Este capital simbólico es el eslabón más alto y el originario, en la cadena de planificación: la gestión gerencial, la planificación a nivel conceptual. Hoy día, esta labor es compartida por igual por ingenieros asesores o gerentes generales. De hecho generalmente se contratan profesionales de la ingeniería para los cargos de alta gerencia logística. (Nota Especial)

[85] Casualmente, nuestros *protocolos de sinergia* distinguen también tres tipos principales de patrimonio en la incorporación de un nuevo activo de negocios o medio de producción: los activos pre-existentes, la mano de obra y el patrimonio intelectual. Si falta cualquiera de ellos, el objetivo del proyecto es simplemente imposible. (Nota Especial)

7. El capital simbólico.

8. La infraestructura de capital.

El capital simbólico describe las herramientas conceptuales que permiten nuevas formas de ser productivo. El concepto de crédito es un ejemplo de capital simbólico, ya que sin las herramientas conceptuales del capital, garantías, amortización e interés, esta forma de capital financiero no podría existir. El movimiento de código abierto es otro ejemplo de capital simbólico, al igual que lo es el modelo de resolución de problemas en "*crowdsourcing*" o la obtención de capital financiero.

El capital de infraestructura es la suma de todas las otras formas de capital trabajando de la mano. La suma de todas las formas de capital es mayor que sus partes[86].

Una forma de ilustrar el capital de infraestructura es imaginar un multimillonario autorealizado que se dejó caer a sí mismo en una nación desértica con esencialmente ningún activo disponible, habitada por pueblos nómadas que no tienen ninguna interacción con la economía de mercado mundial. Toda la riqueza de nuestro multimillonario, sus habilidades, su conocimiento y su capital social no tendrían ningún valor allí, ya que la infraestructura que soporta a estas formas de riquezas, allí no existe.

De acuerdo con el principio de que *solo las soluciones integradas pueden generar trabajo remunerado para todos*, capital de infraestructura es fundamental, ya que solo una red integrada de transporte, comunicaciones, finanzas, educación, poder judicial y de derechos políticos, (es decir, la suma total de todas las diversas formas de capital) será capaz de crear una *infraestructura de acceso universal a las oportunidades*.

Si no hay movilidad de mano de obra ni del capital, no hay mercados transparentes de mano de obra o de capital, sin la destrucción creativa de los sistemas ineficientes, sin acceso descentralizado al crédito, con pocos medios de cooperación, con un Estado débil en derechos y pobre en la defensa de la propiedad, o con poco espacio para la innovación, si el riesgo moral ha separado los riesgos de las consecuencias, y si los incentivos perversos favorecen al clientelismo, entonces las oportunidades van a ser innatamente escasas. Prácticamente todos los esfuerzos realizados en ese entorno se perderán porque se tratará de un desierto para las oportunidades de base amplia.

Esta es una razón por la que las ciudades ofrecen muchas más oportunidades que las áreas rurales: las ciudades ofrecen un mayor acceso al crédito, más medios de cooperación, una mayor movilidad de la mano de obra y el capital, más oportunidades para que la innovación pueda echar raíces, y así sucesivamente: en suma, las ciudades ofrecen un grupo mucho mayor de *capital de infraestructura*.

De vuelta en el capítulo tres nos preguntamos, ¿qué es escaso?

Mientras se defina la pobreza como escasez de bienes y servicios tangibles, estaremos lidiando generalmente con una cuestión de *distribución* en lugar de escasez absoluta: los pobres no son capaces de comprar los bienes y servicios que necesitan.

---

[86] Y este es nuestro concepto de *sinergia*. (Nota Especial)

En términos de aquella escasez que genera valor, se encontró que un subconjunto específico de nuevas ideas se ha convertido en la forma más escasa del capital en ésta era digital (las nuevas ideas nunca son escasas, pero aquellas nuevas ideas que crean valor, sí que son escasas.)

Los autores Erik Brynjolfsson, Andrew McAfee, y Michael Spence explicaron el porqué de esto en su artículo del año 2014 sobre: *El trabajo, el capital y las ideas en las economías de fenómenos exponenciales*. Lo que es cada vez más escaso en la economía digital son ideas que permitan nuevos productos y servicios que reduzcan el costo de los insumos y el aumento de la productividad. Los autores consideran a las ideas innovadoras como una *tercera forma de capital*, teniendo al capital y al trabajo tradicional como el primer y segundo tipo de capital.

Su análisis se puede resumir en tres puntos:

1. Las tecnologías digitales están reduciendo radicalmente la necesidad de mano de obra humana y el apalancamiento del capital tradicional (activos fijos y capital financiero) a nivel mundial.

2. Las recompensas están fluyendo hacia aquello que es escaso. La mano de obra tradicional y el capital ya no son escasos; las ideas innovadoras y las nuevas prácticas son escasas. Ideas que permitan la creación de nuevos productos, servicios, procesos, etc. cosecharán la mayoría de las ganancias.

3. La distribución de estas ganancias y recompensas obedece a una ley de fenómenos exponenciales, es decir, la distribución de Pareto, en la que los pocos jugadores con el tercer tipo de capital (buenas ideas), cosecharán la mayor parte de las recompensas.

Como resultado de la globalización y el exceso de capacidades en la producción, las entradas más tangibles del sistema y sus insumos de trabajo ya no son escasos, por lo que los salarios altos y los márgenes de beneficio que el trabajo convencional y el capital habían generado en el pasado tienen hoy día una tendencia hacia la baja.

Esto refleja el análisis de Immanuel Wallerstein en *La Externalización de los costos*: por razones estructurales, el rendimiento del capital está disminuyendo y el costo de la mano de obra humana está aumentando incluso a pesar de que el valor de la escasez está disminuyendo.

Las formas ordinarias del capital pierden valor ante esta dinámica. Solo el capital intangible de ideas y procesos prácticos resultará más valioso.

La producción, y no el consumo, es la fuente de la innovación y la fuente de capital generador de ingresos. Por esta razón, el consumo pasivo respaldado por sistemas de ingresos garantizados no es un sustituto para la construcción de capital: el capital que genera oportunidades para la innovación, la productividad y los ingresos, es el tipo de capital que puede sacar a la gente de la pobreza.

El propósito de aumentar la productividad mediante la construcción de capital no solo tiene el propósito de aumentar los ingresos y la riqueza, sino el de *crear una gran cantidad de oportunidades para la seguridad, el orgullo, la autoestima, el propósito, la composición y significado*. Este aumento de capital de *amplio espectro y bienestar completo* es tan esencial como el aumento de los ingresos financieros; los dos no se pueden separar, debido a que la razón para expandir el capital es distribuir las fuentes de bienestar, y no solo cubrir las meras necesidades físicas de la vida, sino también otras necesidades como las de naturaleza moral, psicológica y espiritual, y necesidades en el plano de la seguridad, la autoestima, el propósito, la composición y el significado.

A pesar de que en el mundo desarrollado existe la tendencia de pensar en la innovación solo términos de un contexto corporativo, es decir, la aparición de nuevas marcas y servicios, el contexto más amplio la innovación es la *tecnología apropiada*: nuevas ideas y procesos que ofrecen soluciones a pequeña escala. En un pueblo sin electricidad, por ejemplo, el capital que permite la generación sostenible de electricidad a partir de una fuente renovable (agua corriente, el viento o el sol) tiene un gran impacto en el bienestar y la productividad.

Las ideas prácticas se convierten en una parte importante de las *mejores prácticas* de la humanidad. Si bien no es posible distribuir activos fijos a muy bajo costo, el capital intangible de las *mejores prácticas* sí se puede distribuir digitalmente a un costo casi nulo. Este capital digital proporciona una poderosa palanca para hacer un buen uso de todos los insumos tangibles que puedan estar disponibles.

A medida que la potencia de computación aumenta y el precio de la memoria decrece, incluso los hogares con ingresos muy limitados podrán permitirse un teléfono móvil de bajo costo que tendrá acceso a la red mundial con las *mejores prácticas*.

Un sistema que distribuye el capital intangible de las mejores prácticas a casi cero costo generará una gran cantidad de oportunidades en pos de la seguridad, la autoestima, el propósito, la membrecía por méritos y el significado constituyéndose en *la única salida posible del sistema*.

¿Cuáles son los medios de producción en la economía del conocimiento?

En términos generales, el concepto *medios de producción* describe a los motores de la creación de la riqueza: el capital tangible e intangible, y las estructuras de empleador y empleado, la distribución de los productos, el minorista y el comprador.

Como se señaló en el primer capítulo, el autor Peter Drucker identificaba a los conocimientos del trabajador como los *medios de producción* en la economía del conocimiento (una idea que ya hemos explorado en la sección sobre la economía del conocimiento y el capitalismo cognitivo). Sin embargo, y como lo han señalado los críticos de esta idea, los medios de producción son mucho más que únicamente el conocimiento del trabajador. El trabajador que solo posee conocimientos para vender todavía necesita de los medios de las corporaciones o agencias gubernamentales que le provean todo lo demás que sea necesario para crear valor: recursos financieros, activos tangibles, y el capital de infraestructura.

Vamos a explorar los componentes de los medios de producción.

1. El conocimiento y la experiencia (capital humano).

2. El acceso a la información (la red).

3. El acceso a los posibles colaboradores (capital social).

4. El acceso al capital financiero (para comprar materiales tangibles e insumos).

5. Capital Infraestructural (todo lo necesario para montar distintos tipos de capital).

En el sistema actual, todo lo que no sea el capital humano es proporcionado por las empresas o los gobiernos. Y mientras más pobre sea el hogar, menos capital estará disponible para este.

El hecho de que existan pocas alternativas ricas en capital para empresas que maximizan sus ganancias o para el estado no significa que no sean posibles nuevas alternativas. Simplemente significa que hay que añadir nuevas formas de *capital simbólico*. Una vez que el modelo de un sistema alternativo se haya elaborado, se convertirá en un nuevo modelo para el montaje de los medios de producción.

Vamos a esbozar los elementos esenciales de un sistema alternativo para el montaje de los medios de producción.

1. El sistema debe ser autofinanciado, es decir, generará su propia moneda.

2. El sistema debe distribuir esta moneda a aquellas fuentes de producción de bienes y servicios, es decir, como pago por el trabajo y por la organización de ese trabajo.

3. La producción de bienes y servicios debe organizarse para satisfacer las necesidades de las comunidades locales.

4. El sistema debe ser compatible con una red global para el libre flujo de información y mejores prácticas.

5. El sistema debe ser compatible con una red de comercio mundial para permitir el comercio de materiales, bienes y servicios.

6. El sistema debe permitir el libre flujo de capital financiero, es decir, empréstitos y préstamos entre las comunidades.

En este sistema alternativo, el dinero no es creado al emitir un préstamo por los bancos centrales y privados ni es emitido por un estado; en cambio, el dinero es creado a cambio de la producción de bienes y servicios, es decir que es creado a cambio de la expansión de la riqueza real. Tampoco se trata de dinero creado de la nada para servir a la especulación; se crea para pagar por un trabajo útil que ya se ha hecho. Y este dinero no es creado por un sistema de reserva fraccional en base a la deuda; más bien, el dinero solo se crea a cambio de la producción de bienes y servicios.

En este nuevo sistema, se organiza el trabajo para satisfacer las necesidades específicas de cada comunidad, es decir, para hacer frente a todo lo que es escaso en una comunidad específica.

El sistema permite el libre flujo de las mejores prácticas, conocimientos e información para sus miembros y sus grupos. También permite el *comercio de materiales, bienes y servicios* entre los diversos grupos y miembros individuales de las comunidades de dicho sistema, por lo que los grupos y los individuos pueden vender sus excedentes al mejor postor y comprar lo que es escaso en su comunidad o región.

Esos grupos e individuos que ahorran dinero pueden prestárselo a otros en la red. Esto le permite a los diversos grupos la fácil acumulación de capital financiero de dos maneras: por el ahorro de una parte de sus ganancias, y tomando prestado dinero de otros que han acumulado en ahorros[87].

Este nuevo sistema es una solución integrada, un ecosistema completo que organiza el trabajo productivo, permite la acumulación de todas las formas de capital y el libre intercambio de conocimientos de bienes y servicios. El objetivo de este sistema es proporcionarle a los grupos miembros, localizados en cualquier lugar del planeta, todos los medios necesarios para producir los bienes y servicios demandados en sus comunidades (es decir, aquello que es escaso) y acumular capital para comprar los materiales y herramientas necesarias para ser productivos.

Este sistema es independiente de cualquier estado, de bancos centrales y de las grandes empresas que maximizan beneficios. El sistema existirá en forma independiente de estas entidades, pero no interferirá con sus actividades. Es una nueva forma de capital simbólico, una nueva forma de organizar el dinero, el capital y la mano de obra que genera un trabajo remunerado para todos los que lo deseen y le permite a los grupos comunitarios acumular capital sin tomarlo prestado de los bancos o sin pedírselo al Estado.

Una manera de identificar los medios de producción es preguntando, ¿De qué son capaces las corporaciones globales que las familias y grupos comunitarios no son capaces de hacer? Las corporaciones globales son capaces de:

1. Reunir y organizar el trabajo de numerosas personas para alcanzar las metas específicas.

2. Acumular capital financiero para comprar los materiales, herramientas y mano de obra necesaria para completar los proyectos importantes.

3. Coordinar la experiencia, bases de conocimiento y el capital humano necesario para llevar a cabo grandes proyectos.

4. Gestionar los materiales y herramientas necesarias para completar grandes proyectos a través de una cadena de suministro global.

5. Influenciar la política y las instituciones políticas para promover los objetivos de la corporación.

El sistema alternativo que estoy proponiendo va a ser capaz de hacer todo lo que una corporación global puede hacer, y hacerlo de una manera auto-organizada y autofinanciada. ¿Cómo logrará el nuevo sistema poder hacer esto? Permitiendo la distribución mundial de los medios de producción, por lo que la propiedad de los motores de la creación de riqueza estará al alcance de todos los miembros de cada grupo.

Optimizamos lo que medimos

---

87 El principal atractivo que un sistema auto-organizativo como este necesita tener para poder arrancar es ofrecerle a los diversos participantes, la oportunidad de ahorrar costos de producción mediante el intercambio interno de bienes y servicios, de modo que ello no merme su capacidad productiva o sus ventas, para que de este modo puedan captar capital financiero del sistema complementario, es decir el gran océano económico que por algún tiempo seguirá siendo el sistema de la economía de mercados. El apoyo de semejante estructura colaborativa acelerará la capitalización de las empresas de estas comunidades, atrayendo nuevos miembros y enriqueciendo el comercio interno del nuevo sistema. En cierto punto, el sistema crece hasta alcanzar su masa crítica y el sistema de monedas del nuevo sistema se difunde a escalas mayores, de manera totalmente natural. (Nota Especial)

Un tipo específico de capital simbólico es lo que *elegimos para medir y cómo lo medimos*. Esto es crítico porque *optimizamos lo que medimos*. El proceso de seleccionar qué datos mediremos tiene consecuencias muy importantes.

Como regla general, cualquier salida que sea medida será recompensada.

Por ejemplo:

- Si las calificaciones de los alumnos se basan en la asistencia, la asistencia será alta.

- Si a los médicos se les dice que los niveles de colesterol son críticos y que el umbral de riesgo es de 200, se esforzarán en reducir el nivel de colesterol de sus pacientes por debajo de 200.

- Si el crecimiento medido por el producto interno bruto (PIB) es la medida de la prosperidad, entonces, los políticos perseguirán el objetivo de la expansión del PIB.

- Si el aumento del consumo es el componente clave del PIB, se le animará a ir de compras por un nuevo elemento cuando la economía se debilite, no importando si necesitamos el nuevo artículo o no.

- Si los beneficios netos se identifican como el principal impulsor de la recompensa individual, los empleados se esforzarán por aumentar las ganancias netas por cualquier medio disponible.

El problema con la selección de qué medir es que la selección puede generar incentivos contraproducentes. Este es el resultado de la habilidad altamente refinada de la humanidad en la evaluación de riesgo y rendimiento, y reconociendo la posibilidad de un golpe de suerte.

Cuando los seres humanos eran cazadores-recolectores (nuestro estado natural por más de 160.000 años, comparado con los apenas 5.000 años de agricultura), aquellos que buscaban frutos caídos del árbol, ricos en calorías, comían mejor (y tenían mayor descendencia que les sobrevivían) que aquellos que no conseguían estos alimentos. Las calorías eran escasas, y en el trabajo para encontrar comida quemaba una gran cantidad de calorías, por lo que el escenario ideal para el cazador-recolector era recoger frutos del suelo, que pudiesen obtenerse con un esfuerzo mínimo. En el mundo natural, tales alimentos de fácil recolección podían conseguirse, encontrando un pesado árbol con fruta madura que colgara bajo, o una colmena cargada con miel.

En una economía abstracta como la presente, optar por una recompensa como ésta, sin invertir demasiado esfuerzo, sería un golpe de suerte. Como resultado de ello, lo que se mide establece un incentivo incorporado para "trampear" el sistema (es decir, explotar atajos o engañar) para tener derecho a la recompensa con el menor esfuerzo posible.

- Si los estudiantes se califican por su asistencia, y la asistencia se mide solo al comienzo de la clase, los estudiantes que llegan temprano para luego irse a hurtadillas, conseguirán la recompensa de una buena calificación, sin el trabajo de atender a la clase completa.
- Si las calificaciones se miden por un examen de selección múltiple, los estudiantes que roban las respuestas tendrán una alta calificación sin tener que invertir el esfuerzo de aprender nada.

Compare estos umbrales relativamente fáciles de trampear contra otros escenarios donde es más difícil, tales como por ejemplo la composición de un examen donde las preguntas son seleccionadas en forma semi-aleatoria. Si las preguntas se eligen al comienzo mismo del examen y las respuestas deben ser resueltas dentro del lapso de prueba, es imposible preparar una respuesta (o pagar a alguien para responder) de antemano. Dado que las respuestas deben ser escritas con las propias manos de los estudiantes, hacer que otros respondan a las preguntas durante el lapso de prueba también es difícil, especialmente si el tiempo para realizar la prueba es breve.

Una vez que el tiempo y el esfuerzo necesarios para violar las reglas del sistema del examen superan la inversión necesaria para aprender el material, los incentivos se desplazan hacia el aprendizaje del material como el menor esfuerzo posible.

Observe que el costo de un sistema de medición de datos y de un método de hacer cumplir reglas se correlaciona con la eficacia del sistema. Cuanto mayor esfuerzo es invertido en la obtención de datos significativos y en la eliminación de las trampas, mayor será el valor de los datos de obtenidos.

En nuestro ejemplo, los métodos más sencillos para medir el desempeño de los estudiantes (la asistencia, y los exámenes de opción múltiple, etc.), hacen un trabajo muy pobre a la hora de la medición real del aprendizaje de los estudiantes. Para medir realmente el aprendizaje del estudiante se requiere hacer una inversión significativa en el proceso de observación y un cuidadoso análisis de las métricas para reflejar mejor el aprendizaje real del estudiante.

Hay una creciente insatisfacción en el campo de la economía con las medidas actuales de la actividad económica (PIB, desempleo, inflación y así sucesivamente). Esta insatisfacción refleja una creciente conciencia de que estas métricas existentes hacen un mal trabajo de observación de lo que en realidad fomenta la prosperidad sostenible y real.

¿Tiene sentido fomentar la expansión del consumo cuando los recursos son finitos y los incentivos para desperdiciar recursos en el consumo improductivo son tan altos?

Si medimos el rendimiento académico con la credencial de un título universitario, pero el proceso de ganar ese grado no mide o incluso no requiere el aprendizaje real del estudiante, entonces ¿qué estamos midiendo con diplomas universitarios? Lo que realmente estamos midiendo no es lo que los estudiantes aprendieron sino su capacidad para desplazarse por una burocracia académica durante cuatro años. Y puesto que no estamos midiendo ningún aprendizaje útil, no tenemos ningún mecanismo para hacer responsables a las universidades por su fracaso para enseñar habilidades útiles.

El éxito o el fracaso de cualquier sistema surge de nuestra elección sobre qué medir y qué umbrales vamos a premiar[88]. Independientemente de lo que seleccionamos para medir, los participantes optimizarán sus comportamientos para alcanzar estos límites y obtener las recompensas que incentivan. Así que si elegimos métricas contraproducentes, construiremos incentivos perversos en el sistema.

---

[88] De este modo, los parámetros de medición establecen los objetivos de cierta teoría de juegos dentro del sistema. Si se alcanzan resultados por encima o por debajo de cierto parámetro de medida, entonces el juego ha sido exitoso para ese cierto jugador. Sin embargo, nosotros sostenemos que un parámetro de medida para determinar si un sistema es o no exitoso, es determinando que puede suceder con el sistema si todos sus jugadores resultasen ganadores. Si el resultado es la desestabilización y posterior colapso del sistema, entonces el diseño ha sido insatisfactorio y hay que replantearlo. Un sistema que cumple con los parámetros de medios de producción descritos y que además sea sostenible y estable si todos sus jugadores ganan, es un sistema con un diseño exitoso. (Nota Especial)

En lugar de medir el crecimiento, ¿qué tal si medimos el bienestar de cada participante y las oportunidades que les ofrece su comunidad? ¿Y qué tal si medimos hacer más con menos, es decir, consumir menos y no más? ¿Qué pasa si nuestro principal parámetro de medida para el bienestar económico fuese aquella reducción de los insumos (recursos, mano de obra, capital, etc.) que da lugar a una mayor producción (aumento de la productividad y el bienestar)?

¿Cómo podemos identificar las métricas que miden el bienestar, la eficiencia, la sostenibilidad y la oportunidad? ¿Cuáles umbrales mínimos o máximos a alcanzar, crearán incentivos para la adopción de las mejores prácticas y de las tecnologías apropiadas?

Para crear un sistema sostenible que ofrezca oportunidades y trabajo remunerado para todos, debemos elegir primero las métricas que crearán incentivos para las mejores prácticas y medidas disuasorias para el parasitismo, el amiguismo, el despilfarro y el fraude.

¿Qué fomenta el sistema?

Hemos encontrado que las jerarquías centralizadas fomentan los privilegios que benefician a unos pocos a expensas de los muchos. También hemos encontrado que la maximización de la ganancia privada por cualquier medio posible incentiva el monopolio, la explotación, la mala inversión y destrucción del capital natural.

Entonces, ¿qué va a optimizar un sistema alternativo? Eso dependerá de aquello a lo que el sistema le dé prioridad.

Ningún sistema puede optimizar todo por igual. Siempre hay compensaciones.

- Si desea maximizar las ganancias, se deberá optimizar el control jerárquico y la obediencia.

- Si se quiere grupos descentralizados, de auto-organización, se deberá optimizar la innovación, la espontaneidad y las *oportunidades de aprender y de fracasar*. Cada uno de ellos es un aspecto ligeramente diferente de la misma dinámica: la innovación es intrínsecamente desordenada o espontánea y ofrece abundantes oportunidades para aprender y de errar.

Las compensaciones requieren compromisos en todo lo que no sea la máxima prioridad. Por ejemplo, ningún sistema puede optimizar tanto la innovación como la eficiencia, ya que la innovación en intrínsecamente arriesgada, desordenada e ineficiente: muchos de los pozos que se excavan estarán secos.

Entonces, ¿qué debe ser priorizado dentro del sistema alternativo para que este sea sostenible?

1. El sistema debe ser no estatal, es decir, operar independientemente del estado.

2. El sistema debe crear y distribuir su propio dinero y capital.

3. El sistema debe operar sus propias redes de distribución de información, bienes, servicios y capitales.

4. El sistema debe hacer que el costo de hacer trampa sea más alto que el costo del cumplimiento de sus normas. En otras palabras, las recompensas de cumplimiento deben ser altas y las sanciones por hacer trampa, aún mayores que los beneficios.

5. El sistema debe promover reglas simples, fácilmente medibles para todos los participantes.

6. El sistema debe permitir transacciones blindadas: el propio sistema debe ser digno de confianza, por lo que las transacciones no requieren que se confirme la fiabilidad de cada comprador / vendedor.

7. El sistema debe limitar la creación y protección de privilegios.

8. El sistema debe optimizar la innovación y la transparencia; en otras palabras, se debe optimizar la toma de riesgos, el desorden, y la oportunidad de aprender y perder.

9. El sistema debe optimizar la libre circulación de mano de obra, el capital y la información. La optimización de la elección y del movimiento optimiza el desorden y la oportunidad de aprender y fallar.

10. El sistema debe optimizar la formación de grupos de miembros auto-organizativos y la capacidad de la ampliación de la red para manejar miles de grupos de miembros.

11. El sistema debe generar incentivos para aquellos miembros y grupos que contribuyen en fortalecer al sistema entero, y desalentar a aquellos que lo podrían socavar.

12. El sistema debe optimizar el liderazgo y la innovación descentralizada; en lugar de establecer una jerarquía de liderazgos, el sistema debe permitir una mezcla dinámica de muchos líderes e innovadores en una variedad de configuraciones.

En resumen: el sistema debe crear y distribuir su propio capital, proporcionar un sistema inmune contra la infección mortal del privilegio, y fomentar el desorden de la innovación y la adaptación. Dicho sistema permitirá la formación de una óptima organización humana: en pequeñas comunidades, con grupos de auto-organización con opción a la membrecía, que comparten recursos e ideas mientras compiten para servir mejor a sus miembros y abordar las carencias acuciantes en su comunidad.

¿Qué es el dinero?

Todos sabemos lo que es el dinero, pero... ¿Realmente entendemos cómo funciona? No es tan fácil como se pueden imaginar, por lo que esta sección será un reto. Pero es esencial que entendamos que *de la manera en que el dinero sea creado y emitido, dependerá el modo en que se concentre la riqueza o se genera la pobreza*. En otras palabras, la pobreza no es solo la falta de dinero, sino el resultado de la forma en que el dinero es creado y emitido.

Si queremos proporcionar trabajo remunerado para todos, debemos diseñar un sistema para la creación y emisión de dinero en la que el trabajo para todos sea *la única salida posible del sistema*. El sistema actual no puede hacerlo, por razones que le son intrínsecos a la forma de cómo se crea y cómo se distribuye.

Si queremos dar trabajo a todos para aliviar la pobreza, debemos diseñar primero un sistema de dinero que produzca esta realidad.

Vamos a empezar nuestra exploración en la relación causal que existe entre el dinero y la pobreza con un experimento mental. Supongamos que todos podemos crear dinero simplemente con una impresora o copiadora convencional.

Si quisiese comprar una casa que está en venta, yo pudiera imprimir $100.000 y ofrecerle al vendedor esta excelente suma. Sin embargo, otro podría imprimir $1 millón. Yo podría contrarrestar con una oferta de $1 mil millones, y otro podría contrarrestar igualmente con $1 billón.

Podemos ver fácilmente con este ejercicio las consecuencias de tener cantidades ilimitadas de dinero disponibles para todo el mundo: el dinero pierde rápidamente su poder adquisitivo, lo que comúnmente llamamos inflación. Cuando el dinero pierde muy rápidamente su poder adquisitivo, se llama la *hiperinflación*.

Las sociedades tradicionales mantienen el valor del dinero eligiendo algo escaso como dinero: en los Himalayas que están muy distantes al mar, las conchas marinas fueron utilizadas como dinero, ya que su escasez relativa las hacía valiosas[89]. En el Pacífico Sur, los dientes de cachalote fueron utilizados como depósitos de valor. La escasez crea una *reserva de valor*.

El dinero tiene dos funciones básicas: *como reserva de valor* (es decir, mantiene su poder adquisitivo después de obtenerlo por medio del comercio de bienes y servicios) y es un *medio de intercambio*: tiene que haber suficiente en circulación para facilitar el intercambio de bienes y servicios.

Aunque estamos acostumbrados a que nuestra actual forma de dinero posea ambos roles, no hay ninguna razón por la cual cada función no pueda ser realizada por varios tipos distintos de dinero, es decir, un tipo de dinero para el intercambio y otro tipo de dinero como un depósito de valor.

---

[89] La escasez relativa de un material para acuñar moneda es útil para dificultar el plagio, de modo que si nos pagan con una concha de mar en la cima de una montaña tendremos buenas razones para pensar que la moneda es genuina. Este fue el principal objetivo en el uso de materiales escasos para la acuñación de moneda. Ahora, de este hecho se deriva la apreciación del valor de la concha de mar en la cima de una montaña. (Nota Especial)

Esto es precisamente lo que encontramos en el registro histórico, donde las letras de cambio, las cartas de crédito (en esencia, *dinero crediticio*) y los vales de papel emitidos por minoristas, así como otros medios efímeros, facilitaron el intercambio comercial, mientras que el oro, la plata u otros materiales escasos sirvieron como depósitos de valor.

La característica clave del dinero utilizado para el intercambio es que *siempre tiene un comprador final*. El vale es intrínsecamente un papel sin valor, emitido por un minorista, que puede servir como dinero porque a través de cientos de transacciones todo el mundo confía en que el emisor minorista aceptará dicho vale para redimirlo por a una cantidad establecida de mercancías.

Si este comprador final desaparece, también lo hace el valor del dinero.

Por esta razón, muchas personas han llegado a definir al dinero como *cualquier cosa que sea aceptado por el Estado como pago de impuestos*, ya que el estado es el *comprador final*: lo que sea aceptado como pago de impuestos será dinero. En los ejemplos históricos, esto ha variado de productos tales como sacos de granos hasta formas puramente simbólicas de dinero, tales como palos con muescas.

La confianza en un comprador final es la característica esencial de dinero. Cuando el oro y la plata eran escasos en la Europa pre-renacentista, las grandes ferias comerciales dependían de las notas de dinero promisorio de crédito, letras de cambio y cartas de crédito, cada una de las cuales podían ser utilizadas como dinero porque el comprador final (la figura que emitía el instrumento de crédito) era conocido y era de confianza.

Como antropólogo David Graeber estableció en su libro de *Deuda: los primeros 5.000 años*, que el dinero no surgió de la habitual suposición del trueque, sino del ascenso del intercambio basado en el crédito y la deuda registrada en las tablas de arcilla, con muescas en palos o pergaminos. El dinero simplifica el pago de la deuda, y por lo tanto cualquier cosa con un comprador final puede servir como dinero.

Esta comprensión de la forma en que históricamente era creado el dinero (a partir de emisiones de créditos) nos ayuda a entender cómo se crea y se emite el dinero hoy día. Aunque tendemos a pensar que el dinero se crea cuando los gobiernos acuñan monedas de oro o imprimen papel moneda y las ponen en circulación, esta no es toda la historia. Como lo ha descrito el economista Steve Keen (entre otros), el dinero se crea cuando los bancos prestan dinero, es decir, crean crédito, de la misma manera que los comerciantes del pre-renacimiento creaban dinero cuando emitían sus letras de cambio. Cuando se paga la letra de cambio y el préstamo bancario es pagado, el dinero desaparece del sistema.

Quizás esto parezca confuso pero debemos separar las dos funciones del dinero: es *un medio de intercambio* y es *depósito del valor*. Acostumbrados como estamos a que las monedas de oro y el papel moneda tenga ambas funciones, nos hemos olvidado de que una gran parte de nuestro dinero es dinero crediticio: el dinero físico real en circulación en los EE.UU. es de $1,4 billones, mientras que el producto interno bruto de la economía es $17 de billones de dólares y el PIB mundial es de $72 billones. El valor neto total de los hogares de Estados Unidos supera los $100 billones.

En los mercados de comercio del Renacimiento, el dinero se creaba cuando un comerciante vendía diez cajas de herramientas y aceptaba una letra de cambio de otro comerciante por la compra de las cajas. La característica más importante de estas operaciones era que *el dinero se creaba para que coincidiera con la expansión de bienes y servicios*. En otras palabras, aunque el dinero era creado de la nada en el sentido de que era un simple pedazo de papel, una vez que este pedazo de papel era firmado por ambas partes, se transformaba en dinero que podía ser utilizado en transacciones por muchos otros comerciantes en toda la feria y este dinero realmente se creaba como resultado de que *en efecto se habían producido diez cajas de herramientas y estas se habían lanzado al mercado donde se las podía colocar para la venta y negociar por un valor.*

En otras palabras, el dinero se expandió porque la producción se expandió.

Ahora compare esto con la forma moderna en que se crea el dinero. Si un constructor construye una casa nueva, éste produce valor que antes no existía: una pila de madera y otros materiales se han transformado en un refugio práctico.

El comprador de la casa por lo general tiene que pedir prestado el dinero para pagar por su nuevo hogar. El banco le presta al comprador el dinero mediante la emisión de una hipoteca. El banco no toma el dinero en efectivo de sus depósitos para financiar la hipoteca; en vez de ello, el banco tiene reservas en efectivo y si estas reservas son de $10,000, entonces puede emitir una hipoteca de $100,000 a través de préstamos de reserva fraccionaria. Los $100.000 son el nuevo dinero creado.

Una vez más, vemos que esta creación de dinero se alinea con la creación de bienes y servicios, en este ejemplo, una casa nueva.

Si un gobierno o banco central imprime dinero nuevo, y no hay un aumento correspondiente en la producción de sus bienes y servicios, este aumento de la oferta de dinero ocurre sin las ataduras de una economía real. Con el tiempo, este aumento de la oferta de dinero circulante reduce el poder adquisitivo del dinero, ya que la cantidad de dinero con el cual se pueden adquirir bienes y servicios supera a la producción real de bienes y servicios.

Llamamos a esta pérdida del poder de compra como: *inflación*, pero es en realidad una devaluación del dinero. Si solo se crea el dinero para que coincida con la expansión de bienes y servicios, la inflación resultante de la sobreproducción de dinero no puede ocurrir.

La dependencia de las antiguas ferias de comercio sobre el dinero crediticio ilustra otra característica importante del dinero que nos ayuda a distinguir entre las dos funciones del dinero como *medio de cambio* y *depósito de valor*. Un puñado de letras de cambio y pagarés podía permitir docenas de transacciones entre compradores y vendedores, sin necesidad de una sola moneda de oro u otra forma de *dinero de reservas*. Al final de la feria, todas las hojas de crédito se contaban y se rescindían, y la diferencia se pagaba en plata u oro.

El dinero de crédito podría haber permitido $1 millón en ventas o intercambios, y el resto tras la resolución del día de mercado; todas estas operaciones de crédito podrían haberse respaldado con solo unos $1.000 en monedas de oro. De esto se desprende que una enorme cantidad de comercio puede tramitarse sin necesidad de *"dinero duro"* o monedas de oro cambiando de manos, y la liquidación final de todas estas operaciones de la feria podrían redimirse con un puñado de *dinero de valor en depósito (o reservas)*, es decir, dinero que no se basa en la confianza que tenemos en un comprador final.

Este ejemplo de la historia nos muestra que el *dinero crediticio* tiene un *valor muy alto de utilidad*, o sea, es extremadamente útil y el dinero duro no es tan esencial como muchos parecen creer.

Otro ejemplo que la historia nos revela es un aspecto clave de la moneda de crédito y el dinero duro o de reservas. Cuando el imperio español conquistó América Central y América del Sur, ganó grandes cantidades de dinero (en plata y oro). Parecería obvio que esta enorme ganancia inesperada de nuevo dinero enriquecería en gran medida al Imperio, y, de hecho, el poder adquisitivo de esta nueva riqueza fue inmenso.

Pero el Imperio encontró que sus aspiraciones superaban este suministro de dinero duro, y por ello decidieron tomar más crédito de los banqueros holandeses y otros europeos. Con el tiempo las deudas excedieron la capacidad del Imperio para pagar el interés adeudado y el dinero duro fluyó hacia el norte, hacia los dueños del dinero de crédito.

El punto aquí es que la *posesión de valores de depósito o dinero de reservas* (en este caso el oro y plata de los españoles) *no fue garantía de solvencia*. El valor fluye hacia lo que es escaso y tiene demanda. Esto podría ser la tierra, la mano de obra o el crédito; cualquier cosa que tenga demanda debido a su *valor de utilidad*. Los mineros durante la fiebre del oro en California le dieron un alto valor a los huevos frescos, y el dinero fluía hacia ellos por su escasez y su valor de utilidad. El valor siempre fluye a lo que es escaso y que tenga demanda, y es importante diferenciar entre la demanda de dinero crediticio (medio de intercambio) y la del *dinero como depósito de valor o reservas*.

A pesar de que la escasez crea valor, el dinero como depósito de valores tiene un componente intrínsecamente simbólico. Las piedras Rai en la isla de Yap ofrecen un claro ejemplo de esta característica del dinero como depósito de valor. Las grandes piedras redondas (podrían tener cerca de 3,6 metros o 12 pies de diámetro) no se mueven físicamente de un propietario a otro a medida que cambian de manos; más bien, la propiedad se mantiene en los registros de historia oral. Una piedra Rai en el fondo de la laguna sirve su propósito como un *depósito de valor* igual de bien que aquella que esté al frente de la casa de sus propietarios. El valor de uso de una piedra Rai es esencialmente cero ya que no sirve a ningún propósito más que ser un marcador del valor almacenado, al igual que el valor de uso de una moneda de oro (qué función tiene el oro? Tal vez sirva como un pisapapeles, pero una piedra sin valor podría servir a este propósito igual de bien).

Este tercer atributo del dinero (más allá de su *valor simbólico* y su valor de utilidad) es a la vez misterioso y ambiguo. El dinero puede ser un indicador de nivel de estima, de responsabilidad ante la comunidad y muchas otras cosas más. Aunque el dinero moderno supone que es enteramente abstracto, esta no es una característica intrínseca del dinero; el dinero puede representar más que simplemente el valor del poder adquisitivo.

El dinero tiene un cuarto atributo que tendemos a dar por sentado: el dinero es una mercancía, y su valor (en otras formas de dinero y como bienes y servicios), se establece por la oferta y la demanda de esa forma específica de dinero.

Si decimos que el dinero tiene *valor*, tenemos que preguntarnos: ¿*valor medido en qué*? Aunque nos centramos en la capacidad del dinero para conservar su valor, el valor final de cualquier forma de dinero es su valor de cambio por los activos, los bienes y los servicios con *alto valor de utilidad*: activos que generan ingresos y bienes y servicios que nos son útiles.

Vamos a resumir lo que hemos descubierto acerca de los dos tipos de dinero.

1. Sus dos funciones, como medio de intercambio y depósito de valor no necesitan ser manifestados por un único tipo de dinero. Múltiples tipos de dinero pueden servir a ambas funciones en un mercado transparente, donde el valor de cada moneda es fijado por los compradores y vendedores.

2. El dinero crediticio funciona como medio de intercambio y también como depósito de valor, siempre y cuando exista la debida confianza en un comprador final del dinero.

3. El valor tradicional del dinero como *depósito de valor* no tiene ninguna utilidad real, es una función basada en la escasez y el valor simbólico[90].

4. La escasez solo crea valor si lo es escaso tiene demanda.

¿Qué es la demanda[91]? Son mercados de compradores y vendedores (ferias de comercio, las bolsas de intercambios abiertos), permiten la expresión de la demanda. En general, cualquier cosa que tenga valor de utilidad y que sea escaso tendrá demanda, y el dinero que se puede utilizar para comprar lo que *es escaso también estará en la demanda*.

En algunas circunstancias, el oro es escaso y altamente valorado. En otros casos, los huevos son más escasos que el oro.

El dinero solo es valioso si se puede cambiar por bienes y servicios. Si no existe un mercado de bienes y servicios, el oro ya no es dinero; su valor es meramente decorativo. Si existe un gran mercado de bienes y servicios, pero el oro es escaso (o dientes de ballena, o piedras Rai, etc.), entonces el dinero crediticio sirve como medio de intercambio, ya que tiene valor de uso y está en demanda.

El valor fluye a lo que es escaso y tiene demanda, y como resultado, los que controlan aquello que es escaso controlan la creación de valor y por lo tanto la riqueza.

Entonces, ¿quién controla la creación de valor? Esta pregunta apunta a la esencia del rol que juega el proceso de la creación del dinero en la pobreza.

En las antiguas ferias, dos comerciantes que intercambiaban una nota promisoria creaban dinero de crédito que podía ser utilizado por otros comerciantes en la feria como medio de cambio de otros productos. El valor de la nota se basaba en la confianza que el comerciante cumpliría su promesa de pagar la nota al final de la feria. En efecto, el comerciante prometía ser el comprador final del dinero crediticio.

Tenga en cuenta que aquí no había un estado central o banco que emitiera dinero crediticio. Era un mecanismo descentralizado y basado en el mercado; su valor residía en el conocimiento de los comerciantes que crearon el dinero crediticio. *Su reputación se acreditaba en el papel como dinero.* Esto ilustra el papel crítico que tiene la acreditación o reputación y la confianza en la creación de la moneda de crédito.

Consideremos ahora la forma en que el moderno mecanismo de creación de dinero se limita a los bancos centrales y privados. Todos los beneficios de la creación del dinero (las tasas de transacción de

---

[90] Ni tan simbólico. Su escasez tenía una utilidad, como ya lo hemos mencionado: previene la falsificación. Problema que se lograba resolver muy bien con el papel (que ya no era escaso), cuando el mismo se perfeccionó. (Nota Especial)

[91] La demanda también puede entenderse como todo aquello que la gente quiere obtener y cuando se congregan en un mercado, al pujar por su obtención establecen la creación de la oferta: gente dispuesta a darle a los demás lo que quieren a cambio de un precio. La demanda nos ayuda también a generalizar el concepto de "necesidades", ya que en términos generales se puede establecer con objetividad lo que la gente quiere (demanda), pero determinar si lo que la gente quiere, "realmente" lo necesita, ya reviste de un carácter político. (Nota Especial)

crédito y los intereses) circulan hacia los bancos. Aquellos quienes tienen acceso al dinero de bajo costo emitido por el banco central pueden prestar este dinero a un interés más alto, o utilizarlo para comprar activos que producen ingresos. Quien solo ahorra dinero por medio de un ingreso ganado, jamás podrá competir con alguien que tiene *el privilegio* de acceder al dinero crediticio de bajo costo que ofrece el banco central.

Si seguimos esta lógica, hay que concluir que *el monopolio de la creación y emisión de dinero necesariamente crea una gran desigualdad en la distribución de la riqueza*, del mismo modo que aquellos que tienen acceso al dinero de nueva emisión, siempre pueden superar la oferta de aquellos que no tienen este poder para comprar los motores de la creación de riqueza.

El control de la emisión del dinero es poder, y también lo es el acceso al crédito de bajo costo. Las personas con acceso a créditos de bajo costo tienen el monopolio más valioso como es el de poder crear el dinero crediticio.

Esta realidad ha llevado a muchos a ver la solución en la erradicación de la moneda de crédito a favor de dinero respaldado por oro, el llamado dinero duro que no puede ser creado de la nada. Pero como lo he demostrado, el dinero crediticio tiene dos características esenciales que no comparte con el dinero respaldado por oro:

1. La capacidad de crear dinero de crédito puede ser descentralizada; no necesita estar en manos de una autoridad central.

2. *El dinero como medio de intercambio* se pueden crear en conjunto con la expansión de bienes y servicios. Esto le da un *valor de utilidad* mucho mayor al del valor oro o de la plata cuyos valores intrínsecos como *reserva de valor* son necesariamente escasos y no sujetos a una expansión controlable.

El problema con el dinero crediticio no es su naturaleza (basada en la confianza que se pueda tener en un comprador final), sino su actual emisión centralizada a manos de un monopolio[92].

La clave del éxito de la moneda crediticia emitida en la feria de comercio fue que se *creó solo cuando el suministro de bienes y servicios se expandió*. El suministro de dinero crediticio nunca fue infinito en las antiguas ferias comerciales; más bien, estaba estrictamente limitado por la cantidad de bienes y servicios que se intercambian.

Dado que el valor fluye a lo que es escaso y tiene demanda, el oro fluirá a los ricos que *controlan la creación del valor en la economía*. En un sistema de dinero crediticio, la riqueza fluirá a aquellos que crean el dinero crediticio y los que tienen acceso al dinero crediticio a bajo costo, ya que pueden superar la oferta de los compradores en efectivo para conseguir los activos generadores de renta, es decir, *los motores de la creación de valor*.

Ahora entendemos por qué el actual sistema de creación y distribución de dinero crediticio genera la pobreza como *su única salida posible*, ya que los más cercanos a la cima pueden comprar el control de la

---

[92] Esto quiere decir que el dinero crediticio no puede ser redimido por sus usuarios, los comerciantes de esta gran feria que llamamos la economía de mercados, sino únicamente por la banca central o comercial. En consecuencia, no puede existir un comprador final que nos entregue una mercancía a cambio de la cual la letra se desincorpore o se queme. El comprador final sólo puede ser el Estado quien nos da a cambio del billete la exoneración de impuestos o bien la banca que nos da a cambio la cancelación de una deuda, mecanismos ambos que le son inútiles al fomento del intercambio comercial y a la creación del valor, desligados de la cantidad de existencias de bienes y servicios y por ende termina generando presión inflacionaria. (Nota Especial)

creación del valor. Y esto no puede ser reformado usando más regulaciones; es intrínseco a la creación y distribución de dinero crediticio centralizado.

Para que la creación de dinero no genere una gran desigualdad de riqueza, la capacidad de crear dinero debe ser descentralizada, y *el nuevo dinero debe ser distribuido a todos aquellos que están produciendo bienes y servicios*.

Ahora podemos ver que para que la moneda crediticia pueda servir a ambas funciones del dinero (como medio de intercambio y como depósito de valor) ésta debe ser emitida solo con la expansión de los bienes y servicios[93].

Esto nos lleva a la siguiente pregunta: ¿quiénes son los obvios compradores finales en la economía del dinero crediticio? En términos prácticos, *una demanda permanente puede reemplazar al comprador final, y una escasez relativa* (es decir, una oferta de dinero que no sea superior a la expansión de bienes y servicios) puede impulsar una demanda permanente.

Hay varias mercados de demanda permanente:

1. Los deudores que necesitan dinero para pagar sus deudas.

2. Las personas con bienes o servicios excedentes que quieren intercambiarlos por dinero.

3. Aquellos que tratan de pedir dinero prestado para comprar activos.

4. Los que buscan los atributos simbólicos de dinero: el estatus, la autoestima, etc.

De acuerdo con Graeber, el registro antropológico sugiere que el dinero apareció para facilitar el pago de la deuda, por lo que podemos asumir que los deudores constituyen una fuente de demanda.

Aunque los prestamistas pueden también preferir oro, piedras Rai, etc., si la elección es recibir dinero crediticio o nada, los prestamistas aceptarán el dinero crediticio.

Los que tienen excedentes en su capacidad productiva, necesitan canjear sus bienes y servicios excedentarios por la oferta excedente de dinero con el fin de hacer corresponder los valores de ambos beneficios. Una vez más, los que tienen excedentes de mercancías, servicios y tiempo pueden preferir oro, dientes de ballena, o similares, pero si hay que elegir entre la moneda crediticia o nada, siempre habrá quienes acepten el dinero crediticio.

La magia del crédito es que al tomar prestado el valor de los ingresos del futuro, un activo productivo que va a generar dichos ingresos que paguen la deuda en los próximos años, puede adquirirse hoy mismo. Solo por esta razón, siempre habrá una demanda de dinero prestado.

Los activos que aumentan la productividad por lo general se fabrican, y como resultado, son los excedentes de mercancías de los productores. Si yo fabrico prensas de aceite vegetal, y lo hago de manera eficiente, voy a tener un superávit de prensas y necesitaré cambiar algunas por dinero. Si un comprador no tiene el dinero en efectivo, pero puede pedir prestado el dinero, su necesidad de pedir prestado y mi necesidad de intercambiar mis bienes excedentes crean la demanda para el dinero crediticio.

---

[93] Del mismo modo, el dinero crediticio deberá ser desincorporado cuando ocurra alguna contracción de los bienes y servicios por cualquier causa. (Nota Especial)

Los seres humanos, siendo primates, construyeron elaboradas estructuras sociales de estatus y poder. Como resultado, algunas personas tratarán de obtener más dinero de lo que necesitan por simple bienestar. En muchos casos, el estatus se obtiene al compartir el dinero con partidarios o la comunidad en general. A diferencia del modelo de acumular metales preciosos como riqueza no utilizada, el establecimiento del estatus y del poder requiere no solo de la adquisición de ese dinero, sino también del gastarlo de manera que beneficie al grupo con quien deseamos resarcir nuestra reputación.

La escasez y la demanda crean valor. Si hay un gran mercado para mis bienes y servicios excedentes, y una demanda permanente por el dinero que recibo por mi excedente, entonces la escasez queda localizada: una relativa abundancia de dinero crediticio causará una afluencia de dinero hacia cualquier bien, servicio o crédito que sea escaso. No importa en donde exista la abundancia, ya sea de bienes o de servicios, estos atraerán el dinero crediticio desde aquellos lugares en donde estos bienes y servicios sean escasos. Los requisitos principales de este sistema son: intercambio abierto de ideas, conocimiento, bienes, servicios y dinero descentralizado que solo se emite cuando se crean nuevos bienes y servicios.

Un experimento mental sobre la emisión de dinero

Imaginemos un pequeño reino montañoso con solo diez conchas marinas en circulación altamente escasas y por lo tanto de gran valor como dinero. Estas pocas conchas son ciertamente valiosas en términos de escasez, pero no hay suficiente de ellas para que actúen como un medio de intercambio.

Una solución a este innato problema de la escasez (el dinero tiene que ser lo suficientemente escaso como para retener su valor, pero no tan escaso como para que el comercio se estanque) el reino decide emitir 100 bostas secas y selladas de ganado por cada concha que exista[94], cada bosta representará 1/100 del valor de la cáscara marina. Ahora hay suficiente dinero en circulación para facilitar el comercio y cada bosta conserva un valor de reserva igual a 1/100 de una concha. Así los mojones secos son dinero, es decir, moneda.

Este sistema funciona bien, pero los gobernantes del reino aspiran a consumir más bienes y servicios que aquellos que su dinero de concha pueda comprar. Los líderes del reino preparan entonces otras 100 bostas de ganado sin necesidad de adquirir una nueva carcasa para respaldar estos nuevos mojones con algún objeto que tenga valor intrínseco. Nadie parece darse cuenta, por lo que los líderes secan y sellan otros 100 mojones más. Tenga en cuenta que el reino no produjo más bienes ni más servicios; sus líderes simplemente han fabricado más monedas.

Eventualmente este exceso de mojones reduce el valor que cada pieza artesanal en circulación posee. Lo que una vez costaba 10 mojones ahora cuesta 20. Esta reducción en el *poder adquisitivo de la moneda* se llama inflación, ya que el precio de los bienes se incrementa si se infla la oferta de dinero, mientras que la producción de bienes y servicios se mantiene inalterada.

---

[94] El autor hace referencia a 100 notas de papel. Pero para ser más fieles a la historia (ya que en el antiguo Tíbet el papel no existía), recordemos que los antiguos pobladores del Tíbet usaban la bosta de su ganado (ganado conocido como el "yak") como leña y combustible para darse calor en las frías noches de montaña. Del mismo modo, este estiércol era muy apreciado y se utilizaba también como moneda, y como es de esperarse, no era tan escaso como para estancar el comercio. Una nota curiosa: http://richtopia.com/smart-investing/money/short-history-money-cow-dung-bitcoins (Nota Especial)

A continuación vamos a suponer que los líderes del reino evitan caer en la tentación de ampliar su consumo mediante el disecado de más estiércol. A medida que el reino amplía su producción de bienes y servicios, los originales 1.000 mojones ya no son suficientes para facilitar el comercio: carentes de dinero, las personas se apoyan en la torpe alternativa del trueque de bienes y servicios o la emisión de promesas de crédito, con bostas de ganado hechas por los propios aldeanos.

El poder de compra del dinero existente podría también aumentar debido al desequilibrio entre la demanda de dinero (alta) y la alimentación (limitada); así que lo que un día costaba 10 mojones ahora solo cuesta 5.

Tenga en cuenta que ahora el valor de cada mojón se ha separado del valor subyacente de la concha marina. No es la escasez de la concha marina lo que está creando el valor del mojón, es *la escasez de mojón como moneda lo que está creando el valor del mismo.*

El reino puede responder a esta escasez mediante la emisión de más estiércol reseco. Si el reino solo diseca una suma de monedas que iguale con precisión el incremento de sus bienes y servicios producidos, la demanda seguirá siendo alta y el valor del dinero se mantendrá estable también.

Pero esta separación del valor del estiércol reseco del valor subyacente a las escasas conchas marinas preocupa a algunos en el reino, y proponen que el reino pida prestado diez conchas de otros reinos aledaños y se les pague el interés por el préstamo de dichas conchas. En efecto, el dinero está siendo creado mediante un préstamo: el reino toma prestadas diez conchas marinas y emite 1.000 nuevas piezas de estiércol que están plenamente respaldadas por las nuevas conchas de mar. Pero el reino tiene que pagar intereses sobre su préstamo.

Uno de los consejeros tiene una idea: Y si en lugar de realmente tomar prestadas unas conchas a un reino foráneo, no creamos más bien dinero mediante *promesas* de pagar intereses a cambio de cierta cantidad de estiércol prestado? ¿Por qué molestarnos con conchas marinas cuando la única transacción que se necesita es el pago de intereses sobre el dinero recién creado?

De este modo, el Reino vende diez promesas[95] (lo que conocemos como un bono) a sus compradores a cambio de recibir intereses, al igual que si se hubieran prestado al reino una valiosa concha. El nuevo dinero no está respaldado ya por las conchas de ninguna manera; está respaldado ahora por la promesa del pago de intereses sobre los bonos. El reino vende los diez bonos originales y emite 10 bonos más. Ahora el dinero del reino no está respaldado por ningún objeto de valor intrínseco; está respaldado en su totalidad por la promesa del reino de pagar intereses sobre los bonos.

Si el reino es prudente y solo emite suficiente dinero para que coincida con un aumento en la producción de bienes y servicios, la demanda de dinero se mantendrá en línea con el suministro y el dinero va a conservar su valor.

En vista de ello, el dinero del reino no tiene valor intrínseco en absoluto; pero si seguimos el ejemplo de cerca, vemos que el dinero es a la vez un depósito de valor y un medio de intercambio, y su valor (cuando

---

[95] Promesas que pueden ser representadas mediante artesanías de conchas de mar, fabricadas en estiércol reseco. Obviamente estas promesas deben ser vendidas a reinos foráneos, puesto que si las venden a cambio de obleas de estiércol locales, lo único que lograrían es contraer la oferta monetaria del reino y agravar la amenaza de una deflación. (Nota Especial).

se pagan en conchas, bienes o servicios) fluctúa con la oferta y la demanda. Los mojones de estiércol reseco de éste reino, cumplen con todas las funciones que el dinero debe tener.

Cuando el reino crea dinero a partir de préstamos, el dinero retiene su valor, siempre y cuando el reino solo haya emitido el nuevo dinero para que coincida con la demanda de dinero que nace de la expansión de la producción y el comercio. En otras palabras, la oferta de dinero debe aumentar en paralelo con la expansión de la producción de la economía real de bienes y servicios.

El hecho de que el reino tenga que pagar intereses sobre el dinero de nueva emisión crea un costo para la emisión de dinero nuevo que con el tiempo limitará qué tanto dinero se podrá crear. La creación de demasiado dinero no solo reduciría su poder adquisitivo, sino que el tesoro del reino sería consumido por el pago de los intereses de los nuevos bonos emitidos.

Esto plantea un punto muy interesante: cuando en el reino se crea más dinero solo para que coincida con la expansión de la producción de bienes y servicios del mundo real, no importa que el nuevo dinero no esté respaldado por conchas o bonos; *la demanda de dinero por sí solo mantendrá su poder adquisitivo*. No habrá necesidad de respaldar el nuevo dinero emitido con conchas escasas o con bonos que devenguen intereses.

El economista Paul Samuelson observó que "el dinero es una invención social". En otras palabras, el dinero existe para servir a una función social, para facilitar el intercambio y la producción de bienes y servicios para el beneficio de todos los participantes en la economía. Si la oferta de dinero se conecta con la demanda generada por la producción y el comercio de bienes y servicios, entonces el dinero no necesitará de ningún respaldo en oro, conchas o bonos que devenguen intereses.

El valor social del dinero

La idea de que el dinero tiene una cualidad que depende de su función y no solo de su cualidad de ser poseído[96], una cualidad dual que le permite servir a su dueño como reservorio de valor o riqueza o bien servir a fines sociales, es una idea ajena a nuestra actual visión de que el dinero es *ontológicamente amoral* y funciona como un depósito de valor, medio de intercambio y como representante del poder. La idea de que la cualidad social del dinero solo está presente si el dinero cumple en efecto una función social, ni siquiera es comprensible en el actual sistema mundial.

¿Pero no es evidente por sí mismo que el dinero acumulando polvo en la bóveda de un potentado tiene una cualidad y función que es bastante diferente al dinero creado por un banco para ser prestado con intereses, y que estos dos tipos de dinero son bastante diferentes del dinero creado por la producción de bienes y servicios en una comunidad?

Lo que propongo no es solo una nueva forma de crear y distribuir el dinero, sino también una nueva manera de entender al dinero, en el que la *cualidad del dinero se define por su función social*: la forma en que se crea y se distribuye, el papel que desempeña en el que permite el comercio de bienes y servicios y la

---

[96] El dinero tiene tres reglas básicas en cuanto a su posesión:
1°.- El dinero debe pertenecer a un dueño, pues de lo contrario, sólo se trataría de un activo.
2°.- El dinero debe haber sido recibido de manos de alguien diferente a su dueño, pues de lo contrario sería dinero falso.
3°.- El dinero debe ser aceptado como pago por terceras personas, pues de lo contrario, no tiene valor. (Nota Especial)

acumulación de capital. El objetivo social de este nuevo dinero es para servir a la comunidad y los que trabajan en nombre de la comunidad. Este nuevo dinero no es amoral; tiene un papel explícitamente moral y de propósito. Del mismo modo que la mano de obra final involucra mucho más que el trabajo pagado (como se señaló anteriormente, "*El trabajo es virtuoso si ayuda a los demás*"), el dinero con una cualidad social permite una mano de obra virtuosa para construir capital y servir a la comunidad.

El dinero creado para servir a una función social, explícitamente no tiene ningún propósito o sentido si solo está recogiendo polvo en la bóveda de un potentado. Este tipo de dinero no puede ser creado por entes financieros para la especulación, por lo que no le servirá a los intereses de los ricos y poderosos.

Como se señaló anteriormente, el dinero es una invención social. El actual sistema mundial es ciego al valor social del dinero, ya que se debe ser ciego: el reconocimiento público de que el dinero podría desempeñar una función social, en lugar de solo concentrar la riqueza en manos de unos pocos que están cerca de la cima del poder, resquebrajaría completamente el actual sistema mundial.

De lo abstracto a lo individual

Es fácil perder de vista al individuo al discutir sobre las abstracciones tales como la creación del dinero. Pero son estas abstracciones las que generan la realidad cotidiana de la pobreza y la de los desposeídos (o la derrota social). *Esta experiencia cotidiana es el resultado de las abstracciones institucionalizadas de la corriente del sistema mundial, es decir, la forma actual de la creación y distribución de dinero.* Si queremos generar otra realidad más productiva, hay que rediseñar los sistemas que generen una experiencia cotidiana: para cambiar los resultados, hay que cambiar las entradas y las reglas abstractas del sistema.

Hemos explorado las bases conceptuales de un nuevo sistema. Ahora vamos a describir los motores de ese sistema, y darle un nombre: *Economía Monetaria Integrada al Trabajo Comunitario* (CLIME por sus siglas en inglés).

SECCIÓN III: Los motores de un nuevo sistema

Capítulo siete: La economía monetaria integrada al trabajo comunitario

Hemos identificado las causas estructurales del desempleo y la pobreza:

1. Los salarios que se pagan por mano de obra, están en declive estructural como resultado de la aparición de la automatización.

2. A medida que las ganancias y los salarios disminuyen y los rendimientos del financiamiento decrecen, el estado no puede permitirse el lujo de sustituir el empleo del sector privado por puestos de trabajos financiados por el Estado.

3. La emisión centralizada de dinero, centraliza la riqueza, lo que genera desigualdad sistémica.

4. El poder político centralizado concentra la riqueza e institucionaliza el riesgo moral. Los pocos en la parte superior de la pirámide del poder y la riqueza se benefician a expensas de los muchos.

El actual sistema mundial es una jerarquía especializada en la creación y distribución del dinero, en el poder político, y enfocada en los incentivos para maximizar las ganancias privadas. La comunidad no tiene ningún papel económico significativo en este sistema mundial. No solo es una jerarquía intrínsecamente incapaz de crear puestos de trabajo para aliviar la pobreza, sino que no puede sostenerse por sí misma a medida que día a día disminuyen los rendimientos de la centralización, el financiamiento y la explotación de los recursos naturales. *La pobreza y la desigualdad son las únicas salidas posibles en este sistema.* El actual sistema mundial genera pobreza no por casualidad o por error, sino como resultado de su estructura, es decir, se trata de un sistema que mutuamente está reforzando estructuras de mercados, gobiernos y jerarquías monetarias totalmente centralizadas, con sus respectivas estructuras del privilegio.

Para crear trabajo remunerado para todos, hay que establecer una nueva relación descentralizada entre el dinero, el poder, los mercados, la comunidad y el trabajo. Yo llamo a este sistema la *Economía Monetaria Integrada al Trabajo Comunitario (CLIME)*. Aunque la tecnología para construir este sistema ya existe, el capital simbólico e intelectual necesario no existe aún.

Esta sección 3 describe dicha estructura organizativa.

Dado que el sistema CLIME no existe todavía, deberíamos referirnos a él en tiempo futuro. Pero hacer esto me parece incómodo, por lo que me anima mucho más el describirlo en tiempo presente, dando a entender que se trata de una construcción que puede conformar un sistema real en el mundo, pero que existe en forma teórica y aún no ha sido concretada.

Las bases de CLIME Las tecnologías escalables basadas en la red

Muchos lectores pueden asumir que un sistema global como CLIME es inalcanzable, es decir, es un sistema cuya implementación y operaciones son muy costosas. Pero esta suposición es incorrecta. Actualmente existen muchos modelos de sistemas basados en la red que son escalables y de bajo costo con alcance global:

1. Gestión de sistemas globales para el sector privado sin fines de lucro: ICANN (por sus siglas en inglés, es la corporación de Internet destinada a la asignación de nombres y números a direcciones IP) y la Fundación Linux.

2. El mercado privado para la compra y venta de bienes y servicios entre usuarios: Craigslist.

3. El sistema privado de calificación de empresas e ideas de emprendimiento: Yelp

4. La moneda global sin gobierno: Bitcoin.

La base técnica de CLIME se fundamenta en cinco motores de software integrados (descritas a continuación) que permiten: la constitución de nuevos grupos de la comunidad CLIME, la acreditación de los miembros, una cripto-moneda (Largent), cámara de compensación para las transacciones, y un mercado global de bienes y servicios[97].

En efecto, CLIME se limita a recopilar los cuatro modelos existentes mencionados anteriormente:

1. Un sistema de gestión de red a nivel global que se constituye sin fines de lucro.

2. Un mercado de compra y venta, automatizado para los miembros.

3. Un sistema de acreditación y clasificación.

4. Una criptomoneda global.

Quiero enfatizar que ya existen estos sistemas y son utilizados por *millones de personas todos los días*. Todo lo que CLIME necesita ya existe en alguna forma hoy día.

Dado que el sistema CLIME puede administrarse y codificarse en data meramente textual, la cantidad de memoria digital requerida por los cinco motores de software es muy modesta para los estándares actuales.

El número de personas necesarias para operar este tipo de sistemas automatizados en su mayoría es igualmente modesto[98]. Craigslist es administrado por un puñado de personas. Twitter alcanzó una audiencia global con menos de 200 empleados. Estos ejemplos muestran que los sistemas automatizados, escalables, basados en la Web requieren muy pocas personas (en comparación con la base de usuarios) y una potencia de cálculo modesta.

---

[97] En nuestra propuesta independiente basada en protocolos de sinergia, la organización de comunidades se sustenta en cinco tipos especiales de grupos de nodos operando en comunidades autónomas descentralizadas o anillos. Se corresponden con exactitud a estos motores de las comunidades CLIME. Se necesita una instancia donde el usuario pueda ingresar, incluirse en la comunidad y recibir reputación: *Anillos de Registro*. Se necesita una instancia donde usuarios y empresas certifiquen sus capacidades y habilidades a ser ofrecidas a la comunidad, de modo que no dependan de acreditaciones o titularidades foráneas o burocráticas: *Anillos de Certificación*. Se necesita una instancia donde las ofertas y demandas de la comunidad sean "mapeadas" y los bienes y servicios sean avaluados en baremos de precios: *Los Anillos Logísticos*. Se necesitan comunidades dedicadas a la incubación de nuevas empresas, la cual es la actividad generadora de nueva riqueza: *Los Anillos de Planificación*; y finalmente se requiere una red descentralizada que verifique las transacciones monetarias que la comunidad lleve a cabo con su propio dinero, emitido y acuñado por estas mismas comunidades: *Los Anillos Maestros*. El lector puede conocer nuestro artículo original que propone este sistema con base a una plataforma de monedas digitales en el Apéndice I. (Nota Especial).

[98] Hoy día las criptodivisas son "administradas" completa y absolutamente por robots: Son comunidades autónomas descentralizadas. Los dueños de estos servidores que deben ocasionalmente hacerles mantenimiento, reciben una generosa recompensa hoy día conocida como "minería". Si las criptodivisas se centralizaran, muy pocas personas serían necesarias para darles mantenimiento. (Nota Especial).

El sistema CLIME está distribuido, lo que significa que una multitud de servidores locales almacenan los datos de los diversos grupos de la comunidad a la vez que manejan el mismo software a nivel mundial. El sistema no requiere superordenadores o que los tiempos de respuesta sean súper rápidos. El requisito principal del sistema es que sea accesible por todos los usuarios a través de la red de telefonía usando un teléfono inteligente o a través de una computadora mediante la Internet.

CLIME es un sistema descentralizado - distribuido, lo que significa que es escalable. CLIME debe poder expandirse de 100 grupos a 100.000 grupos por un mínimo costo centralizado, ya que cada grupo aporta su propio servidor. Cada nuevo grupo aporta una pequeña cantidad de sus ingresos para el mantenimiento del sistema global[99].

El punto aquí no es descontar la complejidad o el costo de desarrollo de los cinco motores de software integrados; el punto es poner en contexto el costo de este sistema en comparación con las infraestructuras inmensamente costosas, tales como el sistema global para la extracción, el procesamiento y la entrega de los combustibles fósiles.

Los cinco motores de software y la potencia de cálculo necesarios para ejecutarla costarían una pequeña fracción de lo que actualmente se gasta en programas contra la pobreza a nivel mundial. Según un cálculo aproximado, solo un 1% del dinero gastado en la actualidad para aliviar la pobreza cada año, sería más que suficiente para financiar la construcción y puesta en marcha de CLIME.

Debido a que CLIME emite su propia moneda, es de autofinanciación después de la puesta en marcha de sus cinco motores principales de software.

Los cinco motores de software de CLIME

La infraestructura global de CLIME se compone de cinco motores de software relacionados entre sí:

1. Organización comunitaria.

2. Acreditación, verificación y clasificación por y para los miembros.

3. Emisión, distribución y gestión de una criptodivisa propia.

4. Un sistema de intercambio y mercado global de bienes y servicios e información producidos por individuos y grupos de la comunidad.

5. Un sistema de cámara de compensación de transacciones para la divisa del sistema CLIME (es decir, el Largent).

---

[99] De hecho no es necesario que un sistema completamente distribuido (una vez que supera por completo cualquier etapa de centralización), necesite de micro-pagos provenientes de los bolsillos de los usuarios para poder funcionar, ya que el servicio que este sistema presta, puede crear dinero crediticio respaldado con la misma oferta de soluciones y servicios que la plataforma ofrece. (Nota Especial)

La codificación y la gestión del software se basan en el modelo de código abierto de Linux, en el que el desarrollo de versiones privadas con fines de lucro, que utilizan el mismo principio de código abierto, compiten con las versiones libres[100].

La acreditación y la distribución de *Largent* se lleva a cabo por los servidores y el software distribuidos globalmente. La plantilla de la organización comunitaria es accesible por cualquiera que quiera poner en marcha una organización comunitaria acreditada.

Estos motores de software formalizan los cinco procesos esenciales de CLIME:

1. Establecer grupos comunitarios democráticamente gestionados que siguen procedimientos para priorizar las necesidades locales y abordar estas necesidades, conforme a las mejores prácticas[101].

2. Acreditar el cumplimiento de cada grupo con las reglas de gobierno; acreditar el trabajo de cada miembro para que los pagos se puedan emitir.

3. Emitir la moneda CLIME (Largent) y los pagos basados en el cumplimiento y acreditación de los grupos y miembros, y operar los sistemas de detección de fraude.

4. Mantener un mercado global transparente de bienes y servicios publicados en Largent, compuesto por todos los grupos de la comunidad y sus miembros acreditados.

5. Activar el pago o liquidación de la deuda en Largent en forma digital, por medio de la telefonía móvil y/o la red.

La característica clave de estos cinco motores de enclavamiento logístico por software, es que están automatizados. Las decisiones pueden ser impugnadas y revisadas por los miembros que han sido calificados para servir en los paneles de auditorías y apelaciones, pero la distribución de la moneda digital y los procesos de detección de fraude están automatizados. Esto reduce el costo de funcionamiento del sistema y reduce las oportunidades de sesgo humano para distorsionar el proceso.

El sistema CLIME es administrado por una organización del mismo estilo que ICANN, conformada por voluntarios sin ningún interés financiero en el sistema más allá que la simple remuneración por su trabajo de mantener el sistema.

---

[100] Puede demostrarse que el paradigma de mantener oculto un código de programación con el fin de obtener lucro de la venta e implementación del software como producto, es totalmente absurdo. Conforme se avanza en la accesibilidad de mejores niveles de tecnología, es cada vez más sencillo decodificar y editar cualquier software y explotarlo de manera libre. El paradigma del "copyright" o mantener privado el "derecho de copiar" es una aspiración absurda si no se quiere caer en medidas propias de un estado totalitario y abusivamente represivo. Estamos plenamente conscientes de que los desarrolladores y los programadores (así como las empresas de software) merecen un pago por sus servicios. Pero aquí el problema es la estructura monetaria a través de la cual se pretende reivindicar los honorarios del programador: una estructura monetaria centralizada en la que las personas no tenemos ni voz ni voto, ni participación, tiene un costo de acceso prohibitivo. No podemos pagar por el código, simplemente porque se nos ha privado del derecho de crear nuestro propio dinero. En un paradigma monetario diferente, la misma comunidad estaría gustosa de pagar y reconocer al programador (al artista, al escritor, etc.) por sus obras digitales y sus regalías. No sería entonces necesario "ocultar" el código, cosa que eventualmente se hará imposible de hacer. Sólo será necesario que el autor reivindique sus derechos mediante "acciones" o fichas que demuestren mediante algoritmos criptográficos que ellos tienen derechos sobre las ventas o sobre el provecho de ciertos productos que han llegado a existir gracias a su labor y esfuerzo, derechos por demás aprobados y reconocidos por sus comunidades. Es necesario pues, reinventar el concepto de "derechos de autor" en comunidades de economías colaborativas. (Nota Especial)

[101] Este tipo de grupos ya se encuentran en etapas de experimentación. Una de estas comunidades, muy famosas es la Cooperativa Integral Catalana, fundada por Enric Duran (El Robin Hood Gallego) quien obtuvo un oneroso crédito bancario y lo regaló a los pobres) las cuales se han concentrado en socializar la propiedad privada. (Nota Especial)

El único principio rector es que siempre debe haber una versión libre de cada motor de software, para que ninguna empresa privada pueda establecer un monopolio.

La estructura básica de CLIME

La creación de empleos para todos debe ser *la única salida posible* de la estructura CLIME. Dado que las causas fundamentales de la pobreza son la falta de trabajo remunerado y seguro además de una escasez de oportunidades de construir el capital, CLIME debe ofrecer un trabajo remunerado seguro y oportunidades para construir el capital para todos los que elijan seguir las simples reglas de su membresía.

Hemos establecido que cualquier sistema se compone de tres partes: las entradas o suministros, conjuntos de procesos o de reglas, y las salidas o resultados.

La entrada en CLIME es el trabajo humano realizado en nombre de la comunidad local. Aunque parece obvio que el trabajo es la entrada, hay múltiples dinámicas en esta sencilla entrada.

El trabajo físico puede que sea todo lo que pueda ofrecer una persona pobre; su tiempo y su voluntad de contribuir es todo lo que tiene en abundancia. Lo que es escaso es trabajo remunerado, los roles sociales positivos, el propósito y la manera de construir capital. Pero el trabajo es más que solo una tarea a cambio de una paga. Como ha señalado David Graeber, *"El trabajo es virtuoso si ayuda a los demás."* El propósito de CLIME no es solo proporcionar trabajo remunerado, sino suplir las necesidades de la comunidad local, que no es una abstracción como el estado o la economía, sino una colección real de individuos, familias y grupos.

En el actual sistema mundial, el trabajo es en gran parte un acto de servidumbre para con sectores sociales opulentos y poderosos. La estructura de CLIME da a cada participante la libertad de asociación, una voz en el grupo de la comunidad en que él ha elegido unirse, y la libertad para iniciar un grupo de competidores o unirse a otro grupo en cualquier momento. Por lo que la entrada no es simplemente tiempo, sino la libertad de asociación, y la libertad por y para una dedicación a ayudar a los demás, contribuir a su comunidad de una manera elegida por los propios miembros de ésta.

Esta descentralización en la toma de decisiones es una característica fundamental de CLIME. En una estructura totalmente descentralizada, las consecuencias y el riesgo de fallar no se pueden desconectar de los que toman las decisiones. El riesgo moral (donde residen esos riesgos y las consecuencias para los demás), surge en los sistemas centralizados que tienen el poder de transferir el riesgo de aquellos pocos que están en la parte superior hacia los muchos que están debajo. La estructura CLIME hace que la institucionalización del riesgo moral sea imposible. Los grupos de la comunidad son libres de fallar y de incorporar la valiosa retroalimentación del fracaso.

La descentralización del proceso de creación y distribución de dinero es otra característica fundamental de CLIME. El dinero es creado digitalmente y se distribuye directamente a las personas que realizan el trabajo dentro de los grupos comunitarios acreditados. El grupo no es un empleador pues no controla el dinero pagado a sus miembros. El grupo tiene solo dos funciones: dar prioridad democráticamente al trabajo para hacer frente a lo que sea escaso en la comunidad, y registrar así como verificar el trabajo realizado de acuerdo con las mejores prácticas.

La membresía depende de la satisfacción de las necesidades básicas, de la confiabilidad y de la realización de los trabajos y demás compromisos acordados. La membresía de aquellos individuos que intentan aprovecharse, robar, o acometer conductas similares, será automáticamente revocada, junto con los privilegios de su membresía, es decir, el trabajo remunerado.

El proceso de verificación también está descentralizado. No es un proceso jerárquico, sino un proceso entre iguales en la que cada individuo obtiene una reputación por su fiabilidad e integridad basada en la precisión de sus informes, de su propio trabajo y el trabajo de otros. Aquellos que sean sorprendidos aprovechándose de otros, reclamando de manera fraudulenta salarios por algún trabajo que no hicieron, sufrirán las consecuencias de ver su reputación y confiabilidad desplomarse a cero.

Esta estructura es altamente flexible y adaptable. Una variedad de grupos comunitarios podrán alcanzar una variedad de decisiones sobre lo que es escaso en su comunidad. Las personas que no estén de acuerdo con las prioridades de su propio grupo pueden salirse y unirse a otro grupo. Las personas que perciban que en los grupos existentes no se le hace frente a lo que realmente se necesita en sus comunidades, pueden comenzar su propio grupo. No existe en CLIME una restricción definida para que los miembros incorporen sus propias empresas, o de si se puede o no trabajar para más de un grupo de la comunidad. CLIME promueve la creación de capital por individuos, familias y comunidades en todo el espectro. Esta flexibilidad de la acción individual y comunitaria es una característica fundamental de CLIME.

El sistema requiere un mercado de fácil acceso, transparente para comprar y vender bienes y servicios utilizando la moneda CLIME, *el Largent* (pronunciado Lahr-jah-nt[102] por aquellos que reconocen su raíz francesa, o "lar-yent" en inglés). Este sistema debe estar de igual forma abierto a los que están fuera del sistema CLIME, por lo que aquellos dentro del sistema pueden vender cualquier excedente en el mercado exterior y comprar bienes y servicios producidos fuera del sistema. Los que están fuera del sistema pueden optar por vender sus bienes y servicios excedentes a los miembros o grupos del sistema CLIME para obtener *Largent*, o establecer un intercambio de divisas que comercie el *Largent* con otras monedas.

El único requisito es que los individuos y grupos dentro del sistema de CLIME deben aceptar Largent para todo lo que vendan en el sistema CLIME. Ellos son libres de exigir lo que quieran a los compradores y vendedores fuera del sistema pero dentro del sistema, deben aceptar el Largent para el pago de la deuda y sus compras. El precio que pidan o paguen por sus compras o ventas depende de cada individuo o grupo.

En otras palabras, es un mercado libre descentralizado.

Como resultado de esta estructura descentralizada, el sistema CLIME es extremadamente desordenado, caótico y dinámico. Este dinamismo fundamental no se especifica formalmente ya que surge de la libertad y de la estructura descentralizada del sistema. Estas características le generan al sistema resistencia, adaptabilidad, flexibilidad y productividad.

Dado que el sistema genera un trabajo remunerado para todos los que optan por participar y permite la creación de capital por individuos, familias y comunidades, *la única salida posible* de la estructura CLIME es mayor ingreso, más capital, más seguridad financiera y mayor bienestar.

---

[102] El término proviene del nombre de una novela (L'Argent, traducido como "Dinero") de un escritor francés de finales del siglo XIX, Emile Zola. En la novela, Zola intenta reflejar las injusticias del sistema económico del segundo imperio francés, donde las grandes compañías abusaban de su poder mediante la especulación y el fraude. Algo que mucho recuerda lo narrado en este libro durante la desregulación financiera que originó la crisis de 2008. (Nota del Traductor)

Las innovaciones claves de CLIME

El sistema CLIME incorpora varias innovaciones clave.

1. La cripto-moneda, el Largent, es una moneda respaldada por la mano de obra. No se puede emitir en cantidades indefinidas como las divisas de los bancos centrales, ni puede ser creada por medio de un préstamo como en la banca de reserva fraccionaria. Está intrínsecamente limitada a la cantidad de trabajo realizado por los miembros acreditados en los grupos comunitarios conformados.

El Largent no puede ser operado por compinches o élites; ésta moneda se distribuye directamente a cada miembro cuyo trabajo ha cumplido una calificación para su pago, y para aquellos que trabajan para el propio sistema CLIME.

2. El sistema de acreditación entre iguales o *peers* establece una fiabilidad o reputación para todos y cada uno de los miembros, basada en los resultados verificados de su trabajo y la exactitud de su acreditación por parte de sus compañeros. Pruebas digitales[103] de su trabajo completado (como por ejemplo fotos de baja resolución suministradas por terceros), se correlacionan con la verificación que presenten otros miembros. Aquellos que falseen pruebas o reclamaciones pierden su propia reputación o fiabilidad y los privilegios de su membresía.

Este sistema *permite a los participantes la acreditación de sus propias habilidades y de su reputación*, un tipo de capital social que pueden llevarse con ellos a otros grupos. Yo llamo a este mecanismo *valorarse a sí mismo*, debido a que el poder de obtener una puntuación elevada de integridad depende de cada miembro.

El sistema es autofinanciado, y la mano de obra requerida para operar el sistema CLIME se paga en Largent. El desarrollo y la gestión de los motores de software no dependen de ningún voluntariado, como en muchos proyectos de software de código abierto, o de capital de riesgo; los contribuyentes cobran en Largent emitidos por el propio sistema. Se promueven las versiones de estos motores con fines de lucro, con la única condición de que los propietarios de las versiones de terceros también sean pagados en Largent. El sistema no requiere ni de finaciamiento externo ni de trabajar sin paga; todo lo que requiere es un mercado de bienes y servicios a precios en Largent.

3. El mercado mundial de bienes y servicios a precios en Largent está activado por el mercado CLIME (similar a los anuncios de Craigslist de bienes y servicios para la venta), pero no se limita al mercado CLIME; cualquier miembro CLIME es libre de comerciar sus Largent o productos en un mercado exterior.

Los principios de CLIME

Los procesos y las reglas básicas de CLIME encarnan los siguientes principios:

---

[103] Incluso, hemos propuesto que es posible formar pruebas criptográficas del trabajo completado, basadas en el consenso y la verificación de los miembros de los grupos del sistema. Bajo estas tecnologías se incrementa considerablemente la dificultad del fraude. (Nota Especial)

1. El sistema incentiva la adopción de las mejores prácticas (ésas que promueven la productividad y la sostenibilidad) y la creación de capital en los hogares y la comunidad.

2. El sistema desalienta el parasitismo, el engaño y el fraude asegurando que el costo de hacer trampa sea más alto que el costo de cumplir con las reglas del juego y el beneficio de hacer trampa debe ser más bajo que los pagos con que se recompensa a la membresía.

3. El sistema elimina el riesgo moral mediante la eliminación de las posibilidades de la politización, la parcialidad y el favoritismo, a través de un software automatizado de código abierto que es transparente y es supervisado por una red descentralizada.

4. El sistema emite o acuña su propia moneda que se crea únicamente para aquellas personas que realizan un trabajo dentro de un grupo comunitario acreditado, así como para aquellas personas que trabajan para mantener y desarrollar los sistemas de CLIME. En otras palabras, el sistema es autofinanciado, y no necesita ninguna inversión externa más allá de las colectas de dinero necesarias para su lanzamiento inicial.

5. El sistema establece una estructura de afiliación individual en grupos comunitarios gobernados democráticamente, que verifican continuamente el cumplimiento de las reglas del sistema de gobierno. Los individuos y grupos que no cumplan con el código de conducta básico pierden su calidad de miembro y la acreditación y los privilegios de participar en CLIME.

6. El sistema establece un procedimiento de bajo costo para iniciar un grupo nuevo en la comunidad de manera que prácticamente cualquier persona puede iniciar un grupo nuevo que compita con los grupos ya existentes. Los participantes son libres de abandonar un grupo comunitario en favor de otro, unirse a más de un grupo, o iniciar un grupo rival.

7. El sistema define un procedimiento democrático en el que los grupos deciden qué es escaso en la comunidad, y deciden la organización de la fuerza laboral de sus miembros para hacer frente a estas necesidades[104].

8. El sistema establece una cámara de compensación financiera de bajo costo para que los usuarios pueden liquidar pagos y transferencias (compras, deudas, préstamos, etc.) de forma segura dentro del sistema CLIME[105].

9. El sistema opera a través de un mercado global de bienes y servicios producidos por individuos, familias y grupos dentro de CLIME que también está abierto al mercado exterior[106].

---

[104] Estas dinámicas se pueden implementar mediante mecanismos de "mapeos", los cuales son conceptos hoy día manejados por comunidades que hacen uso de la economía colaborativa, para determinar cuáles son las demandas de una comunidad y con qué ofertas pueden corresponderse, cuales demandas están desatendidas y cuales sobre-ofertadas; así como mediante eventos o torneos de "dobles-subastas" donde se determinan los precios de todo lo que se está ofertando en la comunidad. Mediante estas dinámicas se logra justipreciar y justipremiar a los miembros de los anillos que conformen este tipo de grupos. (Nota Especial)

[105] Uno de los desafíos más fuertes y relevantes que tiene cualquier sistema de moneda criptográfica, es la cadena de bloques. La cadena de bloques es la base de datos principal de la mayoría de las monedas criptográficas. Se trata del libro de cuentas mayor que almacena desde el origen histórico de la moneda *y para siempre* todas las transacciones que todos los usuarios hacen y harán de la moneda todo el tiempo, es un monstruo digital realmente dantesco que toma poco tiempo para volverse inmanejable. Es un problema tecnológico cuya solución está trabajándose desde hace algún tiempo. (Nota Especial).

[106] Algunos expertos comienzan a referirse a este fenómeno como "*globalización*", donde la producción regional, local o de una comunidad se compromete a ofrecer ciertos estándares de calidad para que pueda satisfacer demandas a nivel global. (Nota Especial)

10. El sistema institucionaliza un mecanismo de acreditación entre sus miembros que permite a cada individuo y grupo establecer una clasificación pública y transparente de integridad y confiabilidad.

11. El sistema establece procesos de auditoría y de apelación para resolver las controversias y reclamaciones que el sistema automatizado erróneamente puede anular, pagar o que no puede resolver sin mediación humana.

12. El software del sistema está estructurado de tal manera que el código fuente primario es de dominio público, pero los desarrolladores con fines de lucro son animados a producir versiones de competencia[107].

Un principio fundamental del sistema CLIME y el Largent es que no son poseídos por ningún estado ni empresa con fines de lucro[108]. No se necesita la aprobación de nadie para su operación a nivel mundial.

Las muchas oportunidades para las empresas con fines de lucro dentro del sistema CLIME

CLIME da la bienvenida a los competidores con fines de lucro para prestar sus servicios a los grupos y miembros. No hay nada en CLIME que limite a las empresas que buscan el lucro sin importar su tamaño para ofrecer sus servicios a los miembros del sistema CLIME. Los únicos requisitos del sistema son:

1. Todos los proveedores de servicios deben aceptar la totalidad del pago en divisa Largent.

2. Los consejos de administración[109] de CLIME deben conservar los derechos de propiedad y concesión de licencias para una versión libre de los cinco motores de software.

Lo ideal es que una serie de empresas con fines de lucro pueda ofrecer servicios competidores de cámara de compensación de pagos, servicios de cambio de divisas, y otros servicios parecidos, a los miembros de CLIME[110]. Otras empresas podrían ofrecer una amplia gama de otros servicios dentro de CLIME,

---

[107] En nuestra opinión, con una sencilla adaptación del concepto del derecho de autor a este nuevo sistema monetario, es innecesario privatizar el código libre y público para otorgarle regalías a sus desarrolladores. El código puede ser de dominio público y sus autores pueden ser reconocidos por las diversas comunidades mediante "pruebas de labor" criptográficas, para recibir una merecida regalía por el fruto de su trabajo. (Nota Especial)

[108] En este sentido, CLIME no es un sistema que ni es público, ni es privado, pero puede ser perfectamente un instrumento de *soberanía* de las comunidades y pueblos que lo utilicen. (Nota Especial)

[109] Por experiencia sabemos lo difícil que es readaptar nuestra mentalidad que ha vivido inmersa toda una vida en esquemas sociales centralizados, a un nuevo paradigma de descentralización. CLIME siendo descentralizado no tiene ni presidente, ni "CEO" ni junta directiva. Cada anillo dentro de su comunidad puede organizar, no obstante, consejos de administración. Pero lo que esta idea de conservar derechos significa, es que NO SE VA A PERMITIR que se privaticen derechos de autor que restrinjan el acceso al público del código desarrollado. Hoy día a esto es difícil y el único modo en que se logre en un mundo cada vez más avanzado tecnológicamente es que se utilicen mecanismos de represión totalmente abusivos y dictatoriales. (Nota Especial)

[110] Honestamente, no vemos como una empresa "privada" con un esquema jerárquico-piramidal, pueda competir con la cadena de bloques descentralizada. En nuestra opinión, puede permitírsele este derecho a cualquier empresa, pero será un derecho nulo pues no hay modo de explotarlo ante este desafío. Hoy día todo el sistema bancario mundial, tiembla ante el poder de la *acéfala* cadena de bloques, que se está comiendo su hegemonía y no tienen a nadie contra quien ejercer un contra-ataque. La única razón de que aún hoy día la banca mundial viva tranquila, es que aún está por resolverse el problema técnico de la escalabilidad de la cadena de bloques. Pero una vez esto se resuelva, cualquier cosa puede pasar. Para que Bitcoin hoy día pueda competir con VISA, necesitaría poder procesar *cada 10 minutos* 8 Giga-Byte de nuevos datos, una monstruosidad inmanejable por cualquier computador ordinario, de momento. (Nota Especial)

para todo, desde asistentes de software para guiar a los neófitos a través del proceso de creación de un grupo CLIME, a los servicios de lucha contra el fraude en todo el sistema[111].

Un principio básico de CLIME es que la competencia es esencial para aumentar la productividad y ofrecer a sus miembros la más amplia gama posible de oportunidades. Los grupos CLIME y sus miembros son libres de ofrecer servicios con fines de lucro tanto en CLIME como en los mercados externos. Hay tres requisitos en el sistema para los grupos y miembros:

1. Todos los bienes y servicios son ofrecidos de manera igualitaria a todos los grupos y sus miembros, es decir, no hay bienes o servicios que se puedan ofrecer con exclusividad a los mercados externos y no a los miembros de CLIME, y todos los vendedores en CLIME aceptan pagos en su totalidad, en Largent.

2. Cualquier producción con fines de lucro, debe ser secundaria a proyectos que aborden las necesidades más urgentes de la comunidad.

3. Todos los grupos CLIME y sus miembros deben aceptar Largent como moneda preferencial, incluso si se trata de compradores y vendedores externos, los pagos en Largent tienen prioridad.

El sistema se presta a ofrecer sus beneficios en cualquier cantidad excedente de producción. Por ejemplo, un grupo CLIME que se selecciona democráticamente para mejorar la cantidad y calidad de los alimentos cultivados localmente en su comunidad como su primera prioridad, es libre de vender los excedentes a otros grupos CLIME o proveedores externos a cambio de Largent.

Esta preferencia sistemática por Largent apoya la demanda de Largent[112], que a su vez mejora el poder adquisitivo de la moneda. Si los compradores de fuera no tienen Largent para el pago, el excedente puede ser vendido a cambio de cualquier otra moneda en efectivo.

A los miembros individuales se les permite operar con fines de lucro, mientras que sean miembros de un grupo CLIME. El único requisito es que los miembros cumplan con las responsabilidades del trabajo que aceptaron sobre la membresía. El sistema alienta a los hogares a operar empresas de propiedad privada después de que hayan completado sus compromisos de trabajo en el grupo.

La competencia y la transparencia son el alma del sistema CLIME: la competencia entre proveedores de servicios y entre los grupos.

---

[111] En nuestra propuesta de protocolos de sinergia estas empresas se dedican al ramo de los "centros de formación" para las comunidades, por un lado y por otro, a la necesaria labor de prevención y control de pérdidas, la versión colaborativa de las empresas de seguridad. Un 80% de los posibles ataques a las comunidades pueden evitarse con simples planes de prevención. El resto de los ataques (Un 20% de posibles injusticias) puede que necesite del apoyo de la fuerza pública, o no tan pública, pero estas proporciones debidas al principio Pareto son un buen indicio de que las comunidades CLIME tienen altas probabilidades de persistir y sustentarse en el tiempo. (Nota Especial).

[112] No es necesario el imponer de ningún modo ésta preferencia por una moneda de naturaleza colaborativa. Puesto que todos los miembros CLIME tienen acceso a la creación/acuñación de esta moneda respaldada en el fruto de sus labores, les resulta más asequible un producto pagado en Largent, que pagado en dólares o incluso Bitcoins. (Nota Especial)

La estructura organizativa de CLIME

Quienes están familiarizados con la Internet podrán captar rápidamente la estructura organizativa básica del sistema CLIME, que es esencialmente una red global y distribuida de servidores que ejecutan los cinco motores de software que hacen un seguimiento a los grupos CLIME y sus miembros, emiten Largent y almacenan datos. En efecto, cada grupo acreditado se convierte en un nodo de la red CLIME. A medida que la red de grupos y miembros crece, se agregan servidores para manejar los datos cada vez más voluminosos.

Cada unidad de la moneda Largent es identificada por un código (una cadena de símbolos alfanuméricos)[113]. Esto permite que cada unidad de moneda pueda ser rastreada y verificada. Esto también permite a las unidades de la moneda que se han obtenido de manera fraudulenta u obtenida por la fuerza poder ser eliminadas del sistema[114].

A diferencia de Bitcoin, que se extrae digitalmente, la Largent es creado por los servidores CLIME[115] y se emite como pago directo por mano de obra del miembro de un grupo acreditado. La identidad digital única de cada unidad monetaria permite a cada miembro el resguardo de sus Largent en una cuenta CLIME que se puede acceder por cualquier teléfono móvil o dispositivo conectado en red, y se utiliza para realizar y recibir pagos de otros miembros CLIME y grupos.

En esencia, CLIME es posible con recursos de muy poca memoria y de capacidad de procesamiento de bajo costo y una utilización de simples datos alfanuméricos.

Podemos visualizar que el sistema CLIME tiene cuatro capas:

1. La capa tecnológica de servidores y de software automatizado que permite la existencia del Largent, la acreditación de los grupos, los pagos a las personas, la integridad del sistema, su seguridad y la detección de fraudes.

2. Los grupos honestos que cumplen con los estándares de transparencia y gobernabilidad.

3. Los miembros individuales, que son libres de abandonar o unirse a grupos o iniciar su propio grupo.

4. La capa de administración tecnológica y de miembros que trabajan como voluntarios para servir en auditorías y juntas de apelación que resuelven las reclamaciones y las controversias respecto a los pagos anulados, membresías canceladas, etc.

La estructura de incentivos de CLIME

---

113 En la práctica, lo que se identifica y se numera en las plataformas de criptomonedas, son las transacciones que manejan a las monedas en sí, y lo hacen mediante una función criptográfica llamada "hash" y no se etiquetan a las monedas en sí, que son básicamente cualquier tipo de valor dentro de la red. Esto permite perfectamente el rastreo del historial de cualquier saldo de monedas o valores. (Nota Especial)
114 En las plataformas de criptomonedas, cualquier moneda forjada de modo fraudulento tiene que pasar por la verificación de la transacción que la creó. Al pasar por la verificación del primer nodo honesto, la transacción es repudiada y jamás pasa al registro de la cadena de bloques. Si la mayoría de los nodos de la red se conducen de manera honesta, no hay ninguna posibilidad de ingresar una transacción fraudulenta en la red. (Nota Especial)
115 En Bitcoin el procedimiento de acuñación de la moneda se basa en un servicio llamado "Proof-of-Work" (servicio que coloca un sello que previene el fraude al asentar registros en la cadena de bloques) que puede traducirse como "Prueba-de-Cálculo", y es un servicio en el cual ningún ser humano realiza ningún trabajo, sino un equipo de servidores. En esta propuesta se busca la acuñación monetaria con el verdadero respaldo de la labor humana, en el ámbito digital. (Nota Especial)

Al igual que todos los organismos biológicos, los seres humanos han sido seleccionados por la naturaleza, durante milenios para buscar ganancias inesperadas que le recompensen con un exceso de calorías, energía y seguridad a poco o ningún costo. En el mundo moderno, esto se puede ver en *el deseo de obtener algo por nada o dinero gratis*.

Si CLIME no necesitase del trabajo productivo, la moneda no estaría vinculada a la producción de bienes y servicios, y todo el trabajo que no se haga con fines de lucro o por el Estado quedaría desatendido. Esto es, el trabajo que no se hace es el principio dinámico de la pobreza.

Si CLIME requiere que el trabajo productivo sea realizado, pero no hace cumplir este principio fundamental, todo el sistema pronto perdería su legitimidad, y aquellos que trabajan serían ridiculizados por los que sí recibieron beneficios por su membresía sin haber aportado nada, es decir, los que han cometido fraude. Para garantizar la integridad y la legitimidad del sistema, el principio básico de la remuneración por un trabajo ya ejecutado debe ser de estricta aplicación con tolerancia cero para el engaño, fraude o falsificación del trabajo a realizar. Y para garantizar la integridad del sistema, CLIME debe hacer que *sea fácil de cumplir y difícil de engañar*. Esto requiere que el sistema asigne recursos significativos para la detección y la verificación del fraude.

Sistémicamente, *las barreras para el ingreso son pocas, pero las barreras para el fraude son muchas*. Aquellos que no tienen historial de confiabilidad se les da la oportunidad de demostrar su valía, y el sistema de miembros asigna una calificación basada en la veracidad de sus informes, es decir, qué tan bien sus informes se alinean con los que tienen una calificación alta.

Los que se descubran exagerando el trabajo realizado por ellos mismos o por cómplices perderán su paga y la membrecía, viendo reducida su reputación y su fiabilidad a cero. Esto alertará a otros miembros y le hará difícil al tramposo la obtención de nueva membresía en otros grupos. La pérdida de ingresos, de la membresía y de la reputación son desincentivos severos para el engaño, el fraude, y el parasitismo, debido a que la calificación y la reputación de cada miembro es pública. Y puesto que los que ponen su propia reputación en situación de riesgo al acreditar o apoyar la acreditación de un embaucador también verán su reputación y su paga reducirse a cero, los tramposos tendrán muchas dificultades para convencer a otros para apoyar sus falsas afirmaciones[116].

Los incentivos para mantener la propia reputación de confiabilidad e integridad y mantener los privilegios de ser miembro, son un muy significativos: un ingreso seguro, una retroalimentación social positiva por trabajar en la mejora de la calidad de vida de las personas en la comunidad, la oportunidad de aprender nuevas habilidades (capital humano), el ahorro de dinero (capital financiero) y una larga lista de beneficios, hacen que cumplir con las normas de trabajar productivamente con los demás y presentar informes precisos, no se tornará en una carga tan difícil. En otras palabras, las normas de conducta en CLIME son similares a las de una corporación global con fines de lucro: el parasitismo, el engaño, el fraude, etc., están reconocidos como tóxicos por el medioambiente laboral y la legitimidad de la empresa.

---

[116] El sistema que proponemos no necesita ser tan severo. En las comunidades apoyadas en protocolos de sinergia, existe un contrato especial llamado "*vale de renta*" el cual coloca como prioridad la reivindicación monetaria de cualquier víctima de un fraude y permite el endeudamiento monetario del tramposo. En este esquema entonces la producción honesta es el principal tesoro a proteger en una comunidad, mientras que el castigo al embaucador, si bien se hace cumplir es un asunto que se delega al criterio de cada grupo, y puede ajustarse a la gravedad de la falta. Como última instancia está la exclusión de la membrecía y el embargo de los medios productivos de quienes proceden con fraude. (Nota Especial)

Las sociedades disfuncionales han reforzado por largo tiempo el parasitismo, el engaño, trampear al sistema, el soborno, el fraude, el amiguismo, etc., y aquellos que están acostumbrados a beneficiarse de estos comportamientos antisociales probablemente experimentarán un choque cultural cuando sus comportamientos con los cuales tanto se beneficiaron en la exterioridad del sistema CLIME, sean los motivos de numerosas pérdidas y castigos casi inmediatos, al encontrarse dentro de dicho sistema[117].

Podemos anticipar un difícil período de ajuste cuando los grupos CLIME se establecen en las sociedades disfuncionales, y la gente encuentre que los sistemas automatizados de detección de fraude no pueden ser sobornados o amenazados.

Aquellos que tengan éxito obteniendo de manera fraudulenta un puñado de Largent encontrarán rápidamente que su robo no es igual a robar el papel moneda tradicional; los Largent mal habidos se congelan inmediatamente por el software de detección de fraude, junto con cualquier otro Largent en posesión del ladrón[118].

Dada la dificultad de encontrar a otro grupo que acepte como miembros a los tramposos conocidos, las pérdidas sufridas por cualquier embaucador o ladrón son significativas, ya que la transparencia del sistema de acreditación entre miembros hace que sea difícil entrar en otro grupo. La adopción de una nueva identidad significa empezar con una reputación de confiabilidad en cero, y muchos grupos, naturalmente, rechazarán a los solicitantes que tienen un nivel de confianza en cero[119].

Los seres humanos somos muy sensibles a la injusticia, y como resultado, el sistema anticipa la respuesta de los que han trabajado duro cuando observan el robo, el fraude o el parasitismo: los testigos pueden notificar al sistema por medio de un simple mensaje de texto o mensaje de correo electrónico anónimo. El programa de detección de fraude automatizado del sistema examina los registros y la acreditación de miembro entre el individuo y el grupo en cuestión. Si hay alguna ambigüedad o hay sospechas, el sistema congela las cuentas del individuo y del grupo y luego lanza una auditoría con selección aleatoria de los auditores de un grupo de voluntarios (siempre desde fuera del grupo en cuestión) para garantizar una investigación imparcial.

La amplia base del sistema de miembros hace que sea difícil para un enemigo vengativo sabotear la reputación de alguien. El software de detección de fraude está alerta a los descontentos y aquellos que repiten acusaciones falsas en reiteradas ocasiones perderán su membresía y su clasificación al igual que aquellos que hacen afirmaciones falsas de trabajo.

Aquellos que trabajan como voluntarios para servir en la junta de auditoría nunca sabrán en qué caso serán asignados o que otros auditores van a trabajar. Esto hace que sea extremadamente difícil manipular la auditoría o pasar por alto un fraude o robo.

---

[117] El sistema que proponemos basado en *dinero caudal* y en el *vale de renta*, va aún más allá. Todas aquellas conductas antisociales y fraudulentas que en la exterioridad del nuevo sistema fueron origen de tantos beneficios, ¡aquí dentro no van a tener ningún sentido! Así, pues el choque cultural ocurre cuando más que ser el motivo de una sanción, sean ellos el motivo de las risas y el ridículo social, por malgastar energías en trampas que solo les rendirán pérdidas, cuando cumplir con las reglas hubiera resultado más fácil y en muchas más satisfacciones personales y dividendos monetarios. (Nota Especial)

[118] En el sistema del vale de renta, el dinero crediticio es oxidable, o combustible. En el improbable caso de tener éxito en la falsificación de estas monedas, se originaría la pérdida de un activo mucho más valioso: la renta. El accionista pierde sus acciones, y todo futuro dividendo y las monedas fraudulentas se oxidarían de inmediato al quedar invalidado el contrato que las acuñó. (Nota Especial)

[119] La idea es siempre darle oportunidades a las personas. No obstante falsificar una identidad para escapar a una deuda que se tiene con otras comunidades a las que se le ha engañado, será motivo de graves sanciones, así que lo mejor es reconocer que hubo un precedente negativo que estamos subsanando. Una reputación reivindicada da mucha más paz mental que ir a hurtadillas comenzando de cero en otras comunidades donde esperas no ser reconocido por nadie. (Nota Especial)

Cualquier miembro que reporta el robo o fraude recibirá una recompensa una vez que el robo haya sido verificado, al igual que su grupo. Esta recompensa para aquellos que protegen la integridad del sistema expresa uno de los principios fundamentales de CLIME: *los que engañan al sistema engañan a todos los miembros*.

Los que engañan al sistema engañan a todos los miembros

Cada organización tiene consignas que encarnan sus principios básicos. Uno de los lemas de CLIME es que *los que engañan al sistema engañan a todos los miembros*. En la jerarquía centralizada existente, aquellos que se aprovechan de otros, engañan o cometen fraude en general, justifican su acto de dos maneras: *todo el mundo lo está haciendo también*, y *no le estoy haciendo daño a nadie*; en otras palabras, engañar al sistema no lo hace daño a nadie. Esta amoralidad está implícita en un sistema basado en la maximización de la ganancia privada por cualquier medio posible.

En el sistema CLIME existe un contexto moral explícito: el sistema solo funciona si cada miembro es medido con el mismo estándar. En CLIME, a nadie se le permite salirse con la suya, mediante el robo o el fraude, por lo que no puede ser válida la excusa que pregona que: *todo el mundo lo está haciendo también*.

A cada miembro del grupo se le dice en repetidas ocasiones que: *los que engañan al sistema engañan a todos los miembros*, porque esto es un hecho: cada robo o fraude que no se detecta reduce la confianza en el sistema y diluye el valor del Largent. Cada miembro debe entender que no hay robo sin víctimas en CLIME; el sistema solo funciona si hay tolerancia cero para la mentira, la falsificación, el parasitismo, el robo y el fraude. Se trata de una moral absoluta que se ve reforzada por recompensar a aquellos que reportan el robo, el fraude y la revocación inmediata de la adhesión de todos los que han engañado o defraudado el sistema. Dicho de otra manera: *salir triunfante del robo y del fraude es una forma de privilegio que socava al sistema*.

La analogía del jardín

Desde una perspectiva moral, podemos decir que la estructura de incentivos premia el buen comportamiento y castiga el mal comportamiento, pero esto no captura el propósito central de la estructura de incentivos. Podemos entender mejor la estructura de incentivos de CLIME con la analogía de un jardín. (A los que son jardineros, tendrán que perdonar mi predilección por la jardinería desordenada, pero productiva.)

En efecto, el sistema CLIME es un jardín comunitario para aquellos que no están prosperando en el sistema mundial actual. Los esfuerzos individuales en CLIME benefician tanto al individuo como a la comunidad, a medida que el jardín se expande y se hace más abundante, como resultado de los esfuerzos individuales. El jardín de la comunidad atrae a los polinizadores (insectos) que benefician a cada individuo jardinero, así como otros jardineros. Es un círculo virtuoso clásico.

La pobreza arraigada es como un sustrato duro e infértil nada crece en este suelo duro como una piedra. Como se señaló anteriormente, los órdenes sociales *con ninguna infraestructura para oportunidades* son desiertos de iniciativas, de innovaciones y de la creación de ingresos o capital para quienes no son privilegiados.

El sistema CLIME es el equivalente de un millar de cucharas que se aplican al suelo de piedra, raspando lentamente el suelo sin vida para crear agujeros en él, lo suficientemente grandes como para colocar fertilizantes y semillas.

Con el riego y la atención cuidadosa, un millar de plantas productivas se afianzan en el suelo que una vez estuvo sin vida. Y luego donde antes rebotaba inútilmente una pala de mano por la dureza del suelo, ahora se hunde en el blando y fértil suelo que rodea a cada planta.

Hay quienes no pueden imaginar el suelo duro convertirse en fértil. Otros rechazan los esfuerzos de convertirlo en fértil por una variedad de razones autodestructivas. Un sin número de Estados retrógrados tratarán de detener el proyecto por temor a que los jardineros empoderados pongan en peligro los privilegios de unos pocos. Y otros afirmaran que es imposible convertir el suelo de concreto en un jardín sin la ayuda de un tractor de millones de dólares, de expertos bien pagados, semillas especiales y millones de dólares en préstamos de altos intereses.

Todos ellos están equivocados. Todo lo que se necesita es un millar de cucharas pequeñas trabajando con tenacidad todos los días sobre el suelo petrificado de la pobreza disfuncional, con el apoyo de un sistema que proporcione la organización, el abono, las semillas y el agua.

El efecto de red

Es evidente que un solo grupo CLIME a partir de una única comunidad, no tendrá un *círculo de comercio* con otros grupos y por lo tanto los Largent ganados por los miembros de ese grupo no tendrán ningún valor comercial (estoy en deuda con Jeff Williams por el término *círculo de comercio* para describir un mercado de miembros). El sistema CLIME solo funciona si hay un círculo de comercio de muchos grupos. Por lo tanto, se vuelve crítico el añadir grupos y miembros tan pronto como sea posible para ampliar los productos y servicios que están siendo creados y ofrecidos a la venta.

El *efecto de red*[120] es fundamental para el sistema CLIME: cada grupo y miembro que se añade aumenta el valor de todo el sistema. El éxito de CLIME en un área proporcionará un camino a seguir por otros. El efecto de la red es quizás el factor más importante en el éxito inicial o fracaso de CLIME.

Como se señaló *El Papel Esencial de la Crisis en el Cambio Sistémico*, el impulso necesario para formar grupos CLIME es probable que surja como resultado de alguna crisis que paraliza a algún país o región. A medida que falla el sistema actual, las personas estarán cada vez más dispuestas a arriesgarse a invertir su tiempo y energía en un grupo CLIME.

Idealmente, una organización basada en la convicción o no gubernamental (ONG) puede organizar varios grupos CLIME en una misma campaña. Para las empresas que tienen fines de lucro, podrá interesarles el mismo objetivo como una vía para estabilizar sus ya amenazados beneficios. Por ejemplo, una compañía de software que hubiera desarrollado un centro de intercambio y de pagos Largent podría invertir en la creación de cientos de grupos como medio de obtener rentabilidad de los usuarios de sus servicios en el

---

[120] Es un concepto en el ámbito de los negocios que se manifiesta en aquellas redes de usuarios que se benefician con la mera incorporación de cada nuevo usuario en la red. (N.T.)

intercambio de información, rentabilidad que podrá alcanzar a través de una pequeña cuota de servicios que cobrará por cada transacción.

La estructura del grupo

La plantilla CLIME de grupos de la comunidad será familiar para cualquiera que haya servido en los comités de una comunidad: los organizadores del grupo eligen una junta que será responsable de asegurar que el grupo cumpla con las normas de información, la transparencia y la gobernabilidad de los grupos CLIME.

Los requisitos básicos de la plantilla de un grupo son específicos para un buen gobierno[121]:

1. El consejo de administración debe ser elegido, y la elección debe realizarse al menos una vez al año.

2. Los agentes también son elegidos anualmente: presidente, tesorero, secretario y oficial de membresía.

3. Las actas de las reuniones del consejo se registran y se harán públicas para la comunidad mundial CLIME por el secretario.

4. El tesorero mantiene los registros financieros y de trabajo de todos los miembros del grupo.

5. Los miembros oficiales llevan el registro de trabajo de todos los miembros semanalmente, y hacen que estos registros sean públicos para la comunidad mundial CLIME. Los funcionarios deben seguir los procedimientos procedentes al revocatorio de la membresía debido a algún engaño o fraude, y verificar solicitudes de ingreso en el grupo para su aprobación.

6. Un subcomité cuasi judicial es elegido para revisar las apelaciones de los miembros que sienten que su membresía se anuló erróneamente o su trabajo se registró incorrectamente.

7. Existen subcomités que planifican y supervisan proyectos de trabajo específicos. El subcomité es responsable de asegurar que el proyecto sigue las mejores prácticas para la región y la mano de obra disponible capital.

8. Los proyectos de trabajo específicos son elegidos por elección en una junta general.

Además de los requisitos básicos necesarios para una dirección elegida democráticamente, y para garantizar transparencia en la toma de decisiones[122], el sistema CLIME requiere que los grupos acepten a

---

[121] Estas mismas estructuras existen con ligeras variantes en nuestra propuesta de protocolos de sinergia. Cada anillo dentro de una comunidad es de hecho, una cooperativa que se organiza en torno a ciertos intereses vinculados con esta comunidad. Y cada empresa o unidad productiva se organiza bajo acuerdos que tiendan a la descentralización, bajo plantillas que cada grupo debe diseñar según sus necesidades, pero que bien pueden ser similares a la aquí propuesta. Todos estos anillos y entidades productivas terminan constituyendo al grupo como una "*cooperativa integral*". (Nota Especial)

[122] Ya existen diversas propuestas para el uso de cadenas de bloques descentralizadas para garantizar transparencia en cualquier proceso electoral, pero lo más relevante es el desarrollo que existe actualmente en este campo para opinar y ser escuchados. Hasta hace poco el principal problema para deliberar en un proceso de toma de decisiones era "*Quien decide*" si lo que alguien opina es o no "*coherente*", problema que ya fue resuelto en el campo de la lógica matemática a comienzos de los años 90's mediante los elementos de una nueva "Teoría de la Prueba Semántica" y los trabajos de Martin Löf. Trabajos sobre los cuales se está desarrollando en este momento la cadena de bloques TAU (www.idni.org/tauchain). (Nota Especial)

cualquier solicitante que cumpla con sus estándares con objetividad, sin colocar filtros basados en el género del solicitante, su origen étnico o cultural, su religión o sus opiniones políticas. Entre los criterios de admisión basados en la objetividad, podrían incluirse una clasificación positiva entre los miembros, una recomendación por un miembro existente, y la prueba de su residencia local.

Será requerida la existencia de grupos que sirvan a las necesidades de cierto sector de la comunidad no apto para trabajar: los niños, los ancianos y las personas demasiado enfermas como para trabajar. Los que son incapaces de hacer ciertos tipos de trabajo (es decir, por discapacidad) podrán asociarse con esta clase de grupos o cooperativas, en puestos de trabajos claves que sí puedan desempeñar. Aunque el porcentaje de trabajo dedicado a la atención de las personas que no pueden valerse por sí mismas es flexible, se requiere que cada grupo establezca un comité de trabajo permanente para servir a los residentes locales que necesiten ayuda[123].

También se requiere que cada grupo reclute miembros para ocupar roles dentro de delegaciones que supervisen las mejores prácticas y los asuntos de gobernabilidad y de control sobre el cumplimiento de la totalidad de las normas del sistema[124].

En las comunidades aisladas, un grupo puede tener tan solo una docena de miembros. En las zonas urbanas, un grupo exitoso podría tener miles de miembros o más, lo suficiente como para operar una fábrica, un hospital o una universidad.

Aquellos grupos que son incapaces de cumplir con los requisitos básicos de los proyectos de gobernabilidad, de transparencia, de incorporación y de trabajo en equipo, son etiquetados para proveerles la formación de gestión que necesitan. Voluntarios[125]de aquellos grupos ya exitosamente establecidos, ayudarán en la formación de administradores, directivos y subcomités para aquellos grupos que necesiten de esa ayuda.

El sistema global tiene dos funciones básicas para realizar un seguimiento del cumplimiento de los grupos: un programa de asistencia técnica para ayudar a los grupos a aprender a cómo cumplir con los requisitos, y un proceso de auditoría para investigar cosas tales como verificar si un grupo no ha podido concluir sus proyectos de trabajo que dice tener completos, o si es una fachada para una organización criminal, etc.

---

[123] Es muy importante que este tipo de iniciativas de interés social estén presentes en todas las comunidades del nuevo sistema. Sin embargo la historia da fuertes indicios de que estos grupos no van a ser necesarios. Durante las épocas de la implementación de los vales coloniales en Virginia en el siglo XVIII, por un lado, y por el otro durante la implementación del chelín oxidable en Wörlg en 1932, las necesidades de todas las personas de estas comunidades fueron atendidas de manera natural y como resultado de la implementación de estos sistemas monetarios exitosos. No hubo mendicidad, ni pobreza ni nadie que fuera tan "inútil" como para no aportar cosas valiosas y redituables a sus comunidades durante los breves meses que estos experimentos monetarios existieron. (Nota Especial)

[124] Dentro de nuestra propuesta de protocolos de sinergia, estos delegados cumplen la función de "cámara de compensación" en transacciones de "juicio", que son *transacciones no monetarias*, es decir procedimientos donde el resultado o producto de la transacción es una decisión que el colectivo deberá respetar y que tiene un consumo en moneda crediticia, o en este caso Largent, debido a que se está ejecutando un contrato y esto consume recursos de la red a nivel automático (servidores) y del servicio de los delegados (mano de obra). Estos delegados sirven en toda aquella circunstancia que un automatismo no puede aún resolver. Ellos intervienen en casos de dudas o consultas de los miembros regulares, y mediarán en controversias y asistirán en negociaciones. (Nota Especial)

[125] Aunque la figura del *voluntariado* es actualmente relevante en cooperativas integrales y la economía colaborativa, en los protocolos de sinergia, no existe necesidad de esta figura: todo servicio es pagado con la moneda que el sistema acuña, respaldada en el valor del muy preciado servicio que estas personas le prestan a sus comunidades. (Nota Especial)

Como regla general, los requisitos de transparencia, de gobernabilidad y de trabajo en equipo son el mínimo necesario para asegurar la sostenibilidad del sistema CLIME. Cualquier grupo que no asegure los estándares mínimos será descalificado. Estos fallos deben ser entendidos como parte del proceso de aprendizaje como organizadores y miembros quienes se enriquecerán de un repositorio de información que documente los fracasos de cada grupo.

El modelo CLIME, como se ha señalado anteriormente, sigue una filosofía donde *las barreras para el ingreso son pocas, pero las barreras para el fraude son muchas*. En términos prácticos, esto se manifiesta en una filosofía sistémica de *fallar a menudo y fallar rápido* como la forma óptima para acelerar el aprendizaje y generar grupos exitosos.

La flexibilidad de la estructura del grupo

A pesar de que el sistema CLIME es en la actualidad un modelo teórico en lugar de un ecosistema vivo, podemos anticipar que la gran flexibilidad de la estructura del grupo se presta a la experimentación y a un amplio espectro de actividades de servicio para las comunidades grandes y pequeñas.

El sistema CLIME no impondrá restricciones a los miembros o grupos que deseen obtener beneficios de CLIME o de un mercado exterior. De este modo, un grupo podría plantar un jardín en la comunidad para suministrar a sus miembros de cualquier alimento que sea escaso, y si esto tiene éxito, podrá vender el excedente a otros grupos CLIME o en el mercado exterior. Los únicos requisitos de un grupo serían:

1. Que el grupo sirva a un porcentaje de la comunidad local que no pueda trabajar o cuidar de sí.

2. Que el grupo ofrezca oportunidades para contribuir con aquellos que están limitados a ciertos tipos de trabajo.

3. Que el grupo elija democráticamente sus proyectos de trabajo[126].

4. Que el grupo acepte al Largent como medio de pago de bienes y servicios que se venden dentro del sistema CLIME.

5. Que el grupo colabore con otros grupos CLIME de la comunidad en general a través de un Consejo de los grupos locales.

Podemos anticipar que algunos grupos sufrirán de baja productividad, y en estos casos el papel principal de estos grupos menos productivos, puede ser el de proporcionarle a otros grupos más productivos un mercado dónde hacer ofertas a quienes están dentro CLIME, con sus excedentes para vender.

Algunos grupos con emprendedores que sean fundadores, pueden centrarse en los proyectos de trabajo que sean rentables desde el inicio; otros pueden centrarse en actividades que no están alineadas con una búsqueda apremiante de ganancias, tales como el cuidado de niños, la educación, la mejora de las vidas

---

[126] Los mecanismos sugeridos mediante grupos en sinergia, permiten favorecer proyectos de nuevos negocios que estén destinados a satisfacer las demandas más desatendidas o menos ofertadas en la comunidad y esto se determina mediante el *mapeo* del mercado, el cual puede verse como un mecanismo democrático y descentralizado. (Nota Especial)

de las personas mayores, etc.[127]. También podemos imaginar grupos con varios tipos de proyectos de trabajo complementarios. Por ejemplo, un grupo puede seleccionar un proyecto para obtener un beneficio para subvencionar otros proyectos de alto valor que tienen poco o ningún potencial de ganancias.

El cómo se reinvierten o distribuyen los beneficios es decidido por los miembros cada grupo[128]. Podemos imaginar fácilmente a un grupo que se formó para construir viviendas para sus miembros, y consideran que sus miembros han desarrollado la experiencia necesaria para que puedan comercializar ese conjunto de habilidades a grupos cercanos. En un entorno urbano, un grupo puede construir unidades de vivienda para alquilarlas a miembros CLIME de otros grupos, o para los mercados que están fuera del sistema.

Los grupos fundados por aquellos con talentos específicos pueden organizarse para proporcionar servicios o entrenamiento para cientos o miles de otros miembros CLIME en otros grupos. Por ejemplo, un puñado de médicos y enfermeras podría lanzar un grupo específicamente para financiar y capacitar personal para una clínica multidisciplinaria. Una asociación central de educadores podría formar un grupo con la única intención de iniciar y operar una instalación de entrenamiento.

El Principio de Pareto sugiere que aproximadamente el 20% de los grupos en cualquier región generarán el 80% de los bienes y servicios excedentes. Los grupos con el mayor éxito atraerán a los miembros más ambiciosos, mientras que los grupos menos productivos preferirán simplemente cumplir con los estándares mínimos pues es lo que mejor pueden lograr con su estructura de miembros y los recursos que tienen a la mano.

Esta disparidad sistémica es una ventaja más que un problema, ya que el ingreso garantizado de los miembros en los grupos marginales les da a los grupos de menor productividad los medios para mejorar su calidad de vida mediante la compra de los excedentes de los grupos más productivos. Los grupos que generan grandes excedentes necesitan mercados para vender sus excedentes, y los grupos de menor productividad en el sistema proporcionan esta demanda.

En otras palabras, el sistema no trata de crear grupos con capacidades, niveles de productividad o proyectos de trabajo iguales. El sistema está diseñado para alentar a los grupos a que surjan allí donde existan carencias y necesidades no satisfechas dentro de la comunidad. Que algunos grupos operarán al igual que las empresas, mientras que otros funcionarán de manera más informal, de bajo perfil es uno de los puntos fuertes del sistema. Si hay una escasez generalizada de la asistencia sanitaria, una clínica que funcione como una corporación podría ser la solución más productiva a la escasez. Si la escasez es en los servicios para las personas mayores o cuidado de los niños, se presentarán grupos administrados de manera más informal para satisfacer esas carencias.

Las bajas barreras para incorporar empresas y un nivel alto de exigencia en el cumplimiento y la calidad, ofrecen un premio para los que estén dispuestos a iniciar un nuevo grupo, y para aquellos con las habilidades necesarias para gestionar el continuo cumplimiento del desempeño del grupo.

---

[127] En un comienzo, este tipo de actividades adolecerán de baja rentabilidad. Pero en un sistema que puede acuñar su propio dinero con respaldo de aquello que es valioso para sus comunidades, una vez que los grupos crecen, no hay ningún motivo para que tales actividades no sean sorprendentemente redituables. Por otro lado, si la educación se orienta a la productividad y a la capacitación de niños y jóvenes para proveer a sus comunidades de lo que es realmente valioso en ellas, esta actividad se convertiría en uno de los ramos más redituables del nuevo sistema. (Nota Especial)

[128] Como en todo negocio estas decisiones se toman en torno a una planificación. (Nota Especial)

Los grupos y los miembros se auto-organizan en función de las carencias locales y los intereses y habilidades de sus miembros. Una persona que se da cuenta de que no les gusta el trabajo agrícola podría salirse de ese grupo para unirse a otro grupo que se dedique a prestar asistencia sanitaria. Una persona que busca las habilidades de alto nivel puede moverse a otro grupo para avanzar en sus habilidades. Los grupos que tienen éxito van a crear una demanda de otros servicios, generando nuevas oportunidades para otros grupos.

Por ejemplo, el grupo que ponga en marcha una clínica exitosa puede encontrar que no hay suficientes viviendas para sus miembros cada vez mayores. Un grupo que es eficiente en la construcción de la vivienda puede expandirse para satisfacer esa necesidad.

La característica más importante de la estructura de estos grupos es que a todos los miembros de cada grupo se les garantiza un trabajo remunerado haciendo algo que resulta tanto de su elección como valioso para su comunidad. Cada miembro es libre de cambiar de grupo, trabajar a tiempo parcial en varios grupos, o bien, trabajar a tiempo parcial en un grupo y operar un negocio en su hogar con fines de lucro en su tiempo libre, o incluso, iniciar un nuevo grupo.

Las normas que rigen grupos son simples: transparencia, buen gobierno, dirigentes elegidos, y un trabajo de utilidad que sirva a la comunidad. Más allá de estas normas mínimas, el sistema es capaz de auto-organizarse para satisfacer mejor cualquier escasez local y hacer el mejor uso del servicio de las personas y los recursos disponibles.

Esta auto-organización es capaz de crear ese tipo de capital que se origina en cada miembro individual, al optimizar cada una de sus opciones y mejorar cada una de sus habilidades, y también se enriquece con ese tipo de capital que se origina de los grupos cuando estos se hacen capaces de llenar todas las carencias más apremiantes y compiten con otros grupos por miembros productivos. Los grupos pueden fallar, y los proyectos de trabajo dentro de los grupos exitosos pueden fallar. *Fallar a menudo y fallar rápido* genera una valiosa experiencia de aprendizaje y mejora las mejores prácticas de todos los grupos.

La organización del flujo de trabajo[129] en el grupo

En esencia, CLIME se pretende diseñar para organizar y pagar la mano de obra subutilizada de manera tal de hacer frente a escenarios locales de escasez. Esta sincronía es poco probable que sea perfecta. En los comienzos de este nuevo sistema, podemos anticipar que, en muchos casos, tanto los intereses más apremiantes de las personas como sus habilidades no estarán en armonía para enfrentar la magnitud inicial de la escasez local que se vive en cualquier lugar del mundo. Pero si los grupos eligen adecuadamente los proyectos de trabajos y de nuevos negocios que se ajusten a los intereses prioritarios y las habilidades existentes de todos sus miembros, es posible salir de cualquier escenario de escasez local apremiante que pueda estar desatendido.

CLIME requiere que los grupos seleccionen democráticamente las mayores carencias no cubiertas en su comunidad y dedicar sus esfuerzos a satisfacer esas necesidades[130]. Si el capital y las habilidades

---

[129] Flujo de trabajo es un concepto que pertenece a la ingeniería industrial y estudia los procesos logísticos a través de los cuales un procedimiento de trabajo es manejado por un grupo de colaboradores. (N.T.)

necesarias no están a la mano, los grupos deben contactarse con otros grupos con mejores prácticas y recursos para la formación de plantillas de miembros más adecuadas y la obtención de préstamos o colectas de fondos o quizá incluso para obtener los materiales necesarios[131].

Dado que cada grupo debe dedicar algún esfuerzo para cuidar de aquellos en la comunidad que no pueden cuidarse de sí mismos y tienen al menos un proyecto de trabajo, cada grupo tiene al menos dos proyectos. Dado que el *Consejo de los Grupos Locales* se encargará de coordinar los esfuerzos de todos los grupos comunitarios que componen a dicho grupo local, podemos anticipar que los grupos pueden seleccionar más de un proyecto de trabajo: uno en combinación con otros grupos, y uno que es el único de su propio entorno.

¿Cómo se organizan los grupos de trabajo? ¿De qué manera los individuos eligen el trabajo que quieren hacer?

Un principio de CLIME es que todos los servicios y dividendos en cualquier grupo se deben pagar bajo criterios igualitarios, para evitar las tentaciones del privilegio. Como resultado, el pago no es un criterio adecuado para organizar las prioridades de las tareas (grupos menos productivos reciben ingresos más bajos, como veremos más adelante, pero el pago dentro de cada grupo es siempre igualitario.)

Debido a que CLIME es optativo (es decir, que nadie está obligado a asociarse pero todos tienen la libertad de asociación), el trabajo no se organiza en torno a la obediencia o la coacción. Por el contrario, el flujo de trabajo en grupo tiene como objetivo fomentar la libertad de elección de los miembros, siempre y cuando el trabajo sea hecho tan eficientemente como sea posible.

Lo ideal es que cada tarea (incluso las más desagradables, tales como la recolección de basura) sea cumplida de forma libre por cualquier miembro. Sin embargo, dado que algunos trabajos esenciales serán difíciles y/o desagradables, tiene que haber un mecanismo para que todos los miembros asuman compromisos con su trabajo independientemente de lo desagradable que pueda ser, incluyendo el caso en que el servicio se trate del liderazgo.

Afortunadamente, este proceso puede ser coordinado mediante un software que será imparcial. Por ejemplo, si nadie se ofrece para hacer la recolección de basura, a cada miembro se le puede asignar una hora o dos de este trabajo a la semana.

La forma de evitar este compromiso impuesto sería mediante el ofrecimiento voluntario para hacer algún otro tipo de trabajo que la congregación también esté evitando, como por ejemplo, la limpieza en los corrales.

Este sistema de asignación de trabajos esenciales que están sin cubrir por voluntarios, anima a los miembros a realizar trabajos voluntariamente para cualquier ocupación desagradable que menos les

---

[130] Estos ejercicios de democracia, perfectamente pueden encarnar las actividades de mercado de una comunidad, mediante los eventos que ya hemos nombrado de "mapeo" y "subastas dobles". Estos eventos pueden llevarse a cabo en cada localidad mediante festivales, con dinero recaudado para participar de dichos eventos. ¿Quién dijo que la democracia tenía que ser aburrida? (Nota Especial)

[131] En realidad no hace falta ni endeudarse ni mendigar fondos. Los protocolos de sinergia recomiendan procedimientos detallados para que cualquier persona pueda realizar inversiones en redes incubadoras de empresas, siendo una dinámica de ganar-ganar. (Nota Especial)

moleste, y reduce al mínimo las cargas de todos, al exigir una modesta cantidad de tiempo invertida en el trabajo que a nadie le gusta[132].

Aquellas ocupaciones que estén entre las más codiciadas, pueden administrarse por un proceso de pareo o mapeo: el liderazgo[133] elegido por el grupo asignará las prioridades que tendrán las tareas y a los miembros voluntarios para las tareas. Los miembros podrían tratar de trabajar con amigos, conseguir el trabajo que se ajusten más a sus intereses, o elegir cualquier trabajo que les parezca el más fácil (CLIME no presupone que las personas deban ser devotas del trabajo laborioso).

Las personas que no puedan encontrar ninguna tarea con las que estén a gusto o dispuestos a hacerla, serán libres de buscar pertenecer a otro grupo, iniciar su propio grupo o abandonar CLIME por una empresa en el sector tradicional con fines de lucro.

CLIME es en esta forma, como una empresa con fines de lucro: Si se desea recibir algún pago, se debe realizar el trabajo que la organización necesite.

En general, los individuos estarán motivados a trabajar por el pago de sus salarios o dividendos y por la oportunidad de hacer un trabajo importante en un ambiente de trabajo en equipo.

Grupos y súper grupos

Como se señaló anteriormente, el Principio de Pareto (una ley de distribución que se encuentra comúnmente en la naturaleza), sugiere que aproximadamente el 20% de los grupos en cualquier región del mundo generará el 80% de los bienes y servicios excedentes. Si exploramos más a fondo, podemos anticipar que el 20% de los miembros de cada grupo va a generar el 80% del valor y que el 20% de los grupos pueden contener 80% de los miembros.

Esta distribución beneficia a CLIME, el cual es un sistema orientado a proporcionar ingresos y beneficios de membresía estables para todos, a la vez que permite oportunidades para lograr una variedad de objetivos. CLIME no está pensado para restringirle los beneficios a ese 20% más productivo de las comunidades, sino para elevar en general la productividad, los ingresos, el capital y el bienestar de todos los miembros. Si a este 20% de los miembros más productivos se les da la libertad de aumentar sus ingresos así

---

[132] Una solución mucho más simple, es a través de los mecanismos del libre mercado. Nuevamente, es difícil pensar en los términos de un nuevo sistema, porque llevamos toda una vida sometidos bajo las estructuras de un pernicioso sistema monetario impositivo y centralizado. A quienes les toca recoger basura, en nuestro actual sistema social, son aquellas personas que se han visto privadas de todas las oportunidades que pueden conducirles a la prosperidad, debido a las perversiones de un sistema que centraliza el poder y la acuñación de la moneda en manos de los más poderosos. Así que no solo te ves en la obligación de aceptar trabajos desagradables, sino que debes hacerlo por la peor paga que admite el mercado. Esto definitivamente no tiene que ser así en el nuevo sistema. Mediante los torneos y festivales de "doble subasta" los trabajos más desagradables, deberán ser los mejor pagados en Largent, y podrán ser bien pagados, porque ahora la comunidad que debe trabajar es la que tiene el poder de acuñar su propia moneda. Así que el incentivo de recoger basura tendría un ingreso suficientemente codiciable como para que no falten voluntarios. Y el software imparcial se fundamenta en el libre mercado, en el mapeo colaborativo y en divertidos torneos de negociación de precios. (Nota Especial)

[133] Este liderazgo puede ser totalmente descentralizado, a través del diseño de planificaciones distribuidas del trabajo. Ciertamente siempre será requerido un liderazgo que se responsabilice por el diseño más conceptual de la planificación, pero las etapas más detalladas corresponden a otros miembros del grupo, siendo el último nivel de detalle meritorio de quien ejecuta la tarea. Mediante protocolos de sinergia, todos los niveles de liderazgo son merecedores de una participación de los frutos del trabajo. (Nota Especial)

como el capital sus grupos de acuerdo a sus mejores potenciales, esto aumenta los ingresos y el capital del otro 80% de los miembros[134].

Algunos miembros de alto rendimiento podrían abandonar CLIME para hacer fortuna en el sector privado tradicional. Algunos pueden ver esto como una debilidad de CLIME, que los miembros de mayor éxito son libres de abandonar el sistema para buscar una fortuna privada. Pero esta libertad de movimiento (es decir, libertad de asociación) es una fortaleza de CLIME, al ser libre el flujo de talentos, la innovación, la información y el capital de CLIME se beneficiará de cada miembro mientras posea las membresías de estas personas en su sistema. Los que se retiren de CLIME para ir al sector privado actuarán como emisarios y pregoneros (suponiendo que dejaron el sistema en buenos términos) e igualmente podrán ser catalizadores del comercio de beneficios mutuos entre los grupos CLIME y los mercados tradicionales con fines de lucro. Otros grupos de miembros preferirán permanecer en CLIME y buscar puestos de dirección más prominentes en sus grupos.

Algunos grupos pueden operar con fines de lucro dentro de CLIME, vendiendo la mayor parte de su producción a los mercados exteriores al sistema CLIME[135]. Estos grupos atraerán naturalmente a aquellos trabajadores más ambiciosos, a medida que las ganancias de dichas empresas fluyan hacia los miembros a estos grupos.

Si combinamos estos elementos, vemos el potencial para la creación de súper grupos emergentes: grupos que generan mucha más producción que la que pueden consumir y atraen a muchos más miembros que el promedio de los grupos.

También se puede prever otra forma de súper grupo en la taxonomía de los grupos de CLIME: una alianza de grupos dentro de la gran alianza global de CLIME.

Hay muchas razones por las cuales los grupos podrán formar una estrecha alianza. Una de las razones se debe a la ubicación geográfica y a la proximidad. Grupos en una región inestable, por ejemplo, podrían coordinar la seguridad para todos los grupos CLIME de la zona. Otras razones surgen de la experiencia compartida, los mercados o intereses. Los grupos que se especializan en las partes metálicas de mecanizado, por ejemplo, podrían formar lazos especializados, ya que compartirán herramientas, técnicas de trabajo y los mercados para colocar sus productos.

Estas redes de grupos podrían operar del mismo modo que lo hicieron en sus días de auge a lo largo de las líneas costeras de la Europa del norte la Liga Hanseática de comercio[136], un modelo que mi colega Marcos Gallmeier cree, tiene mucho mérito para grupos independientes y súper grupos.

---

[134] De acuerdo a los estudios del investigador Wataru Souma, de la Universidad de Kyoto, en un artículo titulado "la física del ingreso individual", se demostró que en nuestros actuales sistemas económicos existen dos modelos de distribución de la riqueza superpuestos: un modelo natural, de acuerdo al principio Pareto, y un modelo forzado que distribuye la riqueza de acuerdo a un patrón "logo-normal". La distribución natural es disfrutada por las clases media alta hacia arriba, mientras que la distribución más distorsionada la sufren las clases pobres. Este modelo propuesto por CLIME aumenta las probabilidades de una sociedad totalmente distribuida de acuerdo al patrón Pareto, donde los aún los sectores menos productivos, podrían llevar una calidad de vida al abrigo de cualquier necesidad material. http://bit.ly/2ee3hJW (Nota Especial)

[135] Esto tiene mucho sentido, pues al operar desde CLIME todos los costos de producción podrían pagarse en Largent, mientras que las ventas al llevarse a cabo en moneda de curso legal, generarían una capitalización optimizada de estos miembros. (Nota Especial)

[136] Se trata de un "gremio" (hansa, en el alemán medieval) de comerciantes que se organizaron para poder operar blindándose de los ataques de corsarios y piratas y procurándose mediante el apoyo mutuo de sus miembros, todos los permisos y licencias gubernamentales necesarias para practicar su oficio. Esta liga era gobernada por consenso democrático y mediante la designación de una "Dieta" o delegados especiales. Nunca llegó a constituir un gobierno centralizado y conservó siempre su soberanía. Esta liga existió desde mediados del siglo XII alcanzando su máximo poder adentrado el siglo XIV, para disgregarse y finalmente disolverse en pequeños grupos durante un periodo de 300 años, periodo que correspondió a la dominación británica, cuya fuerza naval le impuso a la liga una serie de ataques que terminaron por disolverla. (N.T.)

La competencia es una parte integral de CLIME: la competencia por los miembros, por los mercados y por la mejora del valor.

Algunos grupos bendecidos con un liderazgo particularmente eficaz y grandes canteras de talento natural superarán a los grupos menos administrados, y estos grupos de gran éxito atraerán naturalmente a los miembros más ambiciosos. Tales súper grupos podrían tener miles de miembros, mientras que el grupo promedio tendrá mucho menos miembros.

Hay varios factores que tienden a limitar la expansión de los súper grupos. Una de ellas es que la experiencia para gestionar 1.000 miembros no es la misma que para gestionar 10.000 miembros. Otra es que las facciones rivales en el grupo pueden abandonar para formar un nuevo grupo, llevándose consigo una parte importante de los miembros productivos con ellos. Un tercer factor es que las características que llevaron a los individuos a unirse a un grupo tienden a erosionarse a medida que se expande el grupo.

El súper grupo de alianzas puede superar un súper grupo individual en algunos lugares, mientras que un súper grupo individual podría superar al súper grupo de alianzas en otros entornos.

Incluso podemos prever una alianza de grupos que han optado por permanecer pequeños, es decir, con 50 miembros o menos, como una forma de compensar las ventajas que ofrece la súper-agrupación. Tales grupos artesanales pueden optar por seguir siendo pequeños, mientras que otros grupos pueden tener que escalarse como la única manera de abordar ciertas carencias en su comunidad.

Determinadas tareas se prestan para los súper grupos. Por ejemplo, una gran clínica hospitalaria requiere un nivel de gestión y experiencia que se sirve mejor si es realizada por algún tipo de súper grupo.

Otras tareas pueden requerir un súper grupo temporal. Si un *Consejo de los Grupos Locales* (véase más adelante) decidió que un nuevo puente serviría a todos los grupos CLIME en cierta zona, los grupos podrían formar una alianza con la única tarea de construir el puente[137]. Una vez completado el proyecto, los grupos disolverán esta alianza de un solo proyecto.

Proyectos de gran escala pueden requerir súper grupos globales capaces de captar el capital necesario, la experiencia y los materiales.

CLIME permite y fomenta una variedad casi infinita de grupos, todos derivados de variables geográficas y culturales, así como de intereses y necesidades específicas.

El consejo de los grupos locales

CLIME tiene un Súper Grupo oficial: el *Consejo de los Grupos Locales*. Cada grupo debe unirse a un *Consejo de Grupos Locales* que coordine los esfuerzos locales en problemas que no pueden resolverse de manera efectiva por un solo grupo: como la asistencia médica, la salud mental, la atención a los ancianos, el cuidado de niños, la falta de vivienda, la seguridad alimentaria, y así sucesivamente. La estructura del

---

[137] Esto se conoce como patrimonio social, y en general son empresas, que bien pueden servir como recursos que al ser propiedad de una comunidad, no necesitan ser altamente rentables, solo operar para procurarse lo mínimo para mantenerse. De este modo cualquier carencia que requiera de economías de escala para proveerse de las materias o recursos primarios requeridos (por ejemplo, una fábrica de acero, o una planta de microprocesadores, que sólo son rentables si venden a gran escala), puede gestionarse y llevarse a la práctica mediante empresas o proyectos de patrimonio comunitario. (N.T.)

Consejo de los grupos locales garantiza un esfuerzo coordinado y la puesta en marcha en común de lo que funciona mejor en determinadas circunstancias con otros Consejos a nivel mundial.

Tal y como se destacó previamente, se requiere que cada grupo dedique un porcentaje significativo de su trabajo y capital para el cuidado de aquellos que no puedan valerse por sí mismos. La estructura del Consejo le permite a los grupos locales hacer frente a los problemas que requieren un esfuerzo sostenido y coordinado como por ejemplo, la mejora de la calidad del agua para la ciudad entera.

La estructura del Consejo proporciona un medio para organizar la fuerza de trabajo de toda una región. Podemos anticipar que las alianzas de los Consejos se crearán para coordinar soluciones regionales, con el entendimiento de que la Alianza de Consejos no tendrá autoridad dentro de CLIME. Del mismo modo que el individuo siempre puede optar estar dentro o fuera de un grupo CLIME, una Alianza de Consejos es optativa: surge para servir mejor a una necesidad regional, no para ejercer un poder centralizado.

CLIME no tiene ninguna dirección centralizada

Mientras que el software CLIME es administrado y mantenido por alianzas sin fines de lucro, el sistema no tiene ninguna directiva centralizada. En cuanto a la dirección operativa y la toma de decisiones, CLIME es un sistema de liderazgo local y emergente, es decir, surgen líderes cada vez que se establece un nuevo grupo o una nueva lista de líderes es elegido en un grupo existente.

Cómo el sistema se expande en cualquier región específica o nación, éste no depende de una autoridad centralizada que de órdenes hacia abajo como en una jerarquía, en cambio, es mediante elecciones democráticas que se seleccionan a los miembros individuales como líderes para diversos grupos. Como resultado, podemos anticipar una gran diversidad de grupos CLIME, alianzas y prioridades dentro de las regiones. Algunas áreas pueden establecer rápidamente alianzas formales entre los grupos (es decir un Súper Grupo) o ampliar el uso de las mejores tecnologías disponibles. Los grupos de otras regiones pueden optar por seguir siendo pequeños y muy independientes.

Esta confianza en el liderazgo emergente es una fortaleza clave de CLIME. El sistema *se nutre de la diversidad, el flujo libre de información, la libre elección y la retroalimentación*, y rechaza la centralización y las jerarquías en las organizaciones como sus principios.

¿Por qué crear un grupo CLIME?

¿Por qué un individuo comenzaría un grupo CLIME? Hay tres motivaciones básicas:

1. El individuo no tiene ingresos (o ningún ingreso fiable) y quiere un ingreso seguro.

2. El individuo está cansado de ser improductivo y quiere ser útil y productivo.

3. El individuo se preocupa por la escasez y las necesidades no satisfechas de su comunidad y quiere solucionar estos problemas.

También hay motivadores potenciales adicionales:

1. El individuo se siente solo y quiere un círculo social digno de confianza en donde pueda desenvolverse.

2. Para tomar prestada una frase de Steve Jobs, el individuo tiene un ardiente deseo de hacer algo increíblemente grande y CLIME ofrece un paquete completo para hacerlo: oportunidades de acceder a un capital, conexiones y la mano de obra necesaria.

El rol único de los grupos CLIME en la economía comunitaria

¿Qué puede lograr un grupo CLIME que el actual mercado, que busca maximizar las ganancias, y el Estado no pueden lograr?, ¿Por qué necesitamos un sistema CLIME?

La primera respuesta es que los sistemas actuales son incapaces de crear puestos de trabajo para todos los que quieren uno.

La segunda respuesta es que *los grupos CLIME hacen todo el trabajo que o bien no pueden hacer o no tienen ningún interés en hacer, ni las empresas que maximizan ganancias ni el estado*. Aunque la narrativa oficial nos asegura que todos los servicios que la sociedad necesita o valen la pena o bien lo lleva a cabo toda aquella empresa motivada por maximizar el lucro, o bien siempre lo llevará a cabo el Estado, como hemos visto en los ejemplos de las ciclo-vías y con los costos de la educación, hay enormes franjas de trabajo que son útiles y necesarias que no generarán jamás un beneficio ni tampoco benefician a las jerarquías, pues no generan privilegios protectores del estado.

La verdad es que solo a una porción muy estrecha de la experiencia humana se le puede extraer un beneficio. Si le quitamos las vendas al estado y a su criada, el consumismo, podremos ver grandes perspectivas de trabajo que son intrínsecamente poco rentables y que van más allá del alcance del Estado.

Los grupos CLIME juegan otro papel vital: *ofrecen una competencia a los monopolios del Estado y de las empresas que maximizan ganancias*. Como se ha señalado en la sección 1, el monopolio es la manera ideal de maximizar los beneficios y proteger los privilegios. En efecto, la razón originaria de ser de todo Estado, es monopolizar el poder, la emisión de dinero y del crédito, lo que le da el control de la riqueza. Las empresas con ánimo de lucro maximizan sus ganancias al estar bajo el ala del estado.

Los grupos CLIME se hacen libres de evaluar las mayores carencias en sus comunidades y aliviar esas carencias. Si esas carencias son el resultado de los monopolios cartel de los estados, los grupos CLIME pueden comenzar a producir todos los bienes y servicios que sean escasos, en competencia directa con estos monopolios[138].

Estos monopolios, naturalmente, resistirán con ferocidad esta competencia, pero hay varios factores sistémicos que complican la eliminación de esta competencia:

---

[138] Competencia que debemos estar muy claros desde un principio: no van a ser del agrado de ninguno de estos monopolios, y harán todo lo que esté al alcance de su poder legítimo, o al alcance del abuso ilegítimo de su poder, para impedir a toda comunidad que desee empoderarse para auto-abastecerse de lo que tanto han marcado sus carencias a lo largo de la historia. Las corporaciones y los estados reaccionarán ante los grupos CLIME, del mismo modo que el sistema inmune reacciona ante un nuevo tejido extraño que crece en un organismo. Aun cuando este nuevo tejido no se trate de un cáncer que intenta poner fin al viejo organismo, sino de una metamorfosis que intenta transformarlo. (Nota Especial)

1. No pueden controlar la moneda CLIME o su red descentralizada. Pueden intentar prohibirla, pero ya que reside en dispositivos ubicuos y redes tecnológicas (como teléfonos inteligentes y la web), será esencialmente imposible eliminarla[139].

2. CLIME opera a los niveles más bajos de la economía, y es en efecto *un mercado negro global* con su propia moneda y su propia red de producción y distribución. La historia nos demuestra repetidamente que mientras más opresivos sean los monopolios, más penetrantes y eficaces serán los mercados negros que se establezcan para contrarrestarles.

3. El poder político y económico que las comunidades CLIME estarán progresivamente conquistando a escala global, tal y como lo conquistaron los alianzas Hanseáticas de los comerciantes alemanes del medioevo, sin necesidad de un gobierno central.

La influencia política y financiera de una comunidad global CLIME

Cuando el sistema CLIME sea lanzado, el número de grupos que le sustenten será pequeño. Pero a medida que los fracasos del actual sistema mundial se extienden como una tormenta de fuego en toda la economía global, podemos anticipar la igualmente rápida propagación de sistemas como CLIME.

El principio de Pareto nos da información clave de esta expansión CLIME. La distribución puede ser destilada de un 80/20 a un 4/64, puesto que sí el 20% del 20% (es decir, el 4%) de los grupos económicos de mayor influencia, tienen un enorme poder sobre el 80% del 80% (es decir, un 64%) de la producción global, una vez que un 4% de sectores de la economía mundial tenga una presencia CLIME, podemos anticipar una expansión muy rápida de sus influencias a un 64% de la economía mundial[140].

Los poderes financieros y políticos dominantes (que son actualmente Estados Unidos, la Unión Europea, Japón y China) probablemente se resistirán a la difusión mundial de un sistema no estatal que está fuera de su control. Pero a medida que los fracasos del actual sistema mundial consuman sus economías en la periferia (a menudo llamadas economías emergentes), las crisis se extenderán desde la periferia hacia los países desarrollados.

Las economías desarrolladas que aún no hayan perdido sus economías locales comunitarias no serán capaces de limitar la aparición de CLIME en estas comunidades locales, que necesitarán de aquello de lo que CLIME pueda proveerles para poder iniciar su primera semana de funcionamiento: ingresos en efectivo para todos, un mercado para su producción y una fuente de riquezas.

Una vez que el sistema de CLIME alcance los primeros 10 millones de miembros (aproximadamente el tamaño de una megalópolis como Los Ángeles), las acciones unificadas de los miembros ejercerán una influencia global. Esta acción podría tomar la forma de una campaña de publicidad que documenta la

---

[139] Prohibir una red descentralizada sólo es posible bajo regímenes de gobierno que colindan con la autocracia y el abuso del poder. Bolivia ha sido uno de los primeros países en Latinoamérica en prohibir las criptodivisas explícitamente. Ecuador, aunque pretende instaurar una moneda digital acuñada por su Banco Central, ha prohibido el uso de criptodivisas descentralizadas y en Venezuela, aun cuando no hay legislación que las prohíba, las criptodivisas están siendo perseguidas por la inteligencia militar de ese país. Mientras, otros países que no simpatizaron mucho con estas tecnologías, como Rusia, están comenzando a considerar el aceptarlas como monedas extranjeras y países como Japón les han dado abiertamente la bienvenida como recursos con plena legitimidad económica. (N.T.)

[140] Esta deducción aunque pueda parecer simplista o exagerada es apoyada por nuestros cálculos e investigaciones sobre los modelos matemáticos del efecto de red. (Nota Especial)

represión contra los grupos CLIME por parte de un Estado o nación en particular, o podría tomar la forma de un boicot contra una corporación global que ha tratado de reprimir la competencia de los grupos CLIME. Esta acción unificada será motivada en última instancia, por el propio interés de cada miembro y de cada grupo, ya que el potencial de creación de riquezas en CLIME, para beneficiar a cada grupo e individuo, aumentará a medida que más personas y grupos se le unan.

Cuanto mayor sea el mercado, más bienes y servicios podrán ser vendidos. A medida que más personas productivas puedan unirse al sistema, la suma de conocimientos y experiencia a disposición de todos se expandirá. Y a medida que el número de miembros que generan un ingreso se expanda, también lo hará el poder adquisitivo y el capital de todo el sistema.

Para cuando la red CLIME alcance los 50 millones de miembros (el equivalente a un Estado-nación de importancia), aún sigue siendo inferior al 1% de la población humana total, que es de alrededor de 7,4 mil millones, el poder político y económico de las acciones unificadas de las membresías globales competirán con el de las naciones y estados. Este alcance global jugará un papel importante en la descomposición de los regímenes represivos, monopolios y privilegios protegidos, uno a la vez y en todas partes surgirá una red CLIME para proporcionar trabajo remunerado y aliviar la pobreza[141].

CLIME elimina la explotación del trabajo

La explotación del trabajo, (un pago de salarios muy bajos, y el continuo engaño a los empleados sobre el propósito y utilidad de su servicio, y así sucesivamente) solo es posible cuando el trabajo remunerado es escaso y el número de personas en paro es alto. Al garantizar salarios para todos los que quieren uno, CLIME establece un salario mínimo base con el que otros empleadores (el Estado y las empresas que maximizan las ganancias) tendrán que competir, y deberán satisfacer un estándar mínimo de contratación hacia los trabajadores. Si un individuo puede salir del Estado o de un empleador privado para unirse a un grupo CLIME por propia voluntad, sus ex empleadores se verán obligados a igualar o superar los salarios y otros beneficios ofrecidos por grupos CLIME. Como resultado, CLIME eleva el nivel de calidad de vida de todos los trabajadores, y no solo los salarios de quienes que se unen a un grupo CLIME.

El poder de la comunidad

Las investigaciones en el área psicológica, han encontrado que los objetivos individuales, tales como la pérdida de peso, estar en forma, el manejo de los trastornos de ansiedad, y similares, son por lo general mejor atendidos en grupos de miembros de igual jerarquía con los mismos objetivos. Para mantener el rumbo, cada grupo es gestionado por una persona entrenada. El apoyo entre iguales en una estructura orientada a objetivos ayuda a las personas a hacer frente a los desafíos y contratiempos que son parte del proceso de lograr sus objetivos particulares.

---

[141] De acuerdo a las dinámicas del efecto de red, similares a las que exhibe una epidemia virológica, tan pronto se alcance la masa crítica, es decir el mínimo requerido como para que las redes extiendan sus influencias a sectores significativos de la producción, el proceso de avalancha es realmente muy veloz. Alcanzar la masa crítica en una ciudad grande puede tomar años (de 3 a 5, según nuestros cálculos), pero la avalancha, sólo toma unos pocos meses o semanas. (Nota Especial)

La estructura de las redes CLIME se presta muy naturalmente a la formación de grupos de apoyo entre iguales, diseñados para ayudar a las personas a alcanzar sus objetivos personales en su salud, su carrera, aspiraciones particulares, y para la formación de los líderes de los grupos de acuerdo a las mejores prácticas.

El poder de la información CLIME

La identificación, la codificación y la optimización de las mejores prácticas para una variedad de circunstancias es un paso crítico en la mejora de la productividad y *hacer más con menos*. El sistema CLIME permite y estimula este proceso a escala mundial, ya que se requiere que cada grupo pueda realizar un seguimiento a su trabajo, su capital y los recursos dedicados a cada proyecto y registro de sus resultados. Estos datos (despojados de las identidades individuales para proteger la privacidad) están a disposición de todos en el sistema CLIME para su análisis. En vez de adivinar lo que funciona mejor en un entorno específico, cada uno dentro de CLIME tendrá acceso a los resultados basados en datos sobre lo que funcionó o no funcionó en otras partes del sistema.

Este vasto tesoro de datos, en forma de repositorios, acelerará los procesos de identificación y de perfeccionamiento de las prácticas recomendadas para las particularidades geográficas específicas, ciertas limitaciones de recursos, problemas culturales, y otros rasgos de las redes de alianzas.

CLIME relocaliza el trabajo y la riqueza

Una de las consecuencias históricas de la falta de trabajo remunerado es la migración de la fuerza laboral a las naciones más prósperas. Esta migración tiende a desangrar a aquellas regiones empobrecidas, con la pérdida de talentos y de capital, mientras que genera más conflictos en las regiones que atraen esta fuerza.

El propósito de CLIME es crear un trabajo remunerado en todo el planeta para cualquier persona que lo desee. La gente todavía pueden optar por migrar hacia oportunidades mejores o diferentes en otro lugar, pero con CLIME, cualquier persona que quiera trabajo solo tienen que iniciar o unirse a un grupo CLIME allí mismo en donde vive. Con el sistema CLIME, no hay necesidad de emigrar para encontrar un trabajo remunerado. El trabajo remunerado está disponible en todas las comunidades, en todas las naciones y regiones una vez que cualquier individuo incorpore un grupo CLIME.

CLIME no solo proporciona el trabajo remunerado. También construye capital, que es el motor de la creación de riquezas. CLIME relocaliza el trabajo remunerado y la riqueza mediante la generación de una red global de mercados, de capital y experiencia.

CLIME maneja los problemas complejos que las empresas con fines de lucro

y el Estado no pueden resolver

Como se señaló anteriormente, CLIME faculta a las economías comunitarias para hacer frente a aquellos problemas cuyas soluciones no son rentables ni fomentadas por las jerarquías estatales; por ejemplo, la falta de vivienda y las circunstancias relacionadas con la salud mental, y el abuso de las drogas. Las investigaciones en el campo sociológico, han encontrado que el compromiso del grupo es la base fundamental de las soluciones a largo plazo para esta clase de problemas, y CLIME ofrece la mano de obra, el capital, los datos y los recursos compartidos necesarios para instaurar y mantener las soluciones basadas en grupos sociales a problemas que han sido desatendidos o que en el actual sistema mundial solo han fracasado.

CLIME refleja el desorden de la innovación y la adaptación

Dada la novedad de los sistemas CLIME y sus exigencias sobre el individuo, podemos anticipar una tasa muy elevada de fracasos entre grupos, individuos y sistemas en las etapas iniciales. Algunas personas van a encontrar las complejidades tecnológicas de establecer un grupo, demasiado desalentadoras; otros no podrán rendir las cuentas requeridas y perderán su acreditación como grupo. Todavía otros intentarán engañar al sistema y serán atrapados y su membresía será revocada. Hackers malvados tratarán de crear millones de Largent falsificados para su propio uso, y varios errores en el software, como es seguro que ocurra, serán descubiertos en los momentos menos convenientes[142].

Todo esto es de esperar. Naturalmente, la gente probará los límites del sistema para ver si se pueden establecer grupos de privilegios o la forma de colocar en hombros de otros el trabajo que les corresponde a ellos. El software automatizado tendrá que ser lo suficientemente robusto para atrapar la mayor parte de estas trampas y fraudes y revocar esas membresías.

Pero incluso más allá de esta fase inicial de pruebas y aprendizajes sobre cómo funciona el sistema, CLIME todavía existirá en un estado semi-caótico y desordenado. CLIME es un sistema intrínsecamente desordenado, optimizado para ser abierto a la experimentación dentro de códigos de conducta basados en la igualdad de trato de todos los usuarios y grupos. La estructura CLIME *optimiza la libertad de asociación, la libertad de circulación y de elección*. Una vez que los miembros capten esta gran libertad, es natural que se le quiera echar un vistazo a una variedad de grupos, y algunos establecerán su propio grupo para eludir los problemas que pudieron ver en otros grupos existentes.

Todo esto es saludable; esta rotación es el costo de la libertad y de la innovación.

- Si un sistema es despojado de redundancia, se hace inherentemente frágil.

- Si un sistema es despojado de la elección y de libertad de rotación, se le quita la libertad y la innovación.

CLIME es lo suficientemente robusto como para soportar los costes inevitables de esta constante rotación de sus miembros y grupos.

No hay otra manera de proporcionar una auténtica libertad de asociación y de movimiento. Siempre habrá miembros cambiando de grupos, comenzando nuevos grupos, reclutando miembros de grupos existentes, abandonando un grupo si su facción pierde una elección, y personas cuya membresía haya sido

---

[142] De hecho, ya todo esto sucedió con el Bitcoin durante sus primeros años de existencia, pero la plataforma de la criptomoneda aún sigue en pie. (N.T.)

revocada por romper las reglas de conducta y afirmarán que han sido tratados injustamente. Algunas personas pueden involucrarse en cortos períodos de tiempo con un sinfín de grupos, haciendo muy poco trabajo productivo. Otros pueden ser iniciadores compulsivos de grupos, iniciando un grupo tras otro y para luego dejarlos poco tiempo después. Algunas personas pueden permanecer en el mismo grupo toda su vida. Otros podrían alternar entre la pertenencia en CLIME y las empresas con fines de lucro.

Algunos grupos podrían gastar gran parte de su energía en luchas internas. Otros crecerán rápidamente, hacer un gran trabajo para luego desvanecerse. Tanto las dinámicas individuales como las grupales han de tener rienda suelta en CLIME, y esto va a crear de forma natural muchas frustraciones para los que tratan de conseguir un trabajo realmente productivo. Sin embargo, la libertad de movimiento implica que aquellos que se hayan desilusionado con grupos disfuncionales o de baja productividad pueden salir de allí y comenzar su propio grupo, con los estándares más altos de rendimiento en el trabajo.

El desorden de la red CLIME refleja el desorden intrínseco de la experimentación, la adaptación e innovación. Este desorden es el motor que mantiene a CLIME dinámico, adaptable, innovador y operando de manera estable.

La única base sólida que ancla el sistema es muy simple: independientemente de cualesquiera otras condiciones, todo aquel que se acredite para el trabajo de un grupo CLIME se le pagará al final de la semana laboral.

Promoción de la imparcialidad entre los grupos auto-organizados

La gente a menudo se siente más cómoda con gente de su misma clase (sin importar cómo definamos *clase*) y así podemos anticipar que muchos grupos serán en gran parte homogéneos. El sistema requiere que cada grupo CLIME acepte miembros que cumplan sus requisitos anunciados públicamente, con la salvedad de que los grupos pueden aceptar un número limitado de nuevos miembros a la vez, ya que la dirección del grupo debe expandirse junto con la membresía. Algunos grupos pueden optar por seguir siendo pequeños, y el sistema no obliga a los grupos a expandirse.

Un sistema de auto monitoreo contra el sesgo puede evitar el fomento de pandillas que distorsionen al sistema en un esquema de ricos y pobres, en los cuales *algunos son más iguales que otros*. Pero el sistema no impone números límite de cupos en ningún grupo; solo requiere que los miembros serán aceptados basándose en las calificaciones transparentes y objetivas que no tengan nada que ver con el origen étnico, religión, opiniones políticas o de género del postulante.

Sin embargo, hay que reconocer que seguir las reglas formales de afiliación no significa que los miembros estén obligados a relacionarse entre sí. Podemos imaginar a un grupo formado en torno a una fe religiosa específica que debe aceptar a un ateo declarado en contra de los deseos no expresados por los miembros del grupos para una beca que ha sido restringida a alguien de su propia fe. El ateo puede ser un miembro en un sentido formal, pero los otros miembros puedan rehuir de él socialmente. La solución al problema al sesgo informal en el sistema de CLIME es comenzar un nuevo grupo con miembros que comparten deseos similares para la diversidad de la comunidad.

El sistema CLIME no pretende suprimir o apoyar un sistema de valores culturales distintos al de los derechos humanos básicos sobre los que se dicta sobre la libre asociación y la libre participación siendo estos libre de prejuicios étnicos, religiosos, políticos o de género.

Los grupos auto-organizados carecen inherentemente de jerarquías. Aquellos que violan las reglas básicas del sistema perderán su acreditación. Más allá de esto, le corresponde a cada miembro elegir un grupo o iniciar un grupo que funcione no precisamente de total acuerdo con las reglas del sistema CLIME pero de tal manera que haga que cada miembro se sienta cómodo con su membresía.

Proceso de verificación en el cumplimiento del trabajo

Como ya se ha señalado anteriormente en el libro, la integridad del sistema de CLIME requiere de un riguroso protocolo, capaz de verificar que el trabajo que los grupos afirman que se ha realizado fue efectivamente llevado a cabo. He expresado que la filosofía que guía a estos protocolos exige que *las barreras para el ingreso sean pocas, pero las barreras para el fraude sean muchas y que exista un alto nivel de cumplimiento.*

El mecanismo clave que hace factible esta verificación de cumplimiento, es la revisión automatizada por un software de detección de fraudes, y la asignación aleatoria de auditores por parte de miembros de otros grupos.

Los miembros que trabajan como voluntarios (o que son delegados por su grupo) en la verificación los proyectos de trabajo de otros grupos, reciben una formación adecuada y se les paga tal y como si estuvieran trabajando en un proyecto dentro de su grupo.

El propio grupo recibe una pequeña regalía por cada miembro que sirve a la comunidad CLIME en la realizar tareas de auditoría y verificación.

Los miembros y grupos que descubran un fraude, robo, o falsificación reciben un pago de prima adicional[143]. Esto motiva el trabajo detectivesco en circunstancias sospechosas dentro de los grupos (la identidad de los auditores y sus grupos es confidencial por lo que permanecen en el anonimato para los que están siendo auditados)[144].

Para evitar falsas afirmaciones de fraude como un medio para recoger el bono extra, aquellos auditores que presenten reclamaciones de fraude que no puedan ser fundamentadas, serán objeto de una alerta; ahora bien, ante la repetición de informes de fraude que no se hayan comprobado, se procederá a la separación de ese miembro de las funciones de supervisión.

---

[143] En realidad esto es parte de los criterios de diseño por lo que vale la pena mantener bajo el debido debate y evolución al sistema CLIME. Nuestra percepción es que pagar a un auditor por detectar un fraude podría ser contraproducente, pues produciría un conflicto de intereses en el auditor. Si cada vez que él consiga una falla, va a recibir un bono extra, será muy de su interés que existan grupos defraudando al sistema. Lo idóneo es que su comisión sea independiente de si encuentra o no un fraude, o mejor aún, que existan razones de que le interese el cumplimiento fiel de los acuerdos, diseñando teorías de juego adecuadas, como cuando al cerrarse felizmente una transacción y al recibir *posteriormente* confirmaciones en la red, esto genere incrementos en la reputación de los implicados. (Nota Especial)
[144] En el ámbito cibernético, si será posible mantener un cierto anonimato, pero en el caso de la supervisión, control y verificación de trabajos en campo, y transacciones y negociaciones con servicios y mercancías físicas, será absolutamente necesario hacer acto de presencia por parte del auditor. En casos como estos, solo el debido equilibrio de los intereses y la mejor manera de evitar conflictos y controversias, es el parámetro idóneo a seguir para diseñar una auditoría que garantice el cumplimiento de los acuerdos. (Nota Especial)

El campo de la detección de fraudes está bien desarrollado en estos días, y esos procesos se pueden aplicar a la exploración automática de registros de trabajo. El software automatizado de detección de fraude va en busca de signos de fraude en los informes de auditorías al trabajo, mediante su comparación con otros informes de trabajo debidamente verificados. Los proyectos que se prolongan mucho más allá de la fecha de finalización promedio, por ejemplo, podrían ser etiquetados, por ser un proyecto que parece sospechoso en donde quizás se oculte la construcción de una mansión para un líder criminal (por ejemplo).

¿El trabajo realmente se ha realizado? El software de detección de fraude selecciona al azar a los miembros de la comunidad mundial para investigar las reclamaciones etiquetadas. Se da preferencia a los voluntarios en el entorno físico de la reclamación sospechosa para que puedan visitar el sitio de trabajo del grupo, pero las imágenes de satélite o de aviones no tripulados y otras herramientas son permitidas para la evaluación a distancia por voluntarios lejos del sitio real.

El sistema CLIME se basa en un principio básico simple: *solo se paga el trabajo verificado.* Esto es diferente a la actual filosofía en la que *todo el trabajo se paga y luego se verifica.* Solo el trabajo en el que se progresa y en el que ha sido realizada una verificación por un equipo auditor de miembros o comprobado mediante herramientas como las imágenes de satélite, es el que califica para ser cancelado. Si la reivindicación de un trabajo ha sido marcada como sospechosa, el sistema asignará automáticamente al azar algunos voluntarios para revisar la evidencia (matemáticamente hablando, una selección completamente al azar no es posible, por lo que el sistema hace una aproximación de la selección al azar).

Cada semana el progreso del trabajo puede ser revisado por un nuevo auditor seleccionado al azar.

El punto aquí es que la selección aleatoria de los miembros de auditoría y el ciclo semanal de los colaboradores hace que sea imposible que un grupo corrupto pueda engañar al sistema sobornando a los colaboradores. El grupo que está siendo revisado no conoce la identidad de los árbitros o los medios que se utilizarán para verificar sus reivindicaciones de trabajo.

Dado que cualquier trabajo marcado como sospechoso no se pagará, los que realizan el trabajo tienen motivos para ser precisos y transparentes en sus informes de trabajo ya que es el medio que les garantiza el pago.

Además, el software de detección de fraude automatizado selecciona al azar los proyectos de trabajo a ser auditados por un equipo de auditoría CLIME, tanto en el sitio, como con el uso de medios tecnológicos. Este proceso de auditoría aleatoria incentiva enormemente el cumplimiento de los trabajos, ya que ningún miembro o grupo puede estar seguro de que su falso informe no se marcará por el software automatizado o no será revisado por una auditoría aleatoria.

Las altas tasas de auditoría aumentan los incentivos para cumplir con el trabajo. Por esta razón, una alta tasa de auditorías al azar es la configuración por defecto del sistema, tal vez tasas tan altas como del 50% de auditores aleatorios para grupos que aún tienen que establecer su reputación e integridad y un 5% de auditorías aleatorias para trabajos en grupos que ya establecieron una alta reputación.

El proceso de auditoría significa que cada grupo necesita de otros grupos de confianza para verificar sus informes de trabajo, aun cuando los grupos podrían estar compitiendo por atraer a otros miembros. Grupos con puntuaciones extremadamente altas de cumplimiento se convierten en grupos deseables, ya que estos grupos son menos propensos a tener banderillas rojas sobre sus registros de trabajo ni retenciones en sus pagos por temas de fiel cumplimiento.

Si un grupo de trabajo presenta un informe sospechoso, los pagos de todos los miembros del grupo (y del propio grupo) son retenidos, hasta la resolución de la auditoría. Si un grupo tiene tres proyectos en curso y uno se marca como sospechoso, la paga en los tres proyectos no serán liberados. Esto crea presión en todos los miembros del grupo para darle a los proyectos la transparencia y precisión que requieren, ya que, incluso si un miembro intenta alterar su informe de trabajo hará que a todos en el grupo se les suspenda el pago.

Un nuevo grupo podría ser marcado en varias ocasiones por no registrar adecuadamente los avances de su trabajo. Este retraso en el pago por el trabajo realizado incentiva a todos los miembros de un grupo a ser escrupulosos en cuanto a la presentación de los informes con precisión no solo de su propio trabajo, sino del trabajo de otros, debido a que cualquier miembro que intente falsificar sus propios informes termina penalizando a todo el grupo.

(En la práctica, los informes de trabajo pueden registrarse de martes a miércoles, dejando al menos dos días para que el progreso del trabajo de la semana anterior sea verificado y que los pagos puedan ser emitidos los viernes por la tarde).

Este sistema está diseñado para que sea *fácil de cumplir, y difícil de engañar*. Los miembros notarán que su proyecto de trabajo ha sido auditado en forma regular, y que el proceso de auditoría es difuso para los que están siendo auditados. Esto hace que mucho más fácil simplemente cumplir, ya que es muy alto el costo de dar pie a una auditoría para el grupo y las ganancias potenciales de ello, insignificantes[145].

El sistema de detección de fraude también se dirige a todo el software para asegurarse de que el software no ha sido modificado para beneficiar a unos pocos a expensas de muchos. Cualquier persona que detecte irregularidades en el software se le paga una bonificación, al igual que cualquier persona que descubra un fraude en el sistema también recibe una bonificación.

La naturaleza humana está muy en sintonía con la justicia y la equidad. Las personas que tienen que trabajar por su salario se resienten de aquellos a los que se les paga sin haber trabajado con el mismo esfuerzo. El sistema permite a los miembros que vean a otros cometer fraudes poder informar de esta injusticia a través de un mensaje de texto o mensajes de correo electrónico con el sistema de detección de fraudes.

Estos informes se mantienen anónimos para que los denunciantes no puedan ser castigados por los ladrones y tramposos.

Este sistema de detección de fraude automatizado y el proceso de auditoría al azar es costoso, pero esencial para mantener la integridad del sistema CLIME a nivel mundial. Si el proceso de auditoría de detección de fraudes se encuentra dentro del 10% de los costos totales del sistema, el sistema puede emitir el dinero para pagar estos costos directamente a los ingenieros de software del sistema y a los miembros de los equipos de auditoría seleccionados al azar.

---

[145] El servicio de auditorías es por tanto parte de la red descentralizada CLIME, así como también lo sería dentro de enjambres bajo protocolos de sinergia, mediante los anillos maestros. (Nota Especial)

El sistema de clasificación de confianza entre miembros

Muchos de nosotros estamos familiarizados con los comentarios y calificaciones hechas por miembros en sitios como Mercado Libre o E-Bay. El problema con estos sitios es que quienes hacen estas clasificaciones no necesitan reputación, así que no tenemos forma de evaluar la integridad de su opinión.

El motor CLIME genera una forma objetiva de *capital social para cada miembro* al calificar su historia en base a sus exactitudes y su integridad. A las comprobaciones hechas por aquellos que hayan obtenido alta reputación, se les otorga más peso que las comprobaciones hechas por los nuevos miembros o aquellos con baja reputación[146].

Cada informe de cada miembro es calificado contra evidencia complementaria para estimar la exactitud. Los miembros que informen con precisión el progreso de su proyecto de trabajo y de otros proyectos recibirán altas calificaciones. Los miembros cuyos informes están en desacuerdo con los de sus auditorías o imágenes de satélite, se clasifican con baja reputación, debido a que son informes ambiguos mientras que los informes de su auditor son concluyentes o bien si se trata de informes concluyentes cuando la evidencia es ambigua o difícil de auditar.

Este sistema ofrece una serie de ventajas a los miembros, a los grupos y al sistema CLIME mundial.

Los miembros con alta reputación gozarán de mayor confianza en todo el sistema, y por lo tanto, estarán en mayor demanda que aquellos con menos reputación.

Los informes de los miembros con altas reputaciones tienen más peso en la verificación de la integridad de otros miembros, por lo que estos miembros están en demanda por otros que buscan una acreditación exacta, en sus habilidades, sus niveles de responsabilidad comprobada y confianza por solo nombrar algunos factores.

La calificación de reputación de un miembro aumenta cuando:

1. Redacta informes exactos sobre el progreso de sus proyectos y sobre los proyectos de los demás.

2. Redacta informes precisos y objetivos sobre el proceso de toma de decisión en su grupo, o el registro de un grupo de auditoría.

3. Verifica con precisión las habilidades y la integridad de otro miembro.

Los miembros que actúen como mentores de los miembros más jóvenes o menos expertos suelen tener un alto nivel de reputación, al igual que los "Superusuarios" (miembros que pertenecen a numerosos grupos dentro del sistema CLIME). Los "Superusuarios" son personas en quien puede buscarse apoyo, son individuos que otros buscan para consejos o sugerencias sobre cómo lograr realizar un trabajo.

---

[146] Hay que ser en extremo cuidadosos con los criterios que manejan el concepto de la reputación. Si el peso de la opinión de un miembro que posee más reputación va a ser más influyente en la toma de decisiones, estaríamos dándole más poder "político" a algunos miembros y menos a otros. Por otro lado hay que sopesar bien qué atractivos puede ofrecer la reputación. Si una transacción fraudulenta solo castiga con mala reputación al miembro tramposo, pero no recompensa de algún modo efectivo a quien ha sido víctima, sería un esquema que nadie adoptaría, porque estarían desprotegiéndose los intereses de algunos de los miembros honestos. (Nota Especial)

El valor de una alta reputación incentiva a vigilar lo que ya se acreditó o a quien se acreditó. Si un miembro es capturado falsificando un informe de trabajo, por ejemplo, no es solo su reputación la que sufre; sino todas las personas que validaron a esa persona como digna de confianza[147]; y por esto verán su reputación descender. Esto hace que sea difícil para un estafador el adquirir acreditación de miembros altamente fiables, ya que los que tienen una alta reputación se ganaron ese nivel al ser escrupulosos en sus informes. Ellos no tienen ningún incentivo para emitir un informe positivo a un completo extraño, debido a que su propio ranking caerá en picada si esa persona resulta ser un estafador.

Si un grupo criminal intenta coaccionar a aquellos con altas reputaciones para que validen un trabajo o transacción fraudulenta, un mensaje anónimo de los que están siendo presionados congelará inmediatamente los activos en Largent del grupo criminal, a la espera de una auditoría detallada de los auditores seleccionados de forma independiente en el sistema global CLIME.

Los nuevos miembros que hagan afirmaciones falsas en nombre de amigos o compinches recibirán un ranking cero de poco fiable. Ningún grupo aceptará a miembros que han demostrado ser poco fiables.

La presentación de informes falsos en beneficio propio o de un cómplice devenga en rendimientos muy limitados, ya que cada informe de cada miembro es cotejado con otros informes y las pruebas son introducidas al motor de verificación automatizado. Un informe falso o engañoso no puede producir ningún pago a menos que se apoye en una serie de otros informes falsos, y esta red de falsedad aumente las posibilidades de que el sistema de identificación detecte las discrepancias con los elementos de hecho[148]. Como resultado, falsificar o exagerar los informes no produce un gran beneficio mientras que el costo del informe falso es muy alto, ya que el número de miembros que verán su reputación disminuir a niveles bajos es muy alto para que se permita esto y además ese grupo será evitado por otros grupos CLIME.

Teniendo en cuenta que el proceso de auditoría persigue cada fuente de evidencia verificable y cada informe de los miembros, las oportunidades para presentar reivindicaciones fraudulentas y permanecer sin ser descubiertos son muy escasas[149]. Los informes falsos serán inmediatamente marcados por el software de auditoría de detección, porque no coinciden con otras pruebas. En caso de que la reivindicación de un miembro sea verificada como falsa, su reputación de integridad y de honradez cae a cero. El número de grupos dispuestos a confiar en una persona que ha falsificado informes por querer servir a su propia codicia a expensas del grupo es nulo. Los estafadores que intentan engañar al sistema mediante la falsificación de informes eligen de manera propia la condición de "pillos". Al intentar engañar al sistema, han optado por no participar en CLIME.

Las mejores prácticas: sostenibles, eficientes y productivas

---

[147] Este es otro peligro de un mal uso de la reputación. No podemos pesar sobre la reputación de una persona, asuntos que están más allá del control de su voluntad. Es en sí mismo una irresponsabilidad si alguien promete, poniendo en juego su reputación que por ejemplo, esta semana no va a temblar en Santiago de Chile. Dado que no es un evento que esté en sus manos: poner su reputación en juego con tal promesa, es ya indicio de una baja reputación de esa persona. Del mismo modo, es irresponsable de una alianza de miembros, que a una persona se le responsabilice por los actos que cometa otro miembro. Si yo hago un informe objetivo de quien ha sido usted hasta el día de hoy, estoy haciendo bien mi trabajo, el que está en mis manos: el darle mi confianza en función de lo que conocemos de usted. Así, si la semana próxima usted decidiera estafar a un grupo de usuarios, sería improcedente que mi reputación se viera afectada por ello. (Nota Especial)
[148] Esto es exactamente lo que sucede en una red de *consenso*. Cualquier informe fraudulento es repudiado por la red o no recibe confirmaciones y es igualmente repudiado, siempre y cuando una mayoría de nodos se mantengan honestos. (Nota Especial)
[149] Este tipo de servicios de auditoría y verificación ya existe y está muy desarrollado por organizaciones y empresas de comercio, tales como "Bureau Veritas" (http://www.bureauveritas.com/). (Nota Especial)

Uno de los requisitos básicos de todos los grupos CLIME es que utilicen las mejores prácticas y las tecnologías apropiadas en todos sus proyectos de trabajo. Esto está diseñado para extraer el máximo rendimiento de la fuerza laboral, los recursos y el capital invertido en el proyecto. El objetivo de las mejores prácticas es *la productividad sostenible de lo más rápido, mejor y más barato.*

La explotación de los recursos no es sostenible, y las actividades de baja productividad desperdician recursos, capital y trabajo. Cada proyecto de trabajo debe tratar de utilizar la menor cantidad de recursos, de mano de obra y capital y ser lo más rápido, lo mejor y lo más barato posible.

La tecnología normalmente impone compensaciones en el costo, en el capital y los recursos necesarios para completar un proyecto. La solución es buscar las tecnologías más adecuadas para las circunstancias y la comunidad que realiza el trabajo. En general, las tecnologías más adecuadas son las que los participantes pueden construirse por sí mismos a partir de materiales baratos, de fácil obtención, y que son alimentados por fuentes de energía renovables.

El establecimiento de las *mejores prácticas y tecnologías apropiadas* para una comunidad específica puede determinarse con esta simple pregunta: dadas nuestras circunstancias específicas, ¿Qué soluciones han encontrado otros grupos que resulten ser las soluciones óptimas en términos de coste, eficiencia, sostenibilidad y el uso mínimo de recursos?

Un ejemplo de una tecnología apropiada es la bicicleta. Mientras los enamorados de alta tecnología imaginan vehículos eléctricos, que se conducen solos y con costosísimos bancos de baterías (y que en la actualidad no son sostenibles), la mayoría de las comunidades se beneficiarían mucho más (dependiendo del clima y la topografía) con cicloides de potencia semi-humana, que puedan ser reparados localmente y cuyos componentes utilicen materiales que puedan durar años o incluso décadas.

En otras palabras, la tecnología apropiada no es solo una cuestión de riqueza o pobreza; es un indicador global del uso eficiente de los recursos, la sostenibilidad y el bienestar de las comunidades y los individuos.

Este requisito de emplear las mejores prácticas y tecnologías más adecuadas, tiene dos propósitos:

1. Hacer el mejor uso de la mano de obra, de los recursos, del conocimiento y de las tecnologías.

2. El establecimiento de un repositorio de información mundial de mejores prácticas, que no pueda ser alterado para beneficiar a los pocos a expensas de muchos.

Imagínese una banda criminal que amenaza a un grupo, para que le construyan al líder de la banda, una mansión. Si no existieran limitaciones en la forma de seleccionar un proyecto de trabajo para un grupo, esta elección forzada podría escapar a la detección. Pero dado que todos los proyectos de trabajo propuestos deben pasar por la prueba de las mejores prácticas, es muy poco probable que el plan propuesto a un pueblo pobre para construir una mansión sea alguna vez aprobado ya que este proyecto en ninguna medida resuelve sus necesidades más apremiantes.

El señor de la guerra podría esclavizar a los habitantes del pueblo para construir su mansión, pero el sistema CLIME no puede ser secuestrado para servir al señor de la guerra.

El sesgo en favor de los métodos tradicionales de trabajo, a menudo entra en conflicto con un sesgo igualmente terco en favor de las tecnologías más avanzadas. Desde este punto de vista de las mejores prácticas y tecnologías apropiadas, ninguna de las dos opciones representa automáticamente la mejor elección para una comunidad. Las prácticas tradicionales tienen limitaciones, especialmente si se practican sin la atención que se presta a la productividad y la sostenibilidad, y las tecnologías sofisticadas, son costosas y difíciles de mantener, así que son igualmente limitadas en su aplicabilidad.

Las mejores prácticas y tecnologías apropiadas son formas claves de capital humano e intelectual.

La distribución de estas formas de capital para cada grupo CLIME es un paso esencial en la construcción del capital de producción de riquezas para hogares y comunidades.

Las mejores prácticas también abarcan la gestión de grupos de trabajo y de proyectos. El aprendizaje de las mejores prácticas en la gestión de proyectos de trabajo es una forma valiosa de capital humano que genera riqueza para las personas, grupos y comunidades.

Las mejores prácticas son también hacer el trabajo más fácil y más humano. Dado que el motivo no es el lucro, sino hacer *más con menos*, los modelos de sostenibilidad de bajo impacto que liberan a la población mundial de las labores más agobiantes, se convertirán en las mejores prácticas a nivel mundial.

El sistema monetario Largent

La base conceptual del sistema monetario "Largent" es que el dinero no es más que un mecanismo para comercializar excedentes de bienes y servicios a cambio de un medio de pago que se puede utilizar como un recurso para comprar algo que es deseable o escaso. El Largent mitiga la pobreza por medio de la distribución de dinero directamente a los que están creando productos y servicios en su comunidad. En la medida en que la pobreza sea el nexo para con las necesidades que no son cubiertas por falta de trabajo remunerado, una moneda respaldada por la mano de obra es la única solución posible que proporcione trabajo remunerado, mecanismos para construir el capital y los bienes y servicios necesarios en las comunidades. Una moneda respaldada por la mano de obra es el único sistema que resuelve las crisis del empleo, del propósito, de las comunidades, de la sostenibilidad y de la pobreza en una solución integrada.

El modelo CLIME-Largent, Una organización de membresía que paga los salarios en Largent

Técnicamente hablando, el sistema CLIME no es un emisor de moneda, ni tampoco es un banco. CLIME es (a falta de una frase mejor) *una organización compuesta por miembros* que se unen a un grupo comunitario acreditado. CLIME paga a sus miembros en Largent, y mantiene cuentas digitales para sus miembros para que puedan realizar transacciones financieras en Largent. Solo se emiten Largent a sus miembros como salario o bonos devengados en el trabajo de auditoría.

CLIME no es un banco. No se abren cuentas para los que no son miembros, ni tampoco se emite crédito o préstamos. Como resultado, ni CLIME y ni la divisa Largent están dentro del ámbito de las leyes bancarias o de regulaciones monetarias.

El modelo CLIME-Largent no es una relación empleado-empleador convencional; se trata de un nuevo modelo, y por lo tanto de *una nueva forma de capital simbólico*. Solo los miembros acreditados de los grupos comunitarios reconocidos reciben Largent a cambio de la labor verificada. Pero los miembros no son empleados directos de ninguna corporación "CLIME"; ellos son miembros de un grupo de comunidades que se unen o se retiraran libremente. Uno de los requisitos de la membresía es aceptar al Largent como forma de total pago por la mano de obra entregada (o demás productos elaborados).

Este modelo no se alinea con las monedas y los bancos convencionales, y por lo tanto está fuera de las regulaciones de divisas y bancos. Cualquier intento por parte de las autoridades para imponer regulaciones de divisas o servicios bancarios en CLIME es repudiable y objetable por inaplicable. Puesto que las bases de datos de CLIME y Largent se cifran y se distribuyen, las autoridades tendrán serias dificultades en localizar aquello que podría estar dentro de su (autoritaria) regulación.

Un principio fundamental del sistema CLIME-Largent es que no está en deuda con ninguna corporación o Estado para sus operaciones. CLIME no necesita la aprobación de nadie para operar a nivel mundial[150].

El avalúo del sueldo en Largent a escala local y global

¿Cuánto vale un Largent? ¿Cuántos Largent se deben pagar por un día de trabajo? La respuesta general es que un Largent tiene un precio dinámico establecido por la oferta y la demanda[151]. Sin embargo, el sistema debe tener alguna base para decidir cuántos Largent serán emitidos en cada comunidad por un día de trabajo.

Mientras que la solución sencilla sería emitir una suma de Largent para un día de trabajo en todo el mundo, esto no tiene en cuenta el costo de vida que es muy variable en cada país.

Una forma práctica de fijar el precio del Largent a nivel mundial es establecer el costo de una canasta de necesidades básicas de cada región CLIME, por ejemplo, el costo de 1.000 calorías de alimentos localmente abundantes, 1 BTU de energía y un metro cuadrado de espacio vital. El costo de estas necesidades tendrían precio en monedas globales como el dólar de EE.UU., en moneda local y oro para llegar a un precio que tendría sentido a escala local tanto como a escala mundial.

En las regiones donde estas necesidades son caras, los miembros recibirán más Largent que aquellos miembros en áreas con bajos costos con las mismas necesidades.

Debido a que CLIME es un sistema global, tal variabilidad está integrada en el sistema[152]. Tan pronto como los Largent se distribuyan ampliamente, un mercado surgirá para comerciar Largent por otras divisas, materias primas, metales preciosos y, de hecho, todo lo que actualmente se comercializa a escala mundial.

En efecto, el Largent debe tener un precio en forma dinámica para reflejar las diferencias globales de los costos de las necesidades y el valor de los bienes y servicios que se producen por cada grupo.

---

[150] CLIME tampoco necesita de reformas sobre ningún paquete de leyes ni del cambio de ningún gobierno para poder operar. Basta que exista un mínimo de libertades comerciales y económicas, cosa que como vemos, le es difícil de entender a aquellos gobiernos más autocráticos del mundo. (Nota Especial)

[151] De hecho no es indispensable que exista un único tipo de moneda entre los grupos CLIME a nivel global, pero si se espera que existe un mercado muy abierto y cohesivo de intercambio de monedas de la misma naturaleza: respaldadas en la mano de obra humana. (Nota Especial)

[152] Debido a que se tratará de divisas respaldadas en la labor humana y no en activos o monedas de emisión fiduciaria, a medida que se desarrolle el efecto de red y se difunda el uso de este tipo de monedas, se espera que los precios de servicios y productos se uniformicen progresivamente y de manera natural alrededor del mundo. (Nota Especial)

El software que emite y distribuye el Largent debe realizar un seguimiento de precios regionales y de una canasta de necesidades para ajustar los salarios y para reflejar los cambios en el mercado[153].

Esto es similar a la función del proyecto de MIT *Billion Price*. El software de recopilación de datos de precio y valor automatizado de CLIME también genera una medida relativa de precios, en inflación y deflación en el universo Largent.

Lo que el sistema valorará es *el poder adquisitivo regional de la mano de obra*. En general, el objetivo es establecer el valor del trabajo en Largent a un nivel que permita a todos los hogares los ingresos suficientes como para comprar los artículos de primera necesidad a nivel local dentro del sistema CLIME y tener algo de la renta disponible para el ahorro u otras compras discrecionales.

Podemos anticipar que todos los que ganen en Largent sentirán que se les debería pagar más. El sistema ideal es que alguien que gana actualmente 100 Largent en su comunidad y quiera trasladarse a otra región donde la paga es 200 Largent, encontraría que con una mayor paga compra aproximadamente las mismas necesidades que con sus 100 Largent en casa.

Mediante el seguimiento del mercado en tiempo real de mano de obra, bienes y servicios, el sistema ajusta dinámicamente el precio de los Largent pagados para alinearse con los costos de los elementos esenciales en cada comunidad.

El objetivo del sistema CLIME es que los altos precios generados a nivel local, como consecuencia de la escasez, puedan cancelarse con el aumento de la producción o el reemplazo de productos en el sistema CLIME según la localidad.

El sistema de precios dinámicos automatizado también busca mantener el poder adquisitivo del Largent, mediante la alineación de los salarios en el valor de los bienes y servicios que se producen por cada grupo. Los grupos con baja productividad reciben un salario más bajo. Esta fijación dinámica de precios de la producción asegura que los que optan por trabajar de manera improductiva no recibirán la misma compensación que aquellos que están trabajando de manera productiva.

Con el tiempo, los grupos que gestionan de forma ineficaz el trabajo de sus miembros se disolverán a medida que los miembros abandonan esos grupos en favor de grupos más productivos para ganar salarios más altos. Esta destrucción creativa de los grupos mal administrada en favor de los grupos más productivos es una característica esencial del sistema CLIME, debido a que la única forma sostenible de aumentar la riqueza es mediante el aumento de la productividad del capital de los miembros y grupos.

Subsidiar grupos improductivos mediante el pago en exceso del valor que están creando reduciría efectivamente el poder adquisitivo del Largent a nivel mundial, afectando a todos los miembros en el sistema. La mejor manera de aumentar la productividad y la riqueza de los miembros a nivel mundial es la de proteger el poder adquisitivo del Largent.

---

[153] Los mejores mecanismos para la fijación de los precios, están fundamentados en el libre mercado: dinámicas continuas de mapeos y torneos de dobles subastas. Nuevamente, es difícil salir del modo de pensamiento al que nos tiene acostumbrado el actual sistema, pero veámoslo de este modo: si en vez de respaldar al Largent con la labor humana, lo respaldáramos en oro ¿habría algún motivo para que el precio del oro en Largents fuese diferente si el oro está depositado en Londres, o en New York, o en Tegucigalpa? ¡No! es la misma cantidad de oro. Del mismo modo, los precios en Largent de bienes y servicios deben uniformizarse globalmente con rapidez si son estos los beneficios que se usan como respaldo del dinero. (Nota Especial).

Esta fijación dinámica de precios no puede cumplir con todos los objetivos perfectamente, pero el sistema debe mantener el poder adquisitivo del Largent y evitar los desequilibrios que recompensan lo improductivo y castigan la producción dentro del sistema.

La cámara de compensación de CLIME, proporciona servicios de banca básica, sin ser un banco

El sector bancario con ánimo de lucro desempeña varias funciones que el sistema CLIME también desempeña pero de manera separada. La cámara de compensación de CLIME (uno de los cinco motores de software del sistema) funciona como un banco en términos de mantenimiento de cuentas para cada miembro y de proveedor de créditos digitales, permitiendo pagos y transacciones de pago. Idealmente, otras cámaras de compensación con fines de lucro surgirán para competir, cada una financiada por una pequeña tarifa impuesta sobre cada transacción.

Las cámaras de compensación no pueden emitir préstamos, pero pueden emitir tarjetas de débito vinculadas a las cuentas de los usuarios y realizar transacciones en divisas entre Largent y otras monedas. No hay nada en el sistema CLIME que se oponga a que los bancos o que las cooperativas de crédito existentes ofrezcan servicios de cámara de compensación para los miembros CLIME, siempre y cuando se establezcan los servicios de cámara de compensación CLIME como una entidad separada con su propia administración y registro público. El consejo de administración del sistema CLIME tiene la facultad de solicitar la competencia de cámara de compensación o prohibir un servicio que se considera explotador o deshonesto.

Micro-préstamos entre miembros

Los micro préstamos de Largent entre los grupos y los miembros se fomenta en el sistema CLIME. Los grupos tienen prohibido aceptar préstamos en otras monedas o especular en acciones, bonos, divisas, derivados, opciones o materias primas. Los grupos pueden tomar prestado Largent de otros grupos, y los usuarios pueden pedir prestado a otros miembros u otros grupos. Los Largent no se pueden prestar a quienes no son miembros o entidades ajenas al sistema CLIME.

Los préstamos bajo esquemas de reserva fraccionaria están prohibidos en el sistema CLIME. Los Largent no se pueden crear mediante un préstamo. Los Largent que han sido ahorrados de los salarios pueden ser prestados o regalados a otros.

Los préstamos tienen un plazo máximo de un año, para animar los préstamos de corto plazo y desalentar la acumulación de la deuda que pueda exceder la capacidad de los miembros para pagarla.

La tasa de interés se limita a 5%, más la tasa de inflación global del Largent, que se calcula mensualmente por el programa de recogida de datos de precios del sistema. El mercado de microcréditos entre miembros es parte del mercado CLIME mundial de bienes y servicios; ofrecer préstamos en Largent es transparente para todos los miembros.

El sistema CLIME permite microcréditos entre miembros para inversiones productivas, no para la especulación. Los miembros individuales pueden transferir sus Largent a otras monedas y especular con esos fondos, pero dentro del sistema CLIME se prohíbe especular con Largent.

Podemos anticipar la creación de juegos de azar informales y la especulación a pequeña escala como una manifestación de la naturaleza humana. El sistema CLIME no tiene ningún mecanismo de control contra el juego privado, informal y la especulación en Largent; simplemente no se permite dentro del sistema.

La detección de irregularidades en las cuentas Largent

Al igual que con todos los sistemas CLIME, un sistema robusto de detección y monitoreo de fraudes en las cuentas Largent a nivel mundial ayuda a detectar las irregularidades que podrían ser manifestaciones de fraude o de transacciones ilegales.

El punto clave aquí es la escala: en un esquema de muchas pequeñas transacciones por cantidades pequeñas, grandes transacciones, o un gran número de transferencias y un gran número de retiros coordinados levantan alarmas y estos fondos se congelan.

Si los miembros típicamente reciben pagos de 100 Largent en una semana, las cuentas que de repente tienen 10.000 Largent serán inmediatamente marcadas para su investigación y sus fondos congelados a la espera de la conclusión de una auditoría[154].

Dado que cada Largent tiene un código único, cada unidad de moneda es trazable a través de cada transacción.

¿Cómo podría un miembro acumular miles de Largent en un corto período de tiempo? Una posibilidad es que una banda criminal haya extorsionado a los miembros para transferirle fondos a su líder. Otra razón es un fraude cometido por miembros y se transfirieron los fondos a la cuenta del proyectista.

Puesto que el software monitoriza automáticamente cada cuenta Largent y cada transacción, las cuentas con irregularidades se congelan inmediatamente. En caso de que los criminales puedan comprar bienes con Largent robados antes de que su cuenta pueda ser congelada, el sistema puede (tras la conclusión del proceso de auditoría) revertir esas compras[155] y devolver los Largent robados a sus propietarios.

Aquellos miembros que cometan fraudes o robos quedan proscritos del sistema CLIME, y el sistema solicitará datos personales, como fotos, etc., de los autores y de las víctimas para ser distribuidos a nivel mundial, para minimizar las oportunidades de que los criminales vuelvan a entrar en el sistema con una nueva identidad[156].

---

[154] Un detalle crítico se escapa de esta propuesta de detección de fraudes: en un sistema monetario *descentralizado* no es posible, (por razones logísticas y matemáticas), esconder al público los saldos de ninguna cuenta del sistema. Si sumado a esto el sistema de comercio y reputación hace necesaria la identificación plena de los dueños de dichas cuentas, estamos ante la delicada situación de un sistema donde *todo mundo* puede saber cuál es mi saldo en cuenta, y donde localizarme. Otro problema es que bajo estas circunstancias, sería muy fácil simular transacciones normales para pasar inadvertidos por los *"filtros de escalas"*. Un buen diseño del sistema necesita permitir opciones para el anonimato y la seguridad. Debe diseñarse más bien con un sistema de transacciones basadas en el paradigma de "tickets" o procedimientos más reversibles, así como un enfoque que dé predilección a transacciones de compra-venta o contratos, donde lo primero que se deba comprobar es qué recibe el usuario a cambio de una transferencia de su dinero, y si este intercambio es legítimo. (Nota Especial)

[155] El problema con "revertir compras" es que en muchos casos un servicio prestado no es un objeto que se pueda devolver, es tiempo y esfuerzo que ya alguien dedicó a cambio de dinero, sea o no mal habido, lo cual hace de este criterio de diseño, poco factible. (Nota Especial)

[156] Estamos de acuerdo en que las prácticas fraudulentas den pie a la expulsión de miembros del sistema. Pero hay que ser cuidadosos con la difusión de información personal, ya que en muchos países y jurisdicciones esto corresponde con el delito de difamación. El sistema CLIME es una comunidad, no una autoridad, y es fácil tomar medidas muy justas y correctas que lamentablemente se salen del marco de la ley. (Nota Especial)

Aquellos miembros que transfieran parte de sus fondos provenientes de estafas, buscando hacerse ricos rápidamente, no se les devolverán sus Largent. Los que fueron obligados por la fuerza a transferir su dinero a ladrones tendrán sus Largent restaurados a sus cuentas.

En general, el sistema tiene un bajo umbral para la congelación de transacciones y cuentas. Cualquier irregularidad resultará en el congelamiento de una cuenta y su respectiva auditoría, en la filosofía de que las transacciones legítimas deben ser protegidas a toda costa, y las transacciones fraudulentas o criminales deben ser eliminadas o reversadas de inmediato, incluso a costa de cierta comodidad para el sistema en general.

El sistema de monitoreo Largent está diseñado con el fin de prevenir el que un pequeño porcentaje de los miembros intente explotar el sistema a través del robo o del fraude. La capacidad del sistema para rastrear cada transacción y borrar Largent obtenidos de forma fraudulenta le da un poder considerable para identificar y congelar las irregularidades antes de que los autores puedan usar sus Largent mal habidos, y eliminar o destruir el dinero como un último recurso.

Esta supervisión estricta establece un poderoso ciclo de retroalimentación ya que la baja rentabilidad de la criminalidad y el severo castigo disuaden la tentación de cometer fraude.

De la misma forma, el sistema que previene el fraude debe ser monitoreado, a su vez, mediante recursos de software automatizado, y la forma más eficaz para garantizar la integridad del sistema es utilizar sistemas de control independientes para escanear la plataforma principal en busca de vulnerabilidades internas frente al fraude, que puedan ser explotadas por los delincuentes.

La batalla contra la criminalidad y el fraude nunca termina, y la solución es dedicar suficientes recursos para vigilar e inmediatamente congelar todas las cuentas y transacciones irregulares y resolver las vulnerabilidades a través de la supervisión por terceros.

Dos características claves del sistema Largent coloca límites estrictos al fraude. Una de ellas es *la trazabilidad de cada Largent*, y el segundo es *el pequeño tamaño de las transacciones* y el número relativamente pequeño de transacciones legítimas dentro de las cuentas de los miembros de grupos legítimos. Cualquier transacción por encima de unos pocos cientos de Largent será marcada y auditada, al igual que las cuentas en donde de repente se registran decenas de transacciones de cualquier tamaño. La gran mayoría de estas transacciones serán legítimas, pero el sistema congela de forma automática todas las grandes transacciones y cuentas en donde se registran estas transacciones múltiples limitando a los ladrones y malversadores a un muy estrecho accionar.

Una tercera limitación al fraude es la capacidad del sistema de revertir cualquier transacción considerada ilegal y borrar cualquier Largent obtenidos ilegalmente. No solo es difícil robar o malversar más de solo unos pocos Largent a la vez, es difícil robar cientos de cuentas al mismo tiempo. Incluso si un ladrón logra acumular una gran cantidad de Largent, el robo no será aún exitoso debido a que el dinero podrá ser congelado o borrado. Si un delincuente se las arregla para comprar algo con Largent robados, el dinero será borrado de las cuentas del vendedor, haciendo que el vendedor le exija el pago en Largent legítimos o la devolución de la mercancía.

Dado que los Largent son digitales, no hay ninguna manera de convertirlos en dinero en efectivo, excepto en otras monedas. Y puesto que el sistema controla las transacciones de divisas, no habrá ladrón capaz de convertir grandes sumas de Largent a otras monedas sin que la operación levante alertas y se congelen antes de que se puedan completar.

Como bien lo saben los expertos en leyes, es imposible detener todo el robo y todas las malversaciones de fondos. Pero lo que sí es posible es fortalecer el sistema para que los ladrones y embaucadores opten por ejercer su actividad en otro lugar.

¿Por qué los externos a CLIME aceptarían Largent?

¿Por qué alguien externo al sistema CLIME aceptaría Largent como forma de pago? Un ejemplo ilustra el motivo: el intercambio de bienes y servicios excedentes que de otra manera quedarían sin vender.

Vamos a imaginar que tengo un puesto permanente en un mercado agrícola. Para el final del día, aquel producto que todavía tengo en la mano ha perdido su frescura y voy a tener que tirarla en el contenedor de reciclaje.

Un cliente llega y me pregunta si puede pagar en Largent para estos productos que pierden frescura. Me explica que solo tomará un momento para configurar una cuenta para que pueda aceptar su pago digital. Hago la pregunta obvia: ¿qué puedo comprar con los Largent una vez que los reciba? El cliente me muestra el mercado global CLIME en su teléfono inteligente y me señala lo que está actualmente a la venta: cientos de bienes y servicios. En este punto, no tengo nada que perder por la venta de los excedentes de mi inventario que de otra forma tendría que desechar y si mucho que ganar mediante la aceptación de Largent.

Después de cerrar las ventas del día, miro en línea y descubro que los Largent se cotizan a alrededor de un 20% de descuento con respecto al dólar de EE.UU. Si aumento a mi precio un 30% más para los clientes que paguen con Largent, tendré un beneficio adicional del 10%. Después de convertir con éxito mis Largent digitales en productos que quería comprar, comienzo desviar el 10% de mis ventas hacia clientes que desean cancelar en Largent.

Cuando uno de mis proveedores se lamente de su incapacidad para vender su cargamento de miel artesanal porque su precio no puede competir con el de menor costo de la miel industrial le pregunto si él estaría dispuesto a ofrecerme un 15% de descuento si le pago en Largent. Entonces yo le explico el sistema Largent y el mercado global CLIME, y lo invito a comprobarlo en línea.

Puesto que no puede vender su miel a través de canales normales, a menos que acepte una gran pérdida, mi proveedor acepta la oferta y publica la miel en el mercado CLIME con un descuento del 40% por lo ya me estoy beneficiando en un 25% por el manejo de las ventas y el envío de la miel a los clientes Largent.

Para los clientes Largent, mi producto podría ser la única miel que está disponible a nivel local para la compra con Largent, y por lo tanto, puedo vender todo el cargamento. Si hay miel disponible en competencia por menos de mi precio publicado, voy a tener que bajar este precio para lograr vender esta miel.

Un grupo CLIME me ofrece comprar toda la cantidad de miel con un descuento del 30%, y yo acepto la oferta, aunque mi ganancia se reduce a 10%, simplemente me ahorro el trabajo adicional realizar distintos pedidos más pequeños.

Cuando un proveedor local se lamente de su incapacidad para obtener algún beneficio debido a la saturación en el mercado, le sugiero que expanda sus ventas al mercado Largent como una manera de maximizar su retorno. Escucho más tarde que él contrató a un empleado con la condición de que el nuevo empleado solamente aceptase pagos en Largent recogidos de las ventas en el mercado CLIME.

En una economía de salarios y ganancias estancadas y aumento de los impuestos, el mercado CLIME ofrece una oportunidad única para ampliar las ventas rentables mediante la venta de lo que de otra forma sería considerado como un excedente en el inventario. Este incentivo para vender lo que de otra forma tendría un menor valor se aplica a miles de pequeñas empresas, y este mercado de bienes en Largent permite a los que venden bienes y servicios el usar sus Largent para hacer compras en un mercado global.

Como se señaló anteriormente, un mercado de divisas, naturalmente, surgirá para comercializar los Largent en otras monedas. Este tipo de intercambios y precios de bienes y servicios ofrecidos en el mercado CLIME creará oportunidades de arbitraje de forma natural: los comerciantes astutos van a comprar bienes que se venden en Largent y que se están negociando con un descuento sobre el valor de los Largent en un mercado foráneo.

Todo esto genera comercio de demanda de Largent y crea un mercado en expansión para los bienes y servicios con precios en Largent.

Las empresas sin empleados (es decir, empresarios independientes) generan cerca de $1 billón de dólares anuales solo en los EE.UU. Aunque esto no es tan grande en comparación con la economía de EE.UU. de $17 billones de dólares, esto es mucho más que el producto interno bruto de muchos países pequeños. Los empresarios autónomos están, por definición, abiertos a las oportunidades que las grandes empresas ignoran. ¿Qué porcentaje de esos $ US 1 billones de dólares anuales sería suficiente para crear un mercado mundial de bienes y servicios a precios en Largent?

¿Y si le sumamos a todos los otros propietarios y empresarios individuales autónomos en el mundo? ¿Qué porcentaje de su vasto negocio sería suficiente para generar un efecto de red para los bienes y servicios a precios en Largent? Creo que de manera conservadora podemos estimar que el porcentaje necesario sería bastante bajo.

¿Por qué alguien vendería oro por Largent?

Los escépticos de la moneda Largent podrían preguntarse por qué alguien estaría dispuesto a aceptar Largent a cambio de su oro. Después de todo, el Largent es solo una moneda digital que no está respaldada por nada más que su demanda mientras que el oro es un almacén de valor permanente.

He aquí las razones por la que alguien con múltiples onzas de oro podría cambiar algunas de ellas por Largent: como se ha señalado anteriormente, el comercio de Largent por otras monedas y bienes y servicios creará de forma natural la oportunidad de obtener beneficios mediante el aprovechamiento de las primas y descuentos entre los tipos de cambio de divisas y el precio de esos bienes y servicios.

Para citar solo un ejemplo de muchos, supongamos que soy dueño de diez onzas de oro y decido intercambiarlos en el mercado de valores para obtener una ganancia. Digamos que el oro se vende en

$1.200 la onza y $1.500 cuando se pagan en Largent; una ganancia de 25%. Si la prima de cambio entre dólares y Largent es del 15%, se puede ganar rápidamente un 10% por la venta de una onza de oro por Largent y luego convertir los Largent en dólares. Si hay un 20% de descuento que se ofrezca por los bienes que se venden en Largent, puedo utilizar el producto de la venta del oro para comprar mercancías en Largent que luego puedo vender por dólares por una ganancia de casi el 30% (10% de la venta del oro luego de venderlo por dólares y la ganancia del 20% por la compra de mercancías en Largent y venderlos en dólares).

En efecto, por el comercio de oro por Largent ahora tengo 20% del precio de la onza de oro como ganancia.

En general, podemos anticipar que el descuento ofrecido por bienes y servicios en Largent disminuirá a medida que se expanda el mercado global. La gran ganancia inicial a disposición de los primeros comerciantes incentiva la rápida adopción del mercado en Largent.

El modelo del viajero frecuente

Los escépticos del modelo de una divisa respaldada por la mano de obra, naturalmente, se centran en la inflación o la pérdida de poder adquisitivo como el gran problema con las monedas digitales sin respaldo de oro o de otras mercancías básicas. Estos escépticos anticipan que estas monedas se crearán muy por encima de la demanda monetaria, y que su poder adquisitivo se desplomará estrepitosamente.

He mostrado en los ejemplos anteriores que hay un sinnúmero de negocios con productos y servicios excedentes que no se les pueden obtener una ganancia en el actual mercado global sobrecargado. Por ejemplo, un almacén de madera con diez láminas de madera dañadas por malos manejos en la entrega podría ser capaz de venderlas al precio completo si venden esas hojas dañadas pero aún útiles en el mercado CLIME al aceptar Largent. Un taxi privado o el conductor Uber sentado sin hacer nada y sin clientes pueden añadir de forma productiva a más clientes al aceptar Largent. La lista de empresas con excedentes de mercancías y mano de obra improductiva sentada e inactiva es larga.

Los *clientes con dinero en efectivo son escasos en la economía mundial*. El sistema CLIME introduce una nueva y vasta base de clientes con dinero en efectivo para gastar en bienes y servicios que le son escasos en su comunidad.

Pero el mercado de Largent no es la única herramienta de la que dispone el sistema para mantener el poder adquisitivo. Como se ha señalado en la sección 1, el dinero puede tener dos usos: uno como reserva de valor y otro como medio de intercambio.

El Largent no está destinado a servir como una reserva de valor; solo está diseñado para servir como un medio de intercambio que facilita la producción y el comercio de bienes y servicios. Dicho de otra manera, el Largent está diseñado para fomentar una *alta tasa velocidad de intercambio*, la velocidad en la que el dinero facilita el comercio.

El dinero que se llena de polvo en una bóveda de algún jerarca, tiene velocidad cero; ya que solo se permanece allí. El dinero creado por el banco central que se encuentra en los bancos privados como reservas también tiene una velocidad de cero; ambos son *dinero muerto*.

La función de seguimiento de los precios Largent produce una instantánea semanal o mensual de la inflación dentro del sistema CLIME. Si el poder adquisitivo de Largent está disminuyendo (y solo puede ocurrir si la oferta de Largent supera a la expansión de los bienes y servicios disponibles para la venta o el comercio en el mercado CLIME), el consejo de administración del sistema CLIME puede depreciar la oferta existente de Largent del mismo modo que el modelo de millas que ofrecen las aerolíneas a sus viajeros frecuentes, estos expiran unos pocos años después de haber sido emitidos. En economía, esta reducción controlada en el poder adquisitivo de la moneda se llama *oxidación*.[157]

En este modelo, un porcentaje previamente anunciado de Largent que haya permanecido intacto en las cuentas por más de dos años es eliminado del sistema. Como resultado, la oferta mundial del Largent fuera de circulación disminuirá. El saldo restante de Largent vírgenes se elimina al final del tercer año.

Este modelo de oxidación es dinámico, lo que significa que el tiempo se extiende y los porcentajes se ajustan para mantener el poder adquisitivo de Largent. El modelo elimina a los Largent en forma de dinero muerto y fomenta una rápida rotación del Largent, así como de bienes y servicios, que constantemente están siendo creados por la mano de obra que aquellos trabajadores pagados en Largent.

En el ejemplo anterior, los vendedores de bienes excedentes en el mercado mundial no tienen interés en guardar Largent durante años; tienen motivos para convertir Largent en bienes y servicios o en otras monedas inmediatamente.

Esta filosofía de *úsalo* o *piérdelo* de Largent genera demandas de bienes y servicios en Largent, y esta disponibilidad genera una mayor demanda de Largent. Este modelo de retroalimentación y auto refuerzo positivo amplía el mercado de bienes y servicios en Largent y la ampliación de la demanda de Largent que se utilizaran para el consumo y la inversión en bienes de producción.

La adopción del Largent como una moneda nacional

Aunque les parezca inverosímil a los que están sumidos en el pensamiento convencional, las ventajas resultantes para el gobierno de cualquier nación que adopte el sistema CLIME-Largent como moneda nacional son inigualables.

Como se ha señalado en el capítulo seis (*El papel esencial de la crisis en el cambio sistémico*), los candidatos más probables para la experimentación monetaria radical son aquellas naciones que han visto postradas sus monedas por el perverso ciclo los bancos centrales en la creación de dinero o impresión de dinero por el Tesoro.

Un iluminado Estado ganaría inmediatamente ventajas insustituibles mediante la adopción del Largent como moneda nacional. Dado que el Largent no puede emitirse en exceso por un banco central o del tesoro, su valor es estable a nivel mundial. Dado que el Largent solamente se emite a cambio de trabajo productivo, la nación en crisis puede empezar a pagar a sus empleados y contratistas con Largent

---

[157] El modelo de la moneda oxidable fue propuesto por primera vez por el comerciante alemán Silvio Gesell en su trabajo "El Orden Natural en la Economía", trabajo que de hecho fue admirado por Maynard Keynes y que se utilizó como referencia dos años después de su muerte en la pequeña población de Wörlg en Bavaria, para poner en práctica este exitoso sistema monetario. Y, si fue tan exitoso, ¿por qué no lo estamos usando hoy día? Cuando las autoridades del Banco Central Austríaco se percataron del éxito e inminente expansión del novedoso mecanismo monetario, ordenaron al ejército arrestar al alcalde de Wörlg y desmantelar este sistema que estuvo vigente en la región entre 1932 y 1933. (N.T.)

simplemente uniéndose el sistema CLIME en masa. Y puesto que ya existe un mercado mundial de bienes y servicios a precios en Largent, con un tipo de cambio estable entre Largent y otras monedas, la nación que adopte el Largent tiene acceso inmediato a un mercado global para sus propios bienes y servicios y el acceso a los elementos esenciales producidos por otros.

Esta adopción por un Estado-nación ofrece una ventaja al sistema CLIME global, puesto que puede permitir el pago de impuestos al Estado en Largent y así como el uso del Largent para reconstruir una nación destrozada por cualquier crisis de divisas o mala gestión financiera.

La adopción del Largent como moneda nacional por un iluminado gobierno nacional no es tan diferente de otras naciones que han adoptado el dólar de EE.UU. como moneda nacional. Los beneficios del Largent son muy superiores a los del dólar, ya que Largent se crean en la economía local por el trabajo productivo de la propia fuerza laboral. No hay un equivalente en esta dinámica de creación de dinero en ninguna otra moneda.

Resistencia del sistema mundial actual

A pesar de las muchas ventajas que el sistema CLIME ofrece a aquellos que ya están prosperando en el actual sistema, podemos anticipar una tremenda resistencia en la adopción del sistema CLIME por parte de aquellos que se sienten amenazados por la adopción de una moneda que no podrán controlar: bancos privados, bancos centrales y los estados centrales. Las naciones con programas de bienestar social generosos no tienen ninguna motivación para cuestionar el control centralizado de dinero y la economía. Eso solo ocurre cuando falla el control centralizado (o cuando son testigos del éxito de CLIME en otras naciones); solo entonces las personas estarán abiertas a ver a CLIME como alternativa.

Las monedas digitales, como Bitcoin, ofrecen una plantilla de cómo una nueva moneda puede afianzarse a pesar de la resistencia oficial. Dado que la moneda se distribuye a nivel mundial y puede ser utilizada digitalmente, las prohibiciones totales son difíciles de aplicar. En los países que sufren una crisis monetaria autoinducida, las monedas digitales, como Bitcoin se adoptan de manera informal en la vida diaria como un medio para la realización de negocios.

La crisis sistémica y la desestabilización abren las puertas a nuevas soluciones. CLIME no requiere la disolución de los sistemas existentes; como se señaló anteriormente, CLIME se integra bien con los estados centrales y las economías de mercado, ya que en última instancia, es un sistema que ayuda a aquellos que no están prosperando en la actual disposición económica y asegurará un ingreso estable y un medio para la construcción de capital.

Las vulnerabilidades del sistema CLIME

Como un sistema digital, CLIME es vulnerable a la piratería. Es evidente que el sistema debe dedicar recursos considerables para proteger su integridad, y mantener planes de respaldos de seguridad así como de respuesta decisiva a ataques o hackeos exitosos, y también cómo poder reiniciar el sistema Largent por completo o la reemisión de Largent a los miembros y grupos acreditados, de ser necesario.

Se pueden esperar que las bandas criminales, los señores de la guerra y otros grupos de explotación traten de desviar hacia sus arcas, la renta y la riqueza generada por los grupos CLIME. La primera línea de defensa contra los depredadores y parásitos es la denuncia anónima por los miembros a los órganos de gestión globales del sistema. La segunda línea de defensa es el sistema de detección de fraude automatizado que analiza todas las transacciones y congela aquellas que sean sospechosas por exceder el tamaño o el número de transacciones regulares de una cuenta en específico.

Si todas las transacciones por encima de una cantidad modesta levantan una alerta y congelan los fondos para su investigación, y si cada grupo de transacciones que excedan los umbrales permitidos generan una bandera para congelar e investigar los fondos del caso, se hace muy difícil extraer una cantidad importante de Largent del sistema.

Si una banda criminal exige un Largent a 1.000 miembros, por ejemplo, el gran número de transacciones en un corto espacio de tiempo daría lugar a una congelación de la cuenta en donde recae el dinero. Si un ladrón logra hacerse con 10.000 Largent de una cuenta de grupo, esta gran suma daría lugar a una congelación.

El software de la revisión de transacciones también realiza la contabilidad forense básica. Si una cuenta grupal acumula lentamente un saldo de 10.000 Largent, los múltiples depósitos en el tiempo son evidencia de que la suma es legítima. Si una cuenta de grupo de repente recibe un solo depósito de 10.000 Largent, la falta de historia y la gran suma desencadenará una luz roja, la congelación y la investigación.

La tercera línea de defensa es la eliminación de todos los Largent en poder de grupos no autorizados o de cuentas sospechosas por parte de grupos supuestamente legítimos. Por ejemplo, cualquier cuenta que registre la recepción de un saldo de un millón de Largent, se congela al instante.

Si en la investigación se descubre un fraude, robo, o extorsión, el dinero se elimina del sistema: el dinero mal habido desaparece para siempre.

Dado que se automatiza esta revisión de todas las transacciones, no hay manera de burlar el sistema o de sobornar o amenazar a nadie por la concesión de un privilegio.

Estas líneas de defensa no son fáciles de superar, ya que incluyen la presentación tanto de informes humanos como automatizados y de revisiones humanas y el software. Una vez que se extiende la noticia de que las ganancias mal habidas en Largent nunca pueden ser extraídas o usadas, los intentos de saquear el sistema puede que disminuyan.

Yo no proclamo de ser un experto en seguridad, pero las protecciones más básicas se podrían añadir al sistema cuando sea necesario. Si el cifrado no es suficiente, un sistema de dos claves podría ser una solución, donde se requiera un código único a cada miembro en el dispositivo para aprobar una transacción de la cuenta del miembro.

Este proceso de aprobación podría incluso tener un código PIN: un código que se utiliza en las operaciones normales, y un segundo indicador que se utilizará para alertar transacción bajo coacción[158].

---

[158] Deseamos hacer una observación de estas medidas de "seguridad" administrativas. Son efectivas para evitar el hackeo o espionaje, pero en caso de una extorsión en físico (si tienes la pistola en la cabeza), es absurdo pretender que la víctima delate o denuncie la situación introduciendo un PIN de alarma, ya que se arriesga a la ejecución material de la amenaza criminal. (Nota Especial)

Dado que el sistema emite los pagos a los que trabajan para proteger su integridad, pueden destinarse recursos muy sustanciales para proteger el sistema de los hackers y ladrones. El poder de borrar Largent obtenidos de forma ilegítima, falsificados o robados es una muy poderosa defensa contra el fraude y el robo que no está disponible para el dinero en efectivo o para las monedas en metales preciosos.

Los límites y la promesa de CLIME

El sistema CLIME tiene una serie de límites que son evidentes. El sistema CLIME no puede restaurar el orden en una nación desgarrada por los conflictos militares o por los señores de la guerra. No puede reducir un estado totalitario que ejecute a cualquier persona que se una a un grupo CLIME.

Lo que el sistema CLIME puede hacer es ofrecer un modelo que enriquezca las vidas y la seguridad de sus miembros en todas partes. La esperanza que inspira este modelo puede tener manifestaciones políticas, ya que la gente despojada de esperanzas dentro del sistema mundial actual puede exigir la puesta en marcha de grupos CLIME en sus comunidades.

Los que están en el poder político pueden darse cuenta de que los riesgos de dejar que el sistema CLIME se extienda a su nación son mucho menores a los riesgos de inestabilidad social y política como la pobreza y la creciente desigualdad que empujan a la ciudadanía a extremos peligrosos. Como se ha señalado antes, los estados progresistas, (incluso si ese ideal es impulsado por el interés propio), harían bien en promover activamente el sistema CLIME como un medio para aliviar la pobreza de aquellos que no están prosperando en el sistema mundial actual.

A medida que las personas anteriormente marginadas prosperen, aumentará el comercio que con el tiempo aumentará los ingresos fiscales. En lugar de ser una amenaza, el Largent debe ser aceptado como la moneda mundial estable que ofrece beneficios a toda nación que acepte el sistema CLIME.

CLIME: Una nueva narrativa y un nuevo estilo de vida radicalmente próspero

He esperado hasta el final de este libro para presentarles otra palabra filosófica. La *ontología* es el estudio de la naturaleza del ser. "Ontológico" se refiere a la naturaleza esencial de una cosa o concepto; es similar a la palabra inherente, pero conlleva la idea adicional de que la cosa no puede ser diferente de lo que es.

He discutido la ontología en términos de sistemas: dadas las normas y las entradas del sistema mundial actual, las únicas salidas posibles son *concentraciones de riqueza, poder y privilegios*, la subversión de la democracia, la pobreza y la creciente desigualdad. Esta es la ontología del sistema actual; *no hay otras salidas posibles* en un sistema centralizado de dinero y jerarquías que protegen privilegios e incentivan la maximización de la ganancia privada como propósito principal del sistema.

¿Recuerdan el concepto de *Teleología* presentado en la Introducción? Teleología es el punto final de un sistema, el destino definido por las normas y sus entradas. Teniendo en cuenta estas reglas e insumos, para el sistema mundial actual no hay otro destino que no sea la *concentración de la riqueza, el poder y los privilegios*, la subversión de la democracia, un menor número de roles sociales positivos, la pobreza y la creciente desigualdad.

No es de extrañar que la narrativa actual sea incoherente. El sistema pretende valorar la democracia y la oportunidad, pero las debilita a ambas por su propia naturaleza.

El sistema CLIME ofrece una nueva narrativa, donde el trabajo ya no depende de los beneficios, privilegios y dinero centralizado, prestados para que existan solo en la parte superior de la pirámide de la riqueza y poder.

El sistema CLIME se basa *en el mérito y no el privilegio*, ya que el privilegio es una forma de explotación sistemática de los muchos en beneficio de unos pocos.

El sistema CLIME es coherente: los incentivos están alineados con sus objetivos y reglas.

En CLIME, la democracia, la libertad, la seguridad y la oportunidad son la maquinaria del sistema. No puede funcionar sin ellos.

En CLIME, *el trabajo remunerado y la libertad de elegir el lugar donde se trabaja son las únicas salidas posibles del sistema*. Mediante el uso de una moneda respaldada en la mano de obra que no se crea al emitir un préstamo, CLIME invierte el flujo de la riqueza y el poder: en lugar de fluir hacia la parte superior de la pirámide (como en el actual sistema mundial), los ingresos y el capital (las fuentes de la riqueza y poder) fluyen hacia la parte inferior de la pirámide[159]. CLIME beneficia a los muchos como *la única posible salida del sistema* que integra la creación de dinero, el trabajo y la economía de la comunidad: La Economía Monetaria Integrada al Trabajo Comunitario.

CLIME es una nueva forma de capital simbólico que reorganiza la experiencia humana en *una forma radicalmente próspera para la vida*. CLIME no es simplemente un sistema para distribuir el trabajo, el dinero y los recursos; también es un universo moral que organiza nuestra gestión del trabajo, el capital, las comunidades y los recursos del planeta.

El trabajo no es solo una tarea para obtener dinero y un medio para "ganarse" la vida. *El trabajo es la vida.*[160]

El propósito y el significado del trabajo es el propósito y significado de la vida. Al decir que *el futuro pertenece al trabajo próspero*, estamos diciendo que el trabajo dentro del sistema CLIME es intrínsecamente relevante, puesto que está dentro del control de cada individuo, hogar y comunidad.

Al decir que *el futuro pertenece al trabajo lleno de propósito*, estamos replanteando un universo moral en donde *el trabajo debería estar lleno de propósito*. Si es rentable o maximiza la ganancias privadas son asuntos secundarios, no son las únicas cosas que importan.

---

[159] De hecho, se espera que el resultado de un sistema social con una moneda respaldada en la labor humana, disuelva la forma piramidal de la sociedad y la convierta en una especie de anillo, en tal estructura todos los miembros poseen una misma jerarquía (más o menos) y la aspiración de la gente es *pertenecer* al anillo, no *escalar* posiciones sociales. (Nota Especial)

[160] Hay algo muy importante que en este punto debemos añadir sobre la automatización. La automatización (incluso si llegase al 100% absoluto de todas las labores humanas) no es el fin del rol social humano del trabajo. Si usted es el dueño de un puesto callejero de jugo de naranja (digamos que su pregón de ventas sea "jugos sanos para una vida sana") y su trabajo es vender vasitos de jugo, el día que sea automatizado su carrito y pueda ser el dueño de una docena de carritos de jugo en la ciudad, aun así seguirá siendo *su negocio* y *su responsabilidad*. Y puede que unos días de vacaciones ni arruinen ni interrumpan la continuidad del servicio de sus negocios, pero aun así usted sigue siendo el vendedor de jugos y sigue cumpliendo un rol para con su comunidad: "jugos sanos para una vida sana". (Nota Especial)

La ontología de la meritocracia de CLIME devuelve a la humanidad a sus raíces, al orden social en el que fueron diseñados los humanos para prosperar. CLIME se reduce a lo siguiente: si no te gustan tus opciones en tu comunidad o trabajo, inicia tu propia comunidad y elige un rango diferente de trabajo. No importa qué grupo elijas, se te pagará en caso de realizar el trabajo que sea significativo para la comunidad.

En CLIME, el individuo y la comunidad siempre tienen una opción.

Colectivamente, tenemos una opción. Podemos aferrarnos al actual sistema mundial incoherente, autodestructivo, o podemos traer CLIME a la vida.

En cierto modo, realmente no es una opción. Ahora que CLIME está disponible, es nuestra obligación moral traerlo a la vida.

¿Por qué? Es muy sencillo. A diferencia del sistema actual, CLIME *crea un mundo radicalmente beneficioso y próspero como su única salida posible.*

¿Vamos a autodestruirnos o crearemos un mundo radicalmente próspero? La respuesta es evidente: crearemos un mundo radicalmente próspero, puesto que hoy ya está en nuestras manos hacerlo.

Charles Hugh Smith
Berkeley, California. Octubre de 2015

APÉNDICE I

A continuación y en virtud de la amable invitación que nos hiciera Charles Smith, compartiremos la versión en español de nuestro artículo técnico que describe cómo puede funcionar una plataforma monetaria respaldada en la labor humana con base al concepto del dinero caudal, la cual es completamente compatible con el sistema de economía monetaria integrada al trabajo comunitario (CLIME) explicado en el capítulo siete de este libro.

Este artículo fue redactado con motivo de servir de propuesta técnica para evaluar la factibilidad de llevar a cabo un proyecto en fase conceptual, en la cual nos proponíamos averiguar tanto las factibilidades técnicas (el estado del arte) para llevar a la realidad un sistema monetario como el que estamos proponiendo, como también adicionalmente conocer el código libre existente capaz de servir de soporte al proyecto para desarrollar la plataforma digital.

El lector podrá encontrar nuestra propuesta original a la comunidad Dash en el siguiente enlace:

https://www.dashcentral.org/p/Proof_of_Labour

Así como también el artículo original:

https://goo.gl/TSKuE6

Sin embargo, en este enlace se puede encontrar una explicación menos técnica sobre cómo funciona el dinero caudal y el vale de renta, el cual fue un documento preliminar de Julio Moros del año 2014:

https://goo.gl/ljnmRW

Dado que esta era una propuesta destinada específicamente a la comunidad Dash, en su momento asumimos que ciertos conceptos no necesitarían de una mayor profundidad o explicación. En esta traducción hemos añadido frases que complementan o explican mejor ciertos conceptos, que para un público más general no estarían del todo claros.

UNA PROPUESTA DE MEJORAS
BASADA EN PRUEBAS DE LABOR HUMANA

Julio Moros
jjmorosr@gmail.com

Oscar Olivera
oscarmolivera@gmail.com

22 de febrero de 2016

ABSTRACT

Un problema típico en la mayoría de los sistemas de criptomonedas existentes, es la rigidez implícita en torno al único acuerdo aceptado para la acuñación monetaria: *la prueba de cálculo* (en inglés "proof of work" pero que es solo trabajo computacional o cálculos de algoritmos "hash" o en general, criptográficos). Este es un procedimiento de creación de dinero a cambio del servicio de asegurar las transacciones de la red en el libro de cuentas mayor del sistema, su cadena de bloques, pero es un procedimiento que excluye a casi cualquier otro posible acuerdo que suponga el uso del potencial humano, tales como la creatividad o el trabajo, para dicha creación de dinero. Un problema generado alrededor de esta exclusividad al acuñar dinero solo en base a "pruebas de cálculo", es el bajo incentivo que esto le ofrece a las redes de criptomonedas para crecer y alcanzar el efecto de red. Este documento es un estudio preliminar en pos de una propuesta que ofrecerá soluciones para implementar nuevas alternativas en el proceso de creación monetaria, útiles al ser humano.

1   Introducción

Hoy día existen más de 600 criptomonedas y otro importante conjunto de soluciones basadas en estas innovaciones tecnológicas, de las que al menos 20% presentan importantes avances técnicos. Una gran parte del código creado para ellas es software libre y disponible para todo el mundo. Es muy probable que el código ya existente sea de gran ayuda para desarrollar la presente propuesta de mejoramiento. (No tenemos necesidades de reinventar la rueda).

Este documento es un estudio preliminar para un proyecto que busca exponer un conjunto de soluciones interdependientes alrededor de la idea de un tipo de contrato simple pero novedoso, el cual hemos llamado "Vale de Renta".

Adicionalmente, esta propuesta estimará la factibilidad de las referidas soluciones informáticas de acuerdo a un plan conceptual. El plan consistiría en buscar cuáles de las fuentes de código abierto existentes hasta la fecha, serían útiles a nuestras metas y (de ser el caso), cuántos son los cambios necesarios en dichos códigos para la creación del sistema propuesto. No obstante, este documento se limita a exponer los argumentos y la información necesarios para dar una idea sobre la viabilidad de llevar a cabo esta búsqueda de manera exitosa.

Por lo tanto, en este documento es un plan conceptual donde no están expuestos profundamente muchos detalles técnicos.

2   ¿Por qué hemos elegido el apoyo de la comunidad Dash para esta propuesta?

El sistema Dash posee un conjunto de características únicas y ventajosas que le permite liderar mejoras importantes y profundas en el mundo de las criptomonedas.

Uno de los puntos más relevantes de Dash es su plataforma electoral (Dash Center, antiguamente Dash Whale) que le permite a cualquier persona, de manera inclusiva y descentralizada, proponer mejoras a la red y le permite a la plataforma tomar decisiones y medidas en un tiempo muy corto. Un ejemplo de esto fue la reciente decisión que se tomó en tan solo 24 horas para duplicar el tamaño del bloque de la cadena de Dash, pasando de 1 MB a 2 MB. Una controversia similar ha estado por meses pendiente en el caso de la red Bitcoin, sin ningún progreso significativo hasta la fecha en que este documento ha sido escrito.

Otro rasgo distintivo de esta plataforma de toma de decisiones descentralizada es la política comunitaria de destinar el 10% de las monedas acuñadas en la red a la investigación y desarrollo de nuevos códigos y/o tecnologías, proyectos de carácter legal y la promoción pública de la criptomoneda. Esto le da a esta red la oportunidad de financiar iniciativas como estas, fomentando nuevos cambios como ninguna otra criptomoneda lo hace.

Existe otra característica única en la plataforma Dash, que coloca a este sistema a la cabeza de los cambios que son necesarios hacia nuevas opciones para la creación de dinero: Nos referimos al concepto del *masternodo*.

Dash es promotor de una innovación comprobada y funcional que descentraliza las funciones de una "cámara de compensación" para la validación instantánea de las transacciones en su plataforma de pagos, hazaña que de momento solo se ha logrado con dilaciones de tiempo significativas y a través de la "minería" criptográfica sobre la cadena de bloques en el caso de otras criptomonedas.

Esta innovación de Dash (el masternodo), allana el camino hacia nuevas opciones en la creación monetaria, basadas en acuerdos de intercambios por bienes y servicios útiles, uno de los cuales es en este caso es el servicio de la verificación de las transacciones, las cuales son confirmables inmediatamente dentro de este marco descentralizado.

3   Diseño monetario

En una entrevista con el profesor Bernard Lietaer, uno de los diseñadores del euro [1], él definió al dinero como "un *acuerdo*, dentro de una *comunidad*, para usar algo como medio de intercambio... siendo ese acuerdo monetario válido solo dentro de esa comunidad".

Luego afirmó que el dinero no es un objeto: "Si consideramos al dinero como una *cosa*, lo convertimos en una *dogma*... Si no te gusta la calidad de la lluvia, no puedes hacer mucho al respecto. Si no te gusta tu sistema monetario, por el contrario, sí que puedes hacer algo al respecto. Las divisas pueden ser rediseñadas para responder mejor a todas nuestras necesidades".

Por lo tanto, con el fin de crear un buen acuerdo para cualquier sistema monetario, lo mejor es determinar cómo debería ser un buen acuerdo. Para que un acuerdo sea válido, en la mayoría de las jurisdicciones del mundo, deben considerarse tres rasgos principales [2]:

- Un contrato debe contener una oferta. (Por un oferente)

- Debe ser aceptado por otra persona (por lo general un beneficiario).

- Y tiene que implicar un intercambio mutuo de beneficios.

- La última condición es la garantía de que la oferta no será una *oferta* al estilo de "El Padrino". Ambos participantes deben obtener algo beneficioso del acuerdo.

Un buen acuerdo debe evitar cualquier conflicto de intereses que pueda seducir a cualquiera de las partes hacia la tentación de traicionar el acuerdo. Si no es posible, el acuerdo debe incluir el diseño de un sistema de blindajes que garantice su cumplimiento.

Una buena manera de evitar muchos conflictos de intereses en los acuerdos de las comunidades, es manteniendo una estructura descentralizada para la comunidad, con la ayuda de los mismos acuerdos.

Los sistemas de criptomonedas han demostrado una especie de "regla de dedo gordo" en torno a encontrar soluciones para la descentralización: Puede decirse que si cualquier sistema puede funcionar bajo un esquema centralizado o al menos bajo una estructura distribuida, entonces existe al menos una solución logística para que ese sistema funcione bajo una nueva estructura totalmente descentralizada.

4   El vale de renta

En el campo de las finanzas, el concepto del dinero caudal [3] contrasta con el concepto de las reservas de dinero. Como activo, el concepto de reservas nos resulta es el más familiar, porque diariamente nos manejamos con divisas o monedas, las cuales encarnan al dinero en su forma acumulable. Pero generalmente se olvida que conceptos tan familiares como el del PIB o el salario, son de hecho dinero en su forma caudal (dinero por unidad de tiempo).

Un *Vale de Renta* es un contrato en términos de *Dinero Caudal*. Con el fin de explicarlo, permítasenos en este contexto usar el término de "Beneficio", para describir cualquier tipo de mercancía, activo, bien, producto o servicio con la excepción de cualquier tipo de pago monetario.

En un *Vale de Renta*, un oferente coloca a disposición del beneficiario, **una cantidad nominal de beneficios** (Sea ésta, la variable N), de manera repetitiva o periódica, de acuerdo con un **período comercial** (Variable de tiempo, Γ), a partir de una fecha de inicio (D) hasta una fecha de vencimiento, o dentro de un **período de vigencia** (V), que debe ser mayor que Γ en un número entero y positivo (t) de veces:

$$V = t \times \Gamma.$$

En la fecha de vencimiento (D + V), el contrato se rescinde, o "madura"[161].

Con el fin de hacer cumplir este contrato y de ser aceptado por el beneficiario, un mecanismo adecuado de garantías y/o curadores debe ser incorporado.

A cambio de los beneficios que se ofrecen en el vale de renta, el oferente debe recibir una justa retribución, que con el fin de evitar cualquier conflicto de intereses, esta debe tomar la forma de dinero caudal también. Vamos a definir esta retribución como "**Bono de Renta**".

Este es otro contrato, pero implica una serie de pagos monetarios, y es el nuevo mecanismo propuesto para la creación de dinero basado en *la prueba de labor*.

Tanto los mecanismos de garantías, como el Bono de Renta, así como otros conceptos necesarios con el fin de comprender y manejar el sistema del Vale de Renta, se describen en la siguiente sección.

5   Definiciones y conceptos

Dado que muchas de las criptomonedas han sido diseñadas como una variante de la plataforma Bitcoin, sería admisible introducir algunas definiciones en relación a la arquitectura del código de esta tecnología. Es conveniente consultar a un buen libro de texto sobre Bitcoin [4]. Es de hacer notar que en Bitcoin las transacciones son estructuras de datos donde se verifica que un usuario es dueño de ciertas

---

[161] La diferencia entre la expiración de un contrato y su "maduración" en la jerga financiera es que cuando un contrato madura, es la hora de recompensar a una de las partes, devolviéndole el capital o los valores que se pusieron en garantía, mientras que cuando un contrato expira, no necesariamente hay que devolver nada. En el caso del vale de renta se deberían restituir los derechos completos de las acciones de la empresa que debieron ponerse en garantía como fiel cumplimiento del contrato. Una empresa que prometió despachar zapatos a una comunidad, en un vale de renta, debe poner en garantía parte de sus acciones para garantizar a la comunidad la intención de cumplir con el contrato. (Nota Especial)

monedas mediante unos datos llamados "entradas", para asignar ese dinero a un destino, con otros datos llamados "salidas".

+ **UTXO:** Del inglés "Unspent Transaction Output", es aquélla estructura de datos pertenecientes a la salida de una transacción Bitcoin, que realiza asignaciones o colocaciones de dinero o valores para que uno o más usuarios puedan hacer uso de dichos fondos o valores. En este caso una +UTXO es una colocación de fondos o valores de signo positivo disponible para ser utilizada. Se trata de una colocación UTXO regular, que hace asignaciones "normales" de dinero [5].

- **UTXO:** Se trata de una UTXO o colocación de fondos, que tienen signo *negativo*. Supongamos que tenemos una mejora en una plataforma criptográfica de pagos, en la cual las transacciones con valor negativo de moneda pueden ser convalidadas por los nodos de la red. Tal modificación requeriría una alteración significativa o "hard fork" en la mayor parte de las criptomonedas existentes en el mercado.

Sin embargo, esto es factible y relativamente fácil de codificar. Al menos en la estructura de Bitcoin, en la estructura de datos de una colocación, se asigna un campo de 8 bytes para el valor de la moneda [6]. 8 bytes son suficientes para soportar $1,8 \times 10^{19}$ cadenas de bits diferentes, y la cantidad total de satoshis, que se espera lleguen a existir serán solo $2,1 \times 10^{15}$. Parece haber suficiente espacio para las transacciones con valores negativos.

Transacciones de Monedas Quemadas: Es una práctica recomendable si un sistema de monedas negativas fuese adoptado.

En la plataforma Bitcoin, y todas las demás criptomonedas que utilizan un protocolo similar, los paquetes de datos que contienen referencias a las monedas que aún no han sido utilizadas, es decir las salidas UTXO, se destinan a un espacio especial de memoria computacional, conocido como tanque de memoria UTXO, o la UTXO-pool [7].

Si los datos almacenados en el tanque de memoria UTXO, administrada por los nodos de una red de criptomonedas, estuvieran bien ordenados, entonces sería fácil verificar si alguna nueva transacción, la cual ha asignado fondos a una dirección específica o llave pública (en adelante "destino") tiene un signo opuesto a cualquiera de las transacciones o UTXO preexistentes, relacionada con ese mismo "destino". Si una UTXO de signo contrario a la UTXO que se ha difundido y que el nodo debe decidir si la acepta o no, se encuentra en este tanque de memoria para el mismo destino, entonces la transacción no será válida, debe rechazarse. Es decir un mismo destino no debería tener UTXOs de signos contrarios.

Para que una transacción sea válida, el algoritmo de la cartera que crea las transacciones, debe escoger como entradas de la transacción, suficientes UTXOs para cancelar el valor de las entradas recién creadas, con el fin de que se cancele cualquier UTXO de signo contrario y así la UTXO resultante no contradiga el signo de ninguno de los restantes UTXO que correspondan a un mismo destino.

Por lo tanto, este algoritmo es un procedimiento de "destrucción" de monedas: Se deben *destruir* cantidades similares de monedas positivas y negativas para un destino específico, o retirar estas monedas de circulación.

Un corolario importante aquí, es que el receptor de una transacción -UTXO, debe firmar una autorización para recibir las monedas negativas, de lo contrario esta transacción no debería ser válida.

+ **Coinbase:** En la plataforma Bitcoin, la transacción que permite la creación de monedas se denomina "coinbase", un juego de palabras del inglés que se refiere a "La acuñación base". Una transacción +Coinbase es una transacción regular o normal de creación de monedas. Es una transacción en la que no hay entradas, sino una salida o UTXO, la que crea nuevas monedas [8]. Una transacción +*coinbase* puede crear monedas positivas o negativas.

- **Coinbase:** Una transacción especial de desincorporación de monedas. Es una transacción en la que no hay salidas (o UTXOs) sino un conjunto de entradas: Las monedas que serán destruidas. Una moneda destruida puede ser vista como un caso especial de transacciones -*coinbase*.

Cartera Reputada: Es un software de manejo de monedas en una plataforma de criptomonedas, en la que la identidad del propietario ha sido completamente establecida ante una cierta comunidad.

En las comunidades donde la identidad es relevante [9], una debilidad crucial es el ataque de doble identidad (Conocido también como "sybil attack")[162] [10]. No hay consenso general acerca de cómo resolverlo, incluso cuando algunas propuestas ya existen [11]. Sin embargo, hay razones para creer en la existencia de dicha solución.

Una opción alternativa es el uso de estructuras de "Jerarquía Determinística" (HD por sus siglas en inglés) en el software de la billetera [12], en combinación con la prueba de existencia [13] realizada con la ayuda de la cadena de bloques, y la evaluación de una comunidad real (personas de carne y hueso).

La idea principal tras el software de la cartera reputada destaca por el hecho de que los datos biométricos son recursos muy malos como llaves privadas. Una larga historia de robos de identidad ya es conocida actualmente. Pero mientras *nuestros datos biológicos* estén asociados a nuestra persona, ellos *son excelentes como datos públicos*. No queremos que nadie pueda manipular nuestros fondos mediante el uso de nuestra data biométrica, nuestra data biométrica solo debe ser útil para indicarle a la gente dónde se deben enviar los fondos destinados a nosotros, jamás para autorizar su movilización.

Los datos biométricos son buenos para demostrar que somos seres humanos. En una cartera HD, solo se requiere un simple cambio para incorporar los datos biométricos. Una de las ventajas de las carteras HD es que su algoritmo puede crear una secuencia de llaves públicas sin tener acceso a la las llaves privadas correspondientes. Si el primer paso, después de crear la clave privada "madre", es firmar el valor hash de huella digital del propietario, se puede demostrar que podemos incorporar la firma del valor del hash de huellas dactilares en la cadena de bloques como prueba de la existencia de la nueva cartera reputada vinculada a un nuevo usuario, y sería una manera de demostrar que dicho usuario es el propietario de todos las claves públicas derivadas de esa cartera, con esa data biológica.

Por supuesto, también es la manera de negar la creación de una cartera reputada con datos biométricos que ya son preexistentes en la cadena de bloques (lo cual es la solución a un ataque "Sybil", o robo de identidad).

---

[162] En el tiempo que ha mediado desde que por primera vez desarrollamos esta propuesta, nuestra investigación sobre este tema ha avanzado un poco y hemos reconocido la necesidad de que las carteras reputadas existan en co-dependencia a comunidades en anillos o con enjambres de estas comunidades. Si la comunidad en anillo se disuelve, estas carteras deben quedar sin validez. La razón es que en un sistema monetario descentralizado todos los usuarios tienen derechos iguales de acceder a la información, y la asociación de la identidad del usuario a una cartera debe suceder debajo de la capa de la plataforma de una comunidad y no de manera abiertamente pública. En nuestro taller (Apéndice II) habrá espacios para discutir con profundidad estos temas. (Nota Especial)

A pesar de que se deben desarrollar los detalles técnicos necesarios, es fácil ver la necesidad de un paso final de seguridad: *Un censo* realizado por una comunidad descentralizada. La gente que conoce al nuevo usuario, tales como sus amigos, parientes, vecinos, compañeros de trabajo, quienes también poseen una cartera reputada, pueden ser parte de un contrato inteligente [14] o un procedimiento compartido de firmas, activado por el mismo propietario de la cartera en caso de ataque, pérdida de la llave privada o activable también en caso de cualquier incidente que pueda ocurrirle al usuario, para liberar los fondos del propietario a una nueva cartera reputada.

Anillos Descentralizados: son comunidades descentralizadas, organizadas en torno a un propósito específico, y donde se alcanza un consenso al darle a este grupo la autoridad para decidir sobre temas relacionados con ese propósito específico.

Anillo Electoral: Un tipo especial de cadena de bloques o cadena lateral de datos [15] relacionada con un procedimiento criptográfico en el cual una comunidad lleva a cabo un proceso electoral incluyendo una discusión argumentada, con el fin de lograr un consenso en un proceso de toma de decisiones.

Hay algunas propuestas existentes para la realización de estos procesos electorales [16], y el resultado de tales elecciones podría ser utilizado para hacer cumplir instancias de contratos inteligentes [14], siempre y cuando los datos sean almacenados en la base de datos de la cadena lateral mencionada.

Reputación: Es un indicador asociado con todas las direcciones de una cartera reputada indicando el nivel de credibilidad o una evaluación del comportamiento pasado del usuario debido cierto tipo de *cadena de favores* ejercida dentro de una comunidad.

Línea de crédito: Es un indicador asociado a la llave pública madre en una cartera reputada, para indicar la cantidad máxima de monedas negativas válidas que puede contener esa dirección pública. La línea de crédito es una función proporcional de la reputación. Solo las direcciones madres que pertenecen a una cartera reputada pueden poseer una línea de crédito.

Transacciones de Crédito: Es una especie de transacción *+coinbase*. La llave o dirección pública madre de una cartera reputada puede generar una +UTXO cuyas monedas son transferidas a otro destino, dejando como salida válida para la dirección pública madre, una -UTXO siempre que el valor absoluto de esta -UTXO sea menor o igual a la línea de crédito correspondiente.

Una línea de crédito es una manera de recompensar la reputación, y si fuera una transacción que puede ser ejecutada por medio del consenso de una comunidad a través un anillo electoral, es una solución que permite garantizar cierto comportamiento futuro del usuario. Si se llegara a ejecutar una transacción de crédito en contra de un usuario, se estaría aplicando una penalización sobre el valor de la reputación de dicho usuario hasta que el pago de la deuda se realice o bien hasta que ocurran una secuencia de buenas acciones, realizadas dentro de la comunidad, que restauren dicha reputación. Es muy importante decir aquí, que estas deudas no están diseñadas para ser gravadas con intereses. No hay prisa para pagar estas deudas[163].

---

[163] Realmente la única preocupación de quien debe este dinero a la comunidad, es que si este nuevo miembro tiene deudas, necesita primero pagar esas deudas para poder entrar en las dinámicas de inversiones en los semilleros de empresas para así enriquecer su capital. (Nota Especial)

Mapeo: En el mercado, cada persona tiene un conjunto de necesidades y expectativas conocidas en la jerga económica como *demandas*. Además, cada persona o grupo de personas pueden estar en condiciones de ofrecerle algo al mercado. En las comunidades de las criptomonedas, ya hoy día existen muchas iniciativas que ofrecen plataformas descentralizadas de comercio electrónico desarrolladas mediante código libre, tales como Open Bazar [17].

Supongamos que en una plataforma similar, los usuarios son capaces de anunciar sus ofertas así como sus demandas. Entonces le sería fácil a un software hacer enlaces o al menos ayudar a la gente a hacer conexiones con el fin de atar los cabos sueltos entre un conjunto de ofertas con conjuntos de demandas de ciertos mercados geográficos específicos. Vamos a llamar a este proceso de correspondencia, "mapeo".

Por supuesto, la realización de tal procedimiento tiene algunos obstáculos que resolver. La gente necesita anonimato para honestamente anunciar sus demandas reales (algunas de las demandas puedan ser juzgadas como frivolidades por algunos miembros de una comunidad). Pero, con el anonimato viene el "trolling" o gente con intención de sabotaje. Así que, puede ser razonable organizar anillos descentralizadas de personas que voten por el precio que un anuncio de demandas debe tener. Ciertos anuncios de demanda que sean de lo más excéntricos pueden ser más caros que otros anuncios normales. Para evitar cualquier conflicto de intereses, el dinero que se cobra por estos anuncios puede ser dirigido hacia proyectos de investigación y desarrollo en bien de la comunidad. Las direcciones y los procesos de pago de estos procedimientos deben ser anónimos, utilizando algunas de las opciones abundantes que las criptomonedas tienen disponible hoy [18].

Si los intereses de la mayoría armonizan con el crecimiento de la comunidad y con la búsqueda honesta de datos fiables sobre las necesidades y demandas de su comunidad, entonces es muy probable que el promedio de los precios de los anuncios termine siendo o muy bajo o muy razonable.

El otro problema para el mapeo es conocer los precios: ¿Cuánto quieren los vendedores obtener por su oferta, y cuánto estarán dispuestos a pagar los compradores? Si esta cuantificación no ocurre de algún modo, el mapeo del mercado sería inútil. En el siguiente concepto es considerado este asunto.

La Doble Subasta: Se trata de un juego, donde los compradores y vendedores juegan un torneo, compitiendo de tal manera que un precio justo de referencia surge fácilmente. Hay muchas maneras en que se puede diseñar este juego, y existe abundante literatura en el campo de la economía sobre este tema. [19]

Uno de los problemas que muchos podrían prever aquí, puede ser la forma de descentralizar al subastador (¿Quién decide cuando se inicia o se cierra la subasta?) o bien; ¿Cómo anonimizar a los participantes? Sin embargo, las herramientas criptográficas proporcionan suficiente flexibilidad para publicar datos cifrados y más tarde exponer la data descifrada, comprobando que ambas se corresponden, permitiendo que el juego sea autónomo y descentralizado[164]. Por lo que este punto no es una preocupación real.

La característica relevante aquí es que, a medida que los participantes ganen, los precios son acordados entre compradores y vendedores, lo cual es una manera de ser recompensados. Pero también pueden obtener publicidad en la comunidad, que es otro tipo de premio.

---

[164] Recientemente nos enteramos de una rama de la criptografía matemática en pleno desarrollo hoy día: la criptografía *homomórfica*, que junto con técnicas de pruebas de conocimiento a ciegas (zero knowledge) hacen ahora posibles un muy amplio campo de procedimientos en la computación compartida, que hasta hace poco no eran posibles. (Nota Especial)

Todo esto se puede hacer mediante paquetes de software de código abierto permitiendo que sea descentralizado.

Además, los torneos de dobles de subastas pueden ser juegos que realmente puedan disfrutar los miembros de diversas comunidades. Serían una oportunidad para socializar, lo cual hace que usted y su negocio sean conocidos. Y, por último, estos torneos se pueden organizar como eventos para recaudar fondos para establecer un primer mercado, como por ejemplo, en una nueva ciudad.

Una preocupación real para las subastas dobles, es elegir una actividad comercial referencial (algún servicio o producto) que ayude a establecer un punto de referencia para todos los demás precios.

Para considerar este problema, tómese en cuenta que el Vale de Renta puede ser visto como dinero en un estado especial de existencia. El Vale de Renta se trata de dinero que se manifiesta de modo tal que en él no media cuantificación monetaria alguna (es decir, se ofrecen bienes y servicios más bien en términos de *partidas físicas*, que en términos de cantidades de monedas). Pero también se trata de dinero en estado de fluidez (es decir, es renta, o dinero caudal) medido en términos de caudales de beneficios.

En este sentido, el concepto del Vale de Renta entra en juego ya que el propósito de estos eventos de subasta doble es la construcción de un baremo general de precios independientemente de la influencia de cualquier economía basada en monedas Fiat o de curso legal, del mismo modo que el Vale establece ofertas en términos de beneficios y no necesariamente en forma de cantidades de monedas.

Un beneficio entregado por cualquier grupo de seres humanos es el mismo beneficio sin importar en qué país fue producido, y sin importar la raza, nacionalidad, cultura, género o religión de quienes lo hayan producido, y por ende, son beneficios que deben ser valorados independientemente de estas condiciones[165].

Cartera de Negocios: Se trata de una clase especial de cartera reputada (con jerarquía determinística o "HD"), que estará vinculada con una actividad comercial plenamente identificada. La contratación de un Vale de Renta es una ocasión especialmente sugerida para la creación de una cartera de negocios. En tal caso, la dirección pública madre de la cartera, de ahora en adelante, *la cuenta de cargos* será reputada con una línea de crédito de al menos el precio de la cantidad nominal de beneficios (N).

Supongamos que el precio para una cantidad N de beneficios en una moneda determinada es P. Dicho precio puede ser el resultado de una negociación realizada con apoyo de un baremo de precios de referencia o bajo un acuerdo directo que nació de un torneo de subasta doble.

La cartera de negocios por lo tanto estará vinculada a un contrato inteligente [14], el cual será el código de programación del Vale de Renta mencionado. Las instrucciones de este contrato inteligente incluirán lo siguiente:

1. Al comienzo de cada período comercial: Se realiza una *transacción de crédito* en la *cuenta de cargos* por esa cantidad total P, dejando una -UTXO en esta dirección, por una cantidad -P de monedas y colocando la correspondiente salida +UTXO, por una cantidad de monedas +P hacia la primera

---

[165] El sistema del Vale de Renta respalda el dinero en los frutos de la labor humana. Del mismo modo que una moneda respaldada en metales preciosos, va a pagar la misma cantidad monetaria a cambio de una onza de oro, sin importar que el oro esté en México o en Londres, una moneda respaldada en el fruto de la labor humana pagará por un vaso de jugo de naranjas (más o menos) la misma cantidad de monedas, sin importar que este vaso haya sido producido en Londres o en México. Si por el contrario, se pagara por el esfuerzo o por las horas de servicio (y no por los frutos de la labor), un país menos industrializado debe reconocer menor valor por la mano de obra. Así, el mexicano recibe menos paga por su esfuerzo que el europeo por el mismo esfuerzo, ya que 1 hora de servicio en un lugar produce mucho menos que en el otro. (Nota Especial)

dirección pública derivada de la cartera HD, dirección pública que llamaremos de ahora en adelante, la *cuenta de crédito* de la cartera.

2. Al final de cada período comercial: Se recogen todas las colocaciones de fondos derivados de las transacciones de crédito, correspondientes tanto a las cuentas de cargos como a las de crédito, para usarlas como la entrada de una transacción -coinbase, con el fin de destruir todas las monedas involucradas.

Debido a que las carteras de negocios administrarán las operaciones de diversos grupos de socios, varias personas accederán a diferentes cuentas dentro de la misma cartera determinística. Debido a que en las carteras HD, todas las llaves privadas son generadas a partir de una clave privada madre, todas las UTXO vinculados con cada dirección pública de la cartera, deben requerir condiciones lógicas de desbloqueo adicionales para el manejo de fondos, además del requisito de las firmas digitales con las llaves privadas de estas direcciones, pues de lo contrario, todo el mundo tendría acceso a las cuentas de todos los socios.

Una solución puede ser pedir a cada socio, una firma adicional a partir de una llave privada de una dirección de su cartera reputada personal. Pero dado que se necesitará ejecutar otro contrato en paralelo al del Vale de Renta (el *Bono de Renta*, véase la definición del concepto de Vale de Renta), hay otra condición lógica natural que se puede utilizar con el fin de reclamar la propiedad sobre las monedas pertenecientes a las direcciones de una cartera de negocios: Las acciones de los socios, creadas mediante el uso de fichas de contrato o un código de monedas coloradas [20] asociadas al Bono de Renta correspondiente al Vale de Renta.

3. Una *cuenta de negocios*, es cualquier dirección pública de la cartera de negocios, diferente de la cuenta de cargos o de crédito.

4. Con el fin de asegurar las colocaciones de fondos de los propietarios de una cuenta de negocios, se utilizarán unas secuencias de comandos lógicos a ser suministradas en la data de cada transacción con el fin de bloquear los fondos, y estas secuencias solicitarán al menos tres condiciones lógicas, para poder disponer o desbloquear los fondos en estos tipos de cuentas:

Una firma[166] sobre la transacción, firmada con la llave privada del socio que usa una cuenta de negocios, de la cartera de negocios;

Una firma realizada con la llave privada madre de la cartera personal reputada que es propiedad de dicho socio;

Y los metadatos o fichas de contrato [20] que se utilizarán como prueba o certificado criptográfico de poseer acciones, proporcionadas por el contrato inteligente que ejecuta el Bono de Renta; Estas fichas demostrarán la participación de los socios sobre este bono.

---

[166] Las firmas digitales son procesos criptográficos complejos pero más o menos pueden entenderse así: la llave privada es un número secreto, digamos k, que al multiplicarse por un mensaje M (que se procesa digitalmente como otro número), devuelve una firma: $k*M=F$ (la Firma). La llave pública (K), por otro lado, es el producto de la llave privada por un vector G: $k*G=K$. La firma se usa para saber si realmente el dueño de la llave secreta, fue quien firmó el mensaje. Así el valor F, la firma, es un dato público, y K, la llave pública es también de dominio público. Entonces el proceso de verificación se parece a verificar que $F*G = K*M$. De modo que podemos saber que el dueño de la llave secreta firmó el mensaje, sin conocer nunca dicha llave secreta. En realidad aquí la "multiplicación" (*) es una función criptográfica muy compleja, que no tiene inversa. (Nota del Especial).

Solo aquellas transacciones que vengan con colocaciones de fondos (o UTXOs), que en efecto posean vinculación con las fichas de contrato o metadatos, correspondientes al Bono de Renta apropiado, serán aceptadas como transacciones válidas en el sistema del Vale de Renta.

Las carteras de negocios relacionadas con el sistema de Vales de Renta pueden operar a través de cadenas de bloques laterales, *con sus propias reglas transaccionales*, que operen al margen de cualquier cadena de bloques principal. Esto podría ser conveniente para el aligeramiento del rendimiento del sistema de pagos. Vamos a suponer que las transacciones se realizan en una cadena de bloques lateral. Por ello, una condición adicional es posible:

5. Las transacciones en el sistema de Vales de Renta serán tratadas como *tickets* [21][167], o bajo un paradigma de control de eventos. Y los únicos eventos aceptables para estos tickets serán las órdenes de compra o intercambio. Un mecanismo de depósito en garantía será un elemento crucial en el sistema para las transacciones de los Vales de Renta.

Así que, con la excepción de los tickets o de las transacciones generadas por el Bono de Renta que maneja el Vale de Renta, aquellas operaciones que solo transfieren dinero entre cuentas y no sirven para intercambiar efectivamente bienes o servicios, no generarán tickets válidos.

Fideicomisos Inteligentes: por lo general, cuando un grupo de empresas acuerdan trabajar en conjunto por una meta en común, recompensadas por unas ganancias muy generosas, contratan un fideicomiso bancario. Esto involucra la actuación de muchos abogados, un montón de papeleo burocrático, costosas comisiones e impuestos a ser pagados en pos del prometedor contrato. ¿Qué tal si esta herramienta burocrática se convirtiera en un contrato digital inteligente, de forma gratuita y sin tantos papeleos? Las herramientas criptográficas hacen esto posible el día de hoy.

Un fideicomiso inteligente es un contrato inteligente que utiliza una cadena de bloques lateral, totalmente libre, para llevar a cabo sus operaciones. Estas cadenas laterales no tienen que utilizar un proceso de minería de prueba de cálculo. Los bloques en una cadena lateral pueden ser creados, de una manera similar a como trabajan algunas monedas alternas, mediante prueba de reservas [22], pero hablaremos de esto con más detalles en documentos futuros que formarán parte de este proyecto.

Para que un fideicomiso inteligente funcione se necesita:

1. Por lo menos, *una dirección fiduciaria* (o cuenta del fideicomiso) que posea un saldo de fondos y valores comprobados (monedas, certificados, acciones, etc.) o conjunto de UTXOs, cuyas condiciones lógicas de liberación, para disponer de tales fondos, sean estructuras de firmas digitales, elaboradas a partir de la posesión de ciertos metadatos o de fichas de contrato proporcionadas por la estructura del fideicomiso inteligente.

2. Una ficha de contrato independiente (T) como moneda respaldada por los valores depositados en la cuenta fiduciaria, la cual será creada por el fideicomiso inteligente, según sea requerida.

---

[167] Comprendiendo mejor el funcionamiento de los contratos de Ethereum, esta dinámica de "tickets" equivale al manejo de las transacciones del mismo modo que lo hacen los contratos en esta nueva plataforma, a diferencia de las transacciones simples. Algo muy importante que faltó destacar o aclarar aquí, es que los tickets son transacciones de monedas positivas que se destinan a cuentas de cargos, donde hay monedas negativas, dando lugar a la destrucción de monedas cada vez que se compra o se vende algo en el sistema del vale de renta. (Nota Especial)

3. Un mercado privado descentralizado de comercio y negociación, donde los usuarios registrarán sus direcciones públicas, para redimir sus pagos.

4. Una estructura de firmas y un conjunto de reglas privadas con el fin de validar las transacciones hechas con la ficha de contrato privada del fideicomiso.

5. Un *período de taller*. Durante los períodos de taller, un "mercado de tareas" o "mercado de beneficios" será abierto entre los usuarios de la comunidad, utilizando como medio de intercambio la ficha o moneda privada del fideicomiso, con el fin de cumplir con los objetivos de trabajo y producción. Las fichas que cada usuario "i" recibe como resultado de su trabajo (que denotaremos como T_i) constituyen la *prueba de labor humana*, que será convalidada de alguna manera por el fideicomiso inteligente.

Al final de cada período de taller, los usuarios pueden reclamar sus dividendos correspondientes a los fondos que resultasen acumulados en la dirección o cuenta fiduciaria para ser pagados a su dirección pública registrada, a cambio de mostrar sus fichas contractuales al fideicomiso, es decir, su prueba de labor.

La cantidad a transferir a cada usuario es un porcentaje de la cantidad total de fichas.

(% Dividendo = $T_i / \sum T_i$)

Bono de Renta: Ahora es más fácil visualizar el mecanismo del Bono de Renta como una especie de fideicomiso inteligente.

En este caso, la dirección fiduciaria es la cuenta de crédito de la cartera de negocios relacionada con el Vale de Renta. Los fondos de valor, son las monedas allí depositadas al inicio de cada período comercial.

Las fichas de contrato son las acciones de la empresa vinculadas con el Bono de Renta o que otorgan derechos sobre el Bono de Renta.

La comunidad de colaboradores o la red del mercado descentralizado, estará integrada por los socios y los accionistas, que van a manejar la empresa.

Las reglas del juego y las estructuras de firmas y convalidación para este tipo de contrato inteligente es un tema complejo e integral aún por detallar, pero cuya logística es una solución factible operada hoy día por varias cooperativas reales [23] en diversas formas. Además, las reglas dependerán de los acuerdos iniciales que darán origen a cada Vale de Renta específico.

Cada usuario estará relacionado con su empresa en virtud de diferentes funciones. Los accionistas tienen una relación diferente que los asociados, y un mismo miembro de la comunidad puede ser un accionista y un asociado. Por lo que el mismo miembro puede tener varias cuentas de negocio en la misma cartera de negocios. Para evitar confusiones, vamos a referirnos como "usuario", a la combinación de un miembro de este anillo de asociados y una específica cuenta de negocios.

Las reglas de operación para Bono de Renta serán las siguientes:

Durante el período de taller, el Bono de Renta distribuye diferentes cantidades de fichas de contrato entre los usuarios, de acuerdo a las reglas del juego, pero que dependerán de las cantidades de trabajo y beneficios que aporten los asociados a la empresa. El período del taller puede variar dependiendo de la cantidad de usuarios. Para los accionistas, el período taller podría ser nulo, porque para ellos se conoce de antemano su ganancia o participación. Sin embargo los fondos de la cuenta de crédito o la cuenta fiduciaria, primero deben disponerse para los gastos de producción de la empresa[168].

Las fichas que han sido distribuidas permanecen inactivas hasta el final del período de taller. Los períodos de taller dependen de cada usuario.

Al final del período de taller, *una ventana de pagos* se abrirá para las fichas que van siendo activadas. Los socios de la empresa podrán cobrar con estas fichas activas sus dividendos de la cuenta de crédito (o cuenta fiduciaria), y estas monedas recién cobradas tendrán un período de vida similar al periodo comercial del vale de renta.

Las fichas ya utilizadas en ventanas de pagos anteriores, pasan a tener una condición inactiva (expiran en una fecha predeterminada) para que el Bono de Renta pueda reciclarlas. El Bono de Renta buscará cuáles fichas inactivas en la cadena lateral están asociadas con el Vale de Renta que el contrato maneja. Recogerá todas estas fichas para destruirlas en una transacción -coinbase, eliminando todas las fichas viejas, tanto las que fueron reclamadas, y que fungieron como prueba de labor, como las que no correspondieron a ningún trabajo útil ejecutado.

El Bono de Renta va desactivando las fichas activas de cada usuario en el mismo acto de realizar los pagos de sus dividendos respectivos, creando transacciones que envían el dinero desde la cuenta de crédito (cuenta fiduciaria) a las cuentas de negocio de cada usuario.

Para que las monedas que van siendo cobradas con fichas del contrato tengan un periodo de vida igual al período comercial, sus colocaciones o UTXOs llevarán un banderín asociado a la ficha que ejecutó el cobro de esas monedas, para así decirle al sistema que a esa moneda le llegó o no la hora de ser quemada[169].

Este proceso se repite hasta que el vale de renta expira, y la última moneda no utilizada sea removida del sistema de acuerdo al banderín de las fichas con las que la moneda fue cobrada. La fecha de vencimiento del Bono de Renta por lo general será la fecha de caducidad del Vale de Renta, más un período de comercial adicional.

Una pregunta válida aquí sería: Si las monedas son continuamente quemadas tras cada periodo comercial ¿Cómo se puede ahorrar el dinero dentro del sistema de Vales de Renta?

Transacción Saliente: Son las primeras opciones para ahorrar dinero procedente del sistema del Vale de Renta. La más importante y necesaria de estas transacciones es la transacción del *pago de deuda*[170].

---

[168] Para que los gastos de producción sean autorizados, debe haber en las reglas de juego los mecanismos de operación apropiados para generar los tickets de transacciones necesarios. (Nota Especial)

[169] El cambio de estado que corresponde a quemar o no una moneda en un sistema de criptomonedas, debe ser activado por una transacción. Recientemente hemos indagado el funcionamiento de la plataforma Ethereum y creemos que una transacción post-fechada (equivalente a un cheque post-fechado) tal y como puede hacerse en la plataforma Bitcoin, puede alojarse en el tanque de memoria de las transacciones que están por ejecutar, de modo que los disparadores que queman a las monedas que no han sido utilizadas, sean activados al final de cada periodo comercial. (Nota Especial)

[170] Cuando una cartera reputada es reivindicada por una comunidad en favor de un nuevo usuario, este personaje entra en un periodo de entrenamiento, donde necesitará llevar a cabo gastos, usando servicios y productos de la comunidad que le acoge para capacitarse, así como también aportará servicios a la comunidad. Todos estos gastos son cubiertos por el crédito que el usuario eventualmente respalda con su reputación. (Nota Especial)

Estas son transacciones que destruyen las monedas en las cuentas de negocio para crear monedas positivas en la cuenta madre de la cartera reputada del mismo propietario. Por ende, esta transacción involucra un procedimiento de quema de monedas.

Otras opciones pueden ser comprar cripto monedas de cadenas de bloques regulares a cambio de beneficios que ofrecen los sistemas de Vales de Renta, siempre y cuando existan acuerdos con tales cripto comunidades.

Y una tercera vía, puede ser la destrucción de monedas de cuentas de negocios para crear monedas en cualquier dirección de alguna criptomoneda con cuya comunidad exista algún tipo de acuerdo, basado en un importante tráfico comercial de beneficios en base a los Vales de Renta[171].

Hay muchas soluciones a evaluar, como monedas coloradas o alianzas con otras comunidades de Vales de Renta. Estas soluciones no necesitan un cambio profundo en el código de cualquier cripto-moneda, simplemente un acuerdo entre las comunidades.

Las distintas redes de Vale de Renta podrían establecer alianzas comerciales sin importar la moneda a utilizar. Solo es necesario sincronizar sus protocolos de código abierto, ya que los Vales de Renta están anclados al valor del fruto del trabajo humano, no al valor de ninguna moneda. De este modo, los baremos de precios de diferentes redes pueden coordinarse con facilidad.

Fideicomiso Inteligente para Proyectos: Otra forma útil que puede asumir un fideicomiso inteligente es aquella en la que se ayuda a un equipo de trabajo para crear un nuevo negocio, en lugar de servir para despachar pagos periódicamente sobre los beneficios de un negocio ya existente.

En este caso una de las cuentas fiduciarias puede contener todo *el conjunto de acciones empresariales* del futuro negocio, como entidad completa, es decir el 100%.

En este caso, las fichas de contrato de este fideicomiso, serán útiles para permitir a los usuarios cobrar sus acciones pertenecientes a la nueva empresa, una vez incorporada como negocio, como fruto de sus labores en la incorporación de este emprendimiento.

Otra cuenta fiduciaria necesaria, en este caso, puede ser alguna *cuenta de fondos*, donde los inversionistas o promotores financiarán el proyecto (igual que en un "crowdfunding" o colecta pro-causa), y el funcionamiento del sistema lógico correspondiente al desbloqueo de los fondos, mediante las fichas del contrato será utilizado para el gasto prudente de estos fondos por el bien del proyecto, y no para el beneficio personal de los miembros del equipo del proyecto.

Entonces, las acciones procedentes de los proyectos son la manera de conseguir o reclamar las fichas de contrato de cualquier Bono de Renta futuro relacionado con la empresa en gestación, con el fin de cobrar los dividendos procedentes del Vale de Renta correspondiente en el que el negocio estaría involucrado. Con el fin de garantizar los derechos derivados de estas acciones futuras, los propietarios o usuarios tienen por lo menos tres posibles mecanismos:

---

[171] Recientemente diseñamos una nueva solución, en la cual es posible el respaldo de monedas de duración perpetua, con acciones de emprendimientos y empresas que pertenezcan a las comunidades de comercio de los vales de renta. Los detalles de esta solución podrán discutirse en los espacios de nuestro taller de protocolos de sinergia. (Nota Especial)

La prueba de la existencia, anidada en la cadena de bloques, de todos aquellos datos de los certificados que den fe o sean la prueba de la existencia de la empresa. Recuérdese que la existencia de una empresa es una condición necesaria para crear una billetera de negocios y contratar un vale de renta con la comunidad.

Todas las estructuras de validación y cadenas de firmas digitales adecuadas, llevadas a cabo en los procesos de creación de las fichas del fideicomiso inteligente del proyecto, y las firmas digitales que reivindican la incorporación de la empresa, almacenadas en la cadena de bloques lateral del fideicomiso.

Los anillos electorales que pueden formar las comunidades. Si alguien tiene algún problema para reclamar una participación en los dividendos de un Vale de Renta, él o ella puede apelar a un anillo electoral en una o varias comunidades descentralizadas que tengan voz y voto sobre el desempeño del contrato de vale de renta, para lograr la reivindicación de sus derechos y regalías como accionista.

Entre los derechos que recompensan a un usuario dueño de una cartera de acciones de nuevos negocios, debería contemplarse un sistema que mejore su reputación, de acuerdo con algunas reglas que deberán diseñarse en cada comunidad. Así, con la propiedad de nuevas acciones, viene una mejora de la línea de crédito personal del usuario.

Las reglas del juego inherentes a un *fideicomiso inteligente para proyectos* son de nuevo, un tema muy amplio que se desarrollará en detalle, pero los autores de esta propuesta estamos de acuerdo en su viabilidad.

En el caso de los emprendimientos, la cantidad de períodos de taller necesarios y su duración dependerán de los proyectos en sí. Ningún fideicomiso de proyectos tendrá compromisos con ningún Vale de Renta.

Hay muchas maneras de participar en un proyecto. Las personas pueden invertir dinero para comprar fichas del fideicomiso inteligente del emprendimiento. Pero también pueden vender sus servicios de asesoramiento, pueden aportar sus conocimientos o ayudar aportando sus activos físicos o propiedad intelectual en aras de contribuir con el proyecto a cambio de fichas del proyecto[172] (algo importante que decir en este punto es que si cualquier usuario en el sistema de Vale de Renta tiene una deuda en su cartera personal, todos los fondos adicionales para ser invertidos o intercambiados por acciones de un proyecto, serán dirigidos por los protocolos del sistema, al pago de sus deudas en primer lugar).

Recuérdese que las fichas de un proyecto o de un fideicomiso, son las pruebas de la labor humana por las cuales se crea el dinero en el sistema del Vale de Renta. Por lo tanto, una manera de ahorrar dinero en este sistema puede estar en la forma de acciones de las empresas que la comunidad ayuda a crear.

Una notable idea aquí es que los proyectos para la automatización de puestos de trabajo existentes en las empresas, son una forma especial de creación de nuevos negocios, debido a que los socios que trabajan como miembros de una sociedad mercantil pueden terminar como accionistas de una corporación, donde los procedimientos de producción han sido automatizados[173].

---

[172] En el mismo momento que se realizan aportes a un proyecto, se está creando valor, que corresponde con la emisión de nuevas fichas del fideicomiso o si ya existen estas fichas, con la activación del valor de estas fichas. (Nota Especial)

[173] Aquí es relevante distinguir la diferencia entre **sociedad** y **corporación**. La corporación es todo aquel activo empresarial que genera a sus dueños rentas de capitales. Los dueños de una corporación pueden estar en la playa mientras reciben los ingresos de sus dividendos. En cambio una sociedad

Por lo tanto, los fideicomisos inteligentes de proyectos, apoyados por el sistema de vales de renta, constituyen una alternativa para proteger los ingresos de una empresa ante la automatización de los puestos de trabajo. Imagínese a grandes ciudades con todos sus ciudadanos trabajando muy motivados, con asiduidad, para automatizar y liberarse de sus puestos de trabajo, en una nueva revolución industrial. Se parece mucho a la llamada *singularidad tecnológica.*

Anillo de Padrinos: Es aquel sector de una comunidad descentralizada que decide respaldar la incorporación de cada nuevo usuario a su comunidad, creándole una cartera reputada, y es el grupo de personas que puede ayudar al dueño de la cartera a desbloquear sus fondos en caso de que cualquier siniestro tenga lugar. Este grupo de personas puede surgir de los torneos de dobles de subastas, o a partir de eventos de mapeo al propiciar la creación de grupos de comercio dentro de las comunidades o localizados dentro de la misma ciudad. Sin embargo, ellos también pueden estar dispersos por todo el mundo. La cuestión más importante sobre anillos de padrinos es que estas personas lleguen a *conocer bien* a cada persona incorporada al anillo mediante su cartera reputada.

Cuanto mayor sea el número de personas a respaldar una cartera reputada, mejor será el nivel de seguridad. La línea de crédito de las carteras reputadas, siempre será una garantía de que el nivel de reputación de una cartera reputada sea un activo valorado por su dueño, ya que se puede ejecutar una transacción endeudando al usuario por medio de un anillo electoral.

Anillo de Patrocinadores: Es el equivalente al anillo de padrinos para personas jurídicas, o para negocios.

En el *crowdfunding* o campaña de colecta de fondos, toda iniciativa comienza con la búsqueda de patrocinadores durante la campaña del proyecto.

En el sistema del Vale de Renta, una campaña puede iniciarse con el fin de financiar con fondos, así como también de buscar apoyo (por parte de expertos, a su vez reputados) para respaldar con reputación a un proyecto de emprendimiento; es también factible una campaña para financiar a un negocio ya existente con el fin de promover la contratación de un nuevo Vale de Renta para con la comunidad. En ambos casos, un *período de campaña* debe ser ejecutado, teniendo como meta a alcanzar la reputación del negocio (una línea de crédito) y/o recaudar los fondos de inversión necesarios.

A las personas que les guste la propuesta de un negocio o proyecto aprobarán la campaña y entonces se incluirán en el anillo de patrocinadores.

Durante el período de campaña, el anillo patrocinador puede crear anillos electorales para discutir la relevancia de la empresa o el proyecto, evaluar las formas de verificar las credenciales para crear la cartera de negocios o el fideicomiso inteligente del proyecto, y se discutirá sobre las garantías o colaterales más adecuadas que el equipo de asociados del negocio pueda ofrecer para dar cumplimiento a sus promesas.

Esta actividad de evaluación y discusiones es de hecho un servicio que el anillo patrocinador llevará a cabo con el fin de compartir pequeños dividendos (regalías) provenientes de los futuros Bonos de Renta (en el caso de una campaña de vales de renta), de acuerdo con un fideicomiso inteligente especial que premiará a los miembros del anillo con cantidades de reputación que luego podrán ser canjeados por fichas de ese

---

es una empresa donde los socios generan ingresos a partir de sus servicios. Cuando los miembros de una sociedad se toman vacaciones, dejan de generar ingresos. (Nota Especial)

Bono de Renta si así lo desean. En el caso de una campaña para un proyecto (en lugar de un negocio ya existente), las regalías son incluso mejores: los patrocinadores serán premiados con un porcentaje de las acciones de la empresa recién creada.

Los anillos patrocinadores pueden tener el poder de decidir cosas tales como la cantidad nominal de beneficios, la reputación de la empresa, los precios para contratar el acuerdo, la fecha de maduración y la extensión de los períodos comerciales. Dentro del anillo patrocinador, se espera que provengan muchos de los clientes que comprarán parte de los beneficios ofrecidos por el Vale de Renta y por lo tanto, el anillo será, de hecho, uno de los beneficiarios del contrato. Por lo tanto, el beneficiario del Vale de Renta es una entidad descentralizada.

Debido a que lo mencionado involucra un asunto legal a ser estudiado en detalle, y dependerá de cada jurisdicción donde se acuerde cada Bono de Renta, el anillo patrocinador debe firmar con la entidad empresarial, un contrato de donación o por lo menos un mandato comercial para recibir poderes fiduciarios sobre de los beneficios negociados.

Tales acuerdos hacen que los patrocinadores se conviertan en propietarios de los beneficios futuros del vale de renta, pero solo con el propósito de donar estos beneficios o entregarlos a los miembros de una comunidad en una especie de un club de trueque, con el fin de utilizar los beneficios como colaterales para el contrato, así como para cumplir con las condiciones necesarias de *evitación fiscal*, ya que con los Vales de Renta la empresa se compromete con un contrato donde se ha renunciado a cualquier pago de moneda fiduciaria y lo convierte en una especie de acuerdo sin fines de lucro, que no debería ser gravado de impuestos.

Anillos Maestros: Se trata de un anillo descentralizado que desempeñará el servicio de custodia para realizar el seguimiento y convalidar los tickets de compra-venta de las transacciones comerciales en los sistemas de Vales de Renta.

Los miembros de un anillo maestro tienen funciones similares a las de los master-nodos en la plataforma DASH [24]. Mientras que los master-nodos deben presentar a la red una *prueba de servicios*, para poder reivindicar sus dividendos, en el sistema de Vales de Renta habrá un paradigma muy similar apoyado por los fideicomisos inteligentes (la prueba de labor humana).

En la comunidad Dash, para que un usuario opte por la acreditación de un master-nodo, debe disponer de un colateral de 1.000 Dash. En el sistema de Vales de Renta, en lugar de colocar una suma de monedas como colaterales, los miembros de un anillo maestro solo necesitarán tener la suficiente reputación (línea de crédito) para cubrir las responsabilidades que esperan asumir, de modo que esta línea de crédito sea utilizada como un colateral por los anillos patrocinadores mediante anillos electorales, que permitan ejecutar el crédito como compensación ante ciertas circunstancias específicas de resolución de conflictos que se presenten.

Los anillos maestros administrarán un conjunto asignado de contratos de Vales de Renta, y serán responsables de la liquidación progresiva de deudas de las cuentas de cargos de las carteras de negocios relacionados con esos contratos.

Los conjuntos de cuentas de cargos que los miembros de los anillos maestros asistirán corresponderán a contratos de distinta naturaleza y dependerán del acuerdo que involucra cada ticket generado por comprador y vendedor, de los horarios en que los miembros del anillo maestro estarán prestando servicio para cada caso y de ciertas funciones criptográficas pseudo aleatorias que determinen quien se encargará de cual ticket.

Para poner en marcha la ejecución de un contrato de Vale de Renta, la empresa ofertante del vale, debe delegar la verificación de pagos hacia su cartera contra su cuenta de cargos, a un anillo maestro. Entonces, ninguna transacción de compra-venta puede ser completada por ningún socio de ninguna empresa.

Los tickets (que equivalen a contratos, o procedimientos) son diferentes a las transacciones en el sentido de que son una secuencia de pasos con estructuras de datos que deben ser validados por un juego de firmas, con ayuda de anillos maestros.

A continuación se ilustra, el ciclo de vida de un ticket o de las transacciones de compra-venta dentro del sistema del Vale de Renta.

Todo comienza a partir de un anuncio válido de ventas de algún beneficio ofrecido por un Vale de Renta, donde el ticket, o transacción de compra se inicializa cuando el comprador firma su intención de compra pulsando algún botón de "Comprar". Esta acción va a firmar una estructura de datos, similar a una transacción donde solo hay entradas, pero no habrán salidas (una transacción -coinbase): el primer estado del ticket es una transacción donde se gastan colocaciones +UTXO del comprador a ser utilizadas para la compra-venta.

A continuación el ticket levanta un banderín que se transmite al anillo maestro, y algunos de sus miembros serán aleatoriamente asignados como curadores con autoridad para gestionar la evolución del ticket.

Un ticket podría solo involucrar la verificación de una simple transacción de compra-venta, pero pueden existir una diversa gama de tickets. En el otro extremo de la gama, el ticket puede requerir el sorteo para la contratación de algún miembro entrenado del anillo maestro para llevar a cabo complejos trabajos de inspección de obras y/o servicios.

Si la transacción no está bajo ningún ataque[174], y todas las partes son honestas, el proceso sigue su curso de manera totalmente automática, de modo que el cliente autoriza al vendedor a sumar las monedas positivas (+UTXOs) provenientes de la cuenta de este comprador con las monedas negativas (-UTXOs) de la cuenta de cargos del vendedor (*en una transacción de quema de monedas*). Con la difusión de una firma digital que declare la conformidad con el despacho, esta última firma cierra el ticket de compra-venta.

Si surge alguna controversia, entonces el miembro del anillo maestro procede a intervenir, prestando su ayuda al caso, como ser humano y de acuerdo con el procedimiento de las reglas del juego propias de cada compra-venta que involucran a cada ticket en cuestión, tal y como se procedería en cualquier servicio ordinario de atención al cliente. Si no hay suficientes miembros que asistan al conflicto en un determinado ticket, entonces la última palabra estaría en el procedimiento de alguna red o anillo de verificación que validará (o rechazará) en consenso, la validez del proceso de compra-venta (ticket) en la cadena de bloques lateral, fallando a favor del comprador (devolviéndole sus monedas positivas) o a favor del vendedor (quemando sus monedas negativas), tal y como sucede por ejemplo en la red Dash, cuando en

---

[174] Se entiende "ataque" en la jerga de sistemas de seguridad, como el intento de falsificar o vulnerar algún procedimiento con el fin de robar o dañar propiedades o valores. (Nota Especial)

presencia de una controversia es la red de mineros[175] y no la de master-nodos la que decide cómo se autentica una transacción.

Como podemos ver, el anillo maestro realiza un servicio, y por ello esperará un pago en recompensa. La manera de hacer esto es a través de un acuerdo especial de Vale de Renta.

Cada miembro del anillo maestro es respaldado por su propio anillo patrocinador particular, que activará su propia cartera de negocios, para un vale de renta dedicado al servicio de la verificación de tickets en la red.

En el caso particular de este vale de renta, el miembro del anillo maestro pone a disposición su cuenta de cargos, junto con su línea de crédito personal como colateral a su anillo patrocinador, pero en este caso no habrá un contrato especial de bono de renta que distribuya dividendos, ya que todos los dividendos estarán disponibles para este miembro del anillo maestro en su cuenta de crédito para gastar los fondos como él quiera.

Cada ticket que este miembro de un anillo maestro convalida, utilizará parte de los fondos de las colocaciones +UTXO que cada comprador destina para sus gastos (gastos = transacciones convalidadas por el referido miembro), para ser destinados a la cuenta de cargos de la cartera de negocios de este miembro maestro, mediante una transacción de quema de monedas. Si no hay controversias que resolver en una transacción, entonces el miembro del anillo maestro se ahorra trabajo en servicios de verificación y resolución de conflictos. De lo contrario, el miembro del anillo maestro tendrá que hacer su trabajo de verificación.

La idea más importante aquí es que el servicio de verificar transacciones es un servicio excepcionalmente necesario para la supervivencia de cualquier sistema monetario, y este servicio debería ser considerado como la actividad comercial de referencia que fue mencionada en la conformación de baremos de precios referidos en la descripción de las subastas dobles.

Para tener una idea de cómo establecer un precio de referencia para los servicios de verificación, vamos a ver qué tan rentable es el servicio que prestan los master-nodos en la plataforma de Dash.

Más o menos, este servicio de master-nodo debería establecer el "salario" de referencia para el avalúo del servicio de verificar los tickets por los anillos maestros.

Por un período más o menos largo, la rentabilidad (en monedas Dash) de ejercer funciones de un master-nodo ha estado alrededor de un 12% anual [25] (una medición de dinero caudal). Entonces la recompensa que debería destinarse a un miembro de un anillo maestro por asumir la responsabilidad de administrar transacciones respaldadas por un cierto colateral, debería estar alrededor del 12% del monto colateral en riesgo, es decir, de su línea de crédito personal, por año.

A partir de esta referencia, el precio de toda una serie de otros servicios puede ser deducible, utilizando este valor (el servicio del anillo maestro) como punto de partida para establecer un baremo.

---

[175] Es la red de nodos que edifica la cadena de bloques. En el caso de una cadena lateral este paradigma puede ser diferente, pero ya existen opciones para realizar técnicamente este sistema. (Nota Especial)

Círculo completo de mercado: Es el grupo de personas que logra distinguirse cuando a partir de un proceso de mapeo se ha encontrado a un subgrupo de personas entre las cuales la demanda de cada individuo ha sido completamente cubierta por las ofertas de los individuos realizadas dentro de este mismo subgrupo. Entonces podemos llamar a este subgrupo como un círculo completo de mercado, o grupo completo.

Encontrar a grupos completos puede ser una parte de las funciones de un software de código abierto descentralizado al servicio de sistemas de mercados libres referidos en la definición del concepto de "mapeo".

6 Reglas para el Sistema del Vale de Renta

Con el fin de dar el mejor diseño para el acuerdo de un Vale de Renta, se deben cumplir con ciertos criterios sugeridos, evitando en lo posible la aparición de conflictos de intereses.

Regla N° 1: Evitar la medición de los beneficios en términos de tiempos de servicio u horas hombre.

La cantidad nominal de beneficios se puede medir en términos de partidas físicas (piezas, unidades, pies cuadrados, y así sucesivamente) o si es demasiado complicado, en términos de precios de las mercancías en referencia al baremo surgido en una doble subasta, pero si se trata de medirlo en términos de tiempos de servicio, los intereses del cliente que espera la mayor eficiencia estarían en conflicto con los intereses del proveedor de los beneficios, ya que a mayor demora, mayor es su rentabilidad. Debemos enfocarnos en los objetivos que esperamos materializar, detrás del tiempo que contratamos un servicio, con el fin de encontrar la mejor manera de expresar la contratación de beneficios para el vale de renta.

Además, si medimos los beneficios en términos de tiempos de servicio, a medida que progresan los avances tecnológicos en las redes y comunidades que usan el vale de renta, y los esfuerzos humanos necesarios para lograr los mismos objetivos, disminuyan, habrá un conflicto de intereses en torno a reducir los pagos a cambio del mismo beneficio entregado, que no será justo para el productor y desalentará el progreso tecnológico.

Regla N° 2: búsquense todos aquellos formalismos contractuales para el vale de renta, que recompensen más la capacidad de despacho de bienes y servicios, que el volumen de ventas de estos bienes y servicios, siempre y cuando se satisfagan las necesidades del mercado.

El contrato debe poder cumplirse con poner a disposición de la comunidad, la cantidad nominal de beneficios en cada período comercial, y si el negocio tiene todavía compromisos comerciales (es decir, un saldo de monedas negativas en la cuenta de cargos) el compromiso consistirá en nunca decir "NO PUEDO" o "NO TENGO". Pero si la totalidad de la cantidad nominal de beneficios no fuera solicitada dentro de cierto período comercial, esto no significará ningún incumplimiento para con el contrato, ya que el proveedor siempre tuvo la capacidad de cumplir.

La razón para diseñar de este modo al vale de renta, es evitar incentivos en torno a la obsolescencia planificada. Esta 2da regla fomentaría precisamente lo opuesto, dentro de las comunidades donde se utilice al Vale de Renta.

Tomemos como ejemplo, un taller mecánico de reparación de automóviles. En la economía de mercados en la cual vivimos actualmente, si no se vende no hay ingresos. Por lo tanto, es necesario para el beneficio comercial del taller, que existan automóviles estropeados con frecuencia para poder subsistir.

Pero bajo el compromiso de un Vale de Renta, es posible cumplir con el contrato, bien sea que existan o no clientes con la necesidad de que les arreglen el auto. Por lo tanto, bajo este sistema el mejor interés comercial del taller se consigue al dejar cada automóvil que cae en sus manos en las mejores condiciones posibles, para que ese cliente en particular no tenga que volver para "molestarlos".

Regla N ° 3: las comunidades deben proteger al productor a la hora de diseñar el Vale de Renta, colocando la actividad productiva como una prioridad.

Por ejemplo, si un ladrón le roba algunos trozos de pan a un panadero, que son piezas comprometidas bajo un Vale de Renta, el panadero no incumplirá con su compromiso comercial. Más bien abundó de tal manera la demanda por sus productos, en este caso sus panes, que alguien estuvo dispuesto a arriesgarse al llevarlos sin pedir permiso. De hecho, los panes fueron "despachados". Hay una justificación para que el panadero sea debidamente recompensado.

Mediando las evidencias del hecho (el robo o el siniestro) y los debidos testigos, los anillos maestros pueden certificar lo sucedido, destruyendo el valor en monedas negativas de la mercancía robada (las monedas -UTXO) de la cuenta de cargos del vale de renta del panadero.

Seguidamente, si el ladrón es identificado con éxito de alguna manera, la comunidad afectada por el hecho, puede crear una cartera reputada a nombre del ladrón, y ejecutar una línea de crédito mediante un proceso electoral, en busca de que el ladrón reconozca su error y compense su deuda para con la comunidad[176] y finalmente restaure su reputación.

Regla N ° 4: aprovechar las oportunidades financieras que el Vale de Renta otorga.

Podemos ver el Vale de Renta como un activo de capitales que puede ser objeto de comercialización. Entre los anillos patrocinadores, las personas pueden organizar otro tipo de campañas de proyectos: organizar contratos de Vales de Rentas compuestos o fraccionales.

Los Vales de Rentas compuestos son la combinación de varios Vales de Renta que no están interconectados directamente, con el fin de crear un meta-acuerdo, entre varias empresas, para producir conjuntamente en sinergia. Los Vales de Renta parciales constituyen "participaciones" o trozos del contrato, con el fin de permitir la venta de estos vales parciales a individuos o a empresas.

Estas iniciativas pueden llevarse a cabo mediante el poder organizador de ciertos fideicomisos inteligentes específicos, con el fin de distribuir los beneficios que resulten de estas iniciativas entre los miembros de una comunidad. Una advertencia importante que debe hacerse aquí es que para comercializar participaciones, los Bonos de Renta se deben poder reprogramar, a fin de permitir el comercio de sus participaciones parciales (o "notas" de bonos).

---

[176] De este modo el panadero ha sido protegido del siniestro por la comunidad. Y el ladrón se encuentra con que se ha echado de enemigo no al dueño de una tienda, sino a una comunidad completa que defiende al panadero. (Nota Especial)

Los Vales de Rentas parciales o compuestos podrán ser vendidos a cambio de participaciones de Bonos de Renta que pertenezcan a los compradores (los cuales se supone que manejarán una empresa o poseerán Bonos de Renta en el sistema de Vales de Rentas).

Pero también los Vales de Renta parciales o compuestos podrán ser "alquilados" a cambio de una moneda FIAT en préstamo, siempre y cuando el dinero se maneje mediante un fideicomiso bancario que la comunidad debe haber contratado previamente con una entidad financiera. Los intereses de estas inversiones pueden ayudar a cada miembro de las comunidades de Vales de Renta a pagar sus impuestos, siempre y cuando estos operen sus negocios como entidades sin fines de lucro a los ojos de las autoridades fiscales. No obstante, los activos de una empresa siempre imponen a sus propietarios algún gravamen fiscal.

Por último, los Vales de Renta constituyen un tipo especial de futuro financiero o derivado que en efecto, busca estabilizar los precios en la moneda digital con la cual se negocian. Y en caso de fomentarse la automatización, un proceso de deflación monetaria eventualmente ocurrirá. Un problema serio es que estas monedas digitales, las de los vales de renta, tendrán una existencia efímera. Pero los Bonos de Renta pudieran ser un buen activo de capitales.

Por ejemplo, supongamos que existe un Vale de Renta parcial que otorgue a quien lo posea el derecho de tomar hasta 20 kilos de frutas y verduras semanales. Eso puede valer quizás unos $10 semanales, o $520 anuales. Supongamos por ejemplo que un bono de deuda pública típico pague un 3% de interés al año. Así que para obtener $520 de interés por año, necesitaríamos $17.000,00. Una oferta competitiva sería pedir $6,000 a cambio de este Vale de Renta.

Si el fideicomiso coloca estos fondos en bonos de deuda pública, pudiéramos obtener $170 al año, con este capital prestado. Con estos ingresos seríamos capaces de pagar los impuestos necesarios. En la fecha de maduración del Vale de Renta, el inversionista habrá disfrutado de sus frutas y verduras durante todo el período de vigencia del contrato, y además recibiría de regreso todos sus $6.000, lo cual es obviamente un buen negocio.

7   El Plan de Acción

Como proyecto, esta propuesta debe explicar un objetivo claro. Este objetivo está alineado a una nueva estructura de sociedad, en la que todos podrán tener acceso a la mecánica de la creación del dinero, fomentando la aparición de sistemas monetarios descentralizados como la forma dominante de dinero para toda la humanidad. Con el fin de explicar conceptualmente cómo activar este proceso emergente, algunos conceptos importantes deben explicarse primeramente.

Efecto de red: Es un proceso de retroalimentación positiva [27], que puede ser modelado con ayuda de las ecuaciones que describen epidemias biológicas [28]. El efecto de red describe un proceso de transformación en las sociedades humanas desde un estado inicial de exclusión de una red social, hasta otro estado de uso pleno de tal red.

La gente no va a encontrar muy atractiva la pertenencia a este tipo de redes hasta que un número mínimo de personas sean usuarios de la red, y este número mínimo de personas es conocido con el término de "masa crítica". Después de este punto, un bucle de retroalimentación positiva acelerado desencadena una migración masiva hacia la red, lo que puede llamarse como "proceso de avalancha". Por último, la migración se desacelera después de llegarse a un punto que se puede llamar "saturación". Estos procesos pueden aproximarse mediante la función logística [29].

Incentivos: para que el efecto de red sea posible, las dinámicas sociales involucradas deben consideran un par de características principales:

 # 1 Alianzas con otras redes: el diseño de una red en expansión, debe considerar la flexibilidad necesaria para trazar puentes o alianzas comerciales y/o sociales con otras redes con las que compite, con el fin de promover beneficios mutuos.

 # 2 Beneficio incipiente de la red: debe haber un beneficio intrínseco para todo nuevo usuario de la red, desde mismo principio en que la red sea creada. En el diseño dinámico de la red descentralizada, se debe verificar: ¿Hay alguna ventaja para un nuevo usuario, por el solo hecho de convertirse en miembro de la red, incluso si hubiesen muy pocos usuarios?

Conclusiones de Nuestro Modelado Matemático: Hemos desarrollado un modelo matemático simplificado para simular un conjunto de procesos de transformación social. Este modelo se basó en modelos epidemiológicos, una rectificación de la ley de Metcalfe, atribuida a Odlyzko [30], algunas conclusiones de la ley de Zipf [31], modelos de evolución poblacional [32], y algunos otros. Se trata de un desarrollo matemático extenso, mediante un conjunto de criterios numéricos de los cuales este documento no se ocupará. (Si el lector está interesado, puede contactarnos para conocer nuestros datos del modelo[177]). Lo importante aquí son las conclusiones, producto de estas simulaciones:

Las transformaciones sociales suceden esencialmente en las ciudades. Estas transformaciones no se llevan a cabo en otras entidades geográficas, como países enteros o estados. Los procesos de transformación social que ocurren dentro de las ciudades son bastante independientes de las variables de espacio y de geografía. Dentro de las ciudades todas las reacciones sociales suceden en una manera más o menos uniforme.

Mientras más grande es la población de una ciudad, más rápido y más intenso será el proceso de avalancha. Sin embargo, en las grandes ciudades el evento de "masa crítica" se tarda mucho más en ocurrir.

Algunos resultados de la simulación: se realizó una simulación de una gran ciudad, con alrededor de 10 millones de habitantes, con edad y condiciones para producir. Puede ser una ciudad con alrededor de 14 millones de personas, como lo es por ejemplo, la ciudad de Los Ángeles en los Estados Unidos.

Los criterios de simulación asumen que en la ciudad ya existen grupos que han alcanzado la condición de completitud en al menos una comunidad de al menos, digamos 30 personas. Este fue un criterio moderadamente pesimista. Por supuesto, a partir del mapeo y del proceso de torneos de doble subastas pueden surgir varios grupos completos, pero no se espera que todos estos grupos lleguen a tener éxito en sus comienzos. Vamos a suponer que la condición inicial se inicia a partir de uno único grupo de éxito.

En este grupo completo se imponen un desafío: ayudarse mutuamente a sobrevivir sin la ayuda o sin el uso de ninguna forma de dinero FIAT.

_____

[177] Este y otros temas pueden ser discutidos como parte de los temas a abordar en el taller referido en el Apéndice II. (Nota Especial)

Con este y otro conjunto de condiciones numéricas para las ecuaciones, se encontró que *la masa crítica se alcanza en unos 1,200 días* (un poco más de 3 años). Esto significa que, en lo que se refiere a los errores en el cálculo, una masa crítica en una gran ciudad puede ocurrir dentro de un período de tiempo dentro del orden de magnitud de cinco años.

Pero el proceso de avalancha dura alrededor de *3 meses*.

Esto significa que, aceptando varios errores de cálculo, una migración masiva podría suceder literalmente, de la noche a la mañana en una gran ciudad. En otras palabras, toda la población en una gran ciudad estaría dejando atrás su dependencia de la moneda fiduciaria de un día para otro. Piense en el impacto de tales eventos a escala global en un mundo altamente interconectado.

Un primer plan de acción: con base a la información anterior, podemos formarnos una idea aproximada de un plan a nivel de diseño conceptual para desencadenar un proceso de transformaciones sociales de un modo totalmente descentralizado.

Paso # 1: desarrollar el código de un software de código abierto descentralizado e integrado para para implementar un sistema de comercio mediante Vales de Renta funcional. Esto implica la ejecución previa del software en redes de prueba y la evaluación de todas las pruebas de concepto necesarias.

Paso # 2: organizar por medio de quizá un conjunto de campañas de colectas independientes, una serie de torneos de mapeo y eventos subastas dobles en varias ciudades grandes (digamos, alrededor de las treinta ciudades más grande en el mundo). Mejor si se hacen más o menos simultáneamente. Estos torneos deben tener como uno de sus objetivos, la formación de grupos completos de mercado. Y los desafíos de estos grupos completos pueden ser:

Cubrir las necesidades de los miembros del grupo con el fin de ser capaz de renunciar a sus puestos de trabajo.

Dejar de usar la moneda fiduciaria o… simplemente reducir al mínimo (a casi cero) los costos de producción de un grupo de empresas mediante dinámicas de intercambios, maximizando sus potenciales de capitalización.

Por lo tanto, estos grupos completos son como clubes (descentralizados y abiertos) de mutuo apoyo para ahorrar dinero y para la creación de nuevas empresas, en un principio. Y este es un buen *beneficio incipiente* de arranque. Después del efecto de red, la existencia de los grupos completos se convierte en redes de personas que crean dinero verdadero bajo un esquema descentralizado.

Pero una condición adicional debe existir para optimizar las posibilidades de llegar al efecto de red: una alianza con por lo menos un sistema descentralizado de dinero. Esto es posible, por lo menos Gracias a la plataforma democrática descentralizada de Dash Central (antiguamente Dash Whale), que puede permitir que el dinero creado por transacciones de crédito o monedas coloradas para las inversiones, sean vendidas a cambio de Dash, en caso de acordarse tal cosa. Pero podemos apostar a que habrá un montón de otras opciones con otras criptomonedas.

Paso # 3: repetir periódicamente, por un cierto lapso, esta receta (mapeo y torneos de doble subastas) en tantas ciudades como sea posible.

Paso # 4: finalmente, solo hay que esperar y ver cómo el efecto de red se desarrolla de forma espontánea (puede ser a una increíble escala global).

Bajo estas circunstancias, pequeños grupos completos que tengan éxito en el establecimiento de sí mismos en las grandes ciudades, al mismo tiempo desataran las condiciones para lograr una reacción de efecto de red.

8   Lo que ofrecimos como propuesta a la comunidad Dash

El alcance de trabajo contemplado por esta propuesta fue reunir los paquetes de documentación necesarios para luego desarrollar el código de una plataforma de software descentralizada que le permitiese a sus usuarios organizarse como comunidades comerciales colaborativas y descentralizadas. Nuestro compromiso iba a incluir lo siguiente:

Un conjunto de documentos técnicos detallados, explicando cómo diseñar y codificar todas las soluciones implicadas en cada uno de los conceptos definidos en el apartado 5, de esta propuesta. Sin embargo, nuestra mayor prioridad es cómo diseñar el fideicomiso inteligente.

Un documento técnico principal que describa al menos un diseño conceptual para la creación de un sistema coherente que cumpla con los objetivos propuestos por el sistema de Vale de Renta. Este sistema coherente será una solución integrada de un software de código abierto descentralizado para que cualquiera pueda tomar parte en ella.

En este punto podrá haber un montón de dudas sobre los detalles de esta propuesta, pero lo más importante es que el lector se forme una idea propia de qué tan factible es esta propuesta con el fin de dar su aprobación de fondos en ella, teniendo en cuenta la información que se muestra, aun cuando según los autores vemos a este sistema completamente factible.

Durante la campaña para esta propuesta en el mecanismo electoral de Dash Central (anteriormente Dash Whale), todas estas dudas se discutirán y, a continuación ofreceremos una recopilación de tales discusiones para ser compartidas en un documento.

Entregaremos informes técnicos detallados de todas las soluciones explicadas en documentos técnicos, compilando todo el software existente de código abierto que puede ser útil al sistema de Vales de Renta. Es muy probable que la mayor parte del código necesario ya exista, y que el resto necesario esté ya en proceso de creación. Estos informes técnicos indicarán:

Cómo este código puede encajar en el sistema de Vales de Renta.

Cuántos cambios podrían ser necesarios para que el código sea funcional en el sistema.

Se ofrece una comunicación directa con los autores, ya sea por whatsapp, correo electrónico, skype, hangouts, y similares.

Repositorios de la documentación en el portal Git Hub[178] de todos los documentos para generar la sinergia necesaria, para que todo aquel que esté interesado en el proyecto pueda colaborar en el desarrollo del código de esta solución integrada.

Por cuanto solo somos dos personas para lograr estos objetivos, en un lapso de tiempo realista, estimamos cuatro (4) meses para realizar al menos el 80% de la obra.

9   Propuesta Económica a la Comunidad Dash

Teniendo en cuenta que, como consecuencia de esta propuesta la gente será capaz de crear su propio dinero en un número ilimitado de formas, este proyecto tiene el potencial de hacer que TODO EL MUNDO gane mucho dinero. Pero incluso mejor: si esto tiene éxito, este proyecto tiene el potencial de transformar la sociedad humana.

Los autores: somos profesionales venezolanos, que nos hemos involucrado en el tema del diseño monetario durante más de cuatro años.

Esta propuesta es un tema en el cual hemos estado discutiendo alrededor de un par de años y nos topamos con el mundo de las criptodivisas desde entonces. Pero solo desde el año pasado nos hemos dado cuenta del enorme potencial que las estructuras sociales descentralizadas tienen para desatar todo el poder de estas ideas.

Más información acerca de nosotros se puede encontrar en nuestros perfiles de LinkedIn[179] [26]. La dedicación estimada para este proyecto es por al menos uno de nosotros a tiempo completo, y el otro a tiempo parcial. Por lo tanto, creemos suficiente, para dos personas y en lo que respecta a las ambiciones de la agenda de trabajo que proponemos, una oferta de 220 DASH al mes por cuatro meses[180].

El progreso de nuestro trabajo puede ser visto cada semana, ya que el presupuesto debe ser aprobado como un pago mensual (como podemos ver). Al final del cuarto mes, el progreso puede evaluarse junto a otras futuras propuestas para los próximos pasos, tales como el desarrollo de un código integrado y las pruebas subsiguientes.

10   Conclusión

Este documento ha expuesto los argumentos útiles para evaluar la factibilidad de un proyecto, ofreciendo tanto una propuesta técnica como económica con el fin de que los autores desarrollen en detalle la etapa inicial de dicho proyecto.

La parte técnica de la propuesta expone una serie de argumentos para dar al lector elementos para decidir por sí mismo, la viabilidad del proyecto. El proyecto propone el desarrollo tanto de un sistema descentralizado como el de un herramienta criptográfica y asimismo el desarrollo de una plataforma de

---

[178] Es un portal web donde se recopila un gran repositorio de software, entre los cuales hay mucho software de uso libre. (Nota Especial)
[179] Una indicación de la identidad de quien solicita un presupuesto, es una de los gestos más lógicos para que sepan quién eres y te aprueben el dinero. (Nota Especial)
[180] Para la fecha en que hicimos la propuesta, el valor del Dash estaba alrededor de 4 dólares. Para la fecha que resumimos este Apéndice, el valor del Dash superó ya los 12 dólares como prueba del éxito que ha tenido esta plataforma. (Nota Especial)

software, con el objetivo que sea compatible con al menos la mayor parte de los sistemas de criptomonedas del mercado nacidos del bitcoin, en aras de multiplicar las opciones del proceso de creación de dinero, respaldando este proceso de creación con pruebas de labor humana.

También expone un plan de acción para la implementación de un nuevo sistema monetario a través de un proceso basado en el efecto de red.

La propuesta económica expone un plan de trabajo que será financiado por la plataforma electoral descentralizada conocida como "Dash Central" por una oferta de 220 DASH.

11   Referencias

[1] El profesor Bernard Lietaer. https://en.wikipedia.org/wiki/Bernard_Lietaer
Entrevista publicada en su página web: http://www.lietaer.com/2010/09/what-is-money/

[2]Para que un contrato sea válido: http://www.quickanddirtytips.com/business-career/legal/what-makes-a-contract-valid

[3] Conceptos de reservas y dinero caudal o rentas: https://en.wikipedia.org/wiki/Stock_and_flow

[4] Obra de Antonopoulus: Mastering Bitcoin. http://chimera.labs.oreilly.com/books/1234000001802

[5] UTXO: Transacción, salidas y entradas.
http://chimera.labs.oreilly.com/books/1234000001802/ch05.html#tx_data_structurehttp://chimera.labs.oreilly.com/books/1234000001802/ch05.html#tx_inputs_outpus

[6] Tabla: La estructura de la salida de una transacción.
http://chimera.labs.oreilly.com/books/1234000001802/ch05.html#tx_out_structure

[7] Sobre tanques de memoria de UTXOs: http://chimera.labs.oreilly.com/books/1234000001802/ch05.html#tx_outs

[8] Sobre la transacción Coinbase: http://chimera.labs.oreilly.com/books/1234000001802/ch08.html#_the_generation_transaction

[9] Una comunidad donde el ID es relevante: Groupcoin; http://groupcurrency.org/#AppendixA

[10] El ataque Sybil de identidad: http://groupcurrency.org/#Sybil

[11] Cierta propuesta sobre cómo abordar el ataque Sybil. https://github.com/d11e9/poi

[12] Sobre las Carteras: http://chimera.labs.oreilly.com/books/1234000001802/ch04.html#_wallets Carteras Jerárquico
Deterministas: http://chimera.labs.oreilly.com/books/1234000001802/ch04.html#hd_wallets

[13] Prueba de la existencia: http://chimera.labs.oreilly.com/books/1234000001802/ch05.html#op_return

[14] Contrato Inteligente: https://en.wikipedia.org/wiki/Smart_contract

[15] Las cadenas de bloques laterales: https://en.wikipedia.org/wiki/Block_chain_(database)#Sidechains.
https://bytecoin.org/blog/sidechains/

[16] Plataformas de descentralización Electoral. Bitcongress y loomio. http://www.bitcongress.org/BitCongressWhitepaper.pdf
https://www.loomio.org/?locale=en https://en.wikipedia.org/wiki/Loomio

[17] Plataformas / Open-source e-commerce descentralizadas https://bitsquare.io/ Iniciativa OpenBazar:
https://en.wikipedia.org/wiki/OpenBazaar; https://openbazaar.org/ Bitmarkets: https://en.wikipedia.org/wiki/Bitmarkets;
https://voluntary.net/bitmarkets/

[18] Soluciones de anonimato (Monero)
http://chimera.labs.oreilly.com/books/1234000001802/ch09.html#_anonymity_focused_alt_coins_cryptonote_bytecoin_m
onero_zerocash_zerocoin_darkcoin https://github.com/bitmonero-project/bitmonero
https://downloads.getmonero.org/whitepaper_review.pdf

[19] Sobre la subasta doble. https://en.wikipedia.org/wiki/Double_auction; https://www.youtube.com/watch?v=q2qXM7C8OdM

[20] Sobre las monedas coloradas http://chimera.labs.oreilly.com/books/1234000001802/ch09.html#_colored_coins

[21] Acerca de Paradigma del Ticket: https://en.wikipedia.org/wiki/Issue_tracking_system

Software de código abierto: https://en.wikipedia.org/wiki/Request_Tracker

[22] Alternativas a la prueba de cálculo en el consenso de cadenas de bloques: NXT: http://chimera.labs.oreilly.com/books/1234000001802/ch09.html#_consensus_innovation_peercoin_myriad_blackcoin_vericoin_nxt https://bitbucket.org/JeanLucPicard/nxt/src http://nxt.org/developers/whitepaper/

[23] Sobre el manejo de empresas como cooperativas. https://www.youtube.com/watch?v=qbZ8ojEuN5I

[24] Funcionamiento de los Master-Nodos en Dash https://www.dash.org/wp-content/uploads/2015/04/Dash-WhitepaperV1.pdf

[25] La rentabilidad de un master-nodo: http://178.254.18.153/~pub/Darkcoin/masternode_payments_stats.html

[26] Linkedin perfiles de los autores:

Julio Moros: https://ve.linkedin.com/in/julio-moros-09b39213

Oscar Olivera: https://ve.linkedin.com/in/oscarmolivera

[27] Efecto de la red: https://en.wikipedia.org/wiki/Network_effect

[28] Modelo epidemiológico: https://en.wikipedia.org/wiki/Epidemic_model

[29] Función logística: https://en.wikipedia.org/wiki/Logistic_function

[30] Ley Metcalfe/Odlyzko: Ley de Metcalfe: https://en.wikipedia.org/wiki/Metcalfe%27s_law

Paper de Odlyzko: http://www.dtc.umn.edu/~odlyzko/doc/metcalfe.pdf

¿Quién es Odlyzko?: https://en.wikipedia.org/wiki/Andrew_Odlyzko

[31]La ley de Zipf: https://en.wikipedia.org/wiki/Zipf%27s_law

[32] Crecimiento Poblacional y la interacción entre las especies: https://en.wikipedia.org/wiki/Exponential_growth https://en.wikipedia.org/wiki/Population_model

APÉNDICE II

En el proceso de concebir una nueva estructura social que diera lugar a un mundo libre de pobreza, pudimos observar las enormes similitudes que guarda este ambicioso proyecto con el ciclo mismo de la vida: es un ser viviente que crece y evoluciona por sí mismo.

Para que este propósito de construir un mundo mejor tenga sentido, debe haber algo que podamos hacer desde ya, para dar vida y hacer crecer esta semilla. Esa nueva sociedad está frente a nosotros, y lo que más requiere es satisfacer una necesidad profunda de cambiar, que todos nosotros estamos sintiendo.

Nuestro taller de protocolos de sinergia y nuevas técnicas de planificación, tiene que ver con acciones a tomar en concreto y de inmediato, por pequeñas que sean. Acciones encaminadas hacia la organización de comunidades y alianzas productivas que se acoplan plenamente con las ideas que hemos compartido con Charles Smith.

Precisamente por tratarse de una iniciativa en una etapa temprana, este taller aborda un objetivo tan genérico como radical, que encaja con cualquier propósito legítimo de cualquier comunidad, y precisamente por ello es un taller que no se ajusta a ningún paradigma tradicional de formación o enseñanza.

¿Qué aspectos en concreto podría tener la organización de comunidades, tales como las redes CLIME y sus alianzas productivas descritas en este libro? De hecho, ¿qué se necesita para organizar una comunidad?, ¿cómo diseñar en detalle las reglas de un nuevo juego social? La clave de estas preguntas está en las mismas raíces del tejido social: una estructura de reconocimientos, recompensas e intercambio de valores; un nuevo sistema monetario.

A continuación, invitamos al lector a familiarizarse con nuestra propuesta, en el folleto de presentación de nuestro taller. Si despierta su interés, lo invitamos a ponerse en contacto con nosotros mediante los canales indicados al final del folleto

PROTOCOLOS DE SINERGIA

Y NUEVAS TÉCNICAS DE PLANIFICACIÓN

Herramientas para el logro de objetivos

Optimizando el uso de recursos mediante el trabajo en equipo

Facilitadores
Julio Moros
Oscar Olivera.

CONTENIDO

1 **Descripción del programa:**
¿Cuál es la razón de ser de este taller?

2 **Plan de desarrollo:**
¿Cómo se estructura el taller?

3 **Contenido programático:**
El taller se compone de una parte teórica y una pasantía
(Mini-proyecto de desafío). Aquí se detalla el contenido.

4 **Detalles logísticos:**
¿Cómo se impartirá el taller?

5 **Propuesta económica:**
El costo del taller, modo de pago y canales de contacto.

DESCRIPCIÓN DEL PROGRAMA

Introducción

El taller "Protocolos de sinergia y nuevas técnicas de planificación", está inspirado en el término "sinergia" del griego "synergos", que significa "trabajo en equipo", el cual consiste en la creación de un todo aún mayor que la suma de sus partes. Así, el concepto hace alusión a un todo completo en el que si falta alguna de sus funciones, la estructura colapsa.

El programa propuesto comprende la capacitación esencial para quienes deseen participar como miembros de los equipos fundadores de un nuevo tipo de negocio.

Se basa en un enfoque poco conocido en el ámbito de la planificación de proyectos: enseña cómo llevarlos a cabo en alineación con criterios del mínimo esfuerzo humano.

Pero además de ello, permite organizar grupos de trabajo a través de un paradigma fundamental de sinergia: el principio de que solo favoreciendo sus intereses, las personas dan su apoyo para que logremos nuestras metas y no de otro modo.

Justificación

Supóngase que alguien concibe una gran idea de negocios... Pero no tiene dinero ¿Qué suele hacerse?

Los bancos rara vez financian ideas de negocio que solo están en el papel. La idea de algún modo ya debe estar funcionando y generando un flujo de caja.

Generalmente las ideas nuevas se financian mediante inversionistas de riesgo

¿Qué tipo de ofertas espera un inversionista de este estilo? Ellos esperan participar como dueños, accionistas, fundadores de ese negocio que está en proyecto.

¿Cuál debería ser el pedazo de torta justo que le toque a cada cual? Esta pregunta no es trivial. Posiblemente puede llegarse a un acuerdo muy pujado y a veces conflictivo entre dos partes.

Pero cuando hablamos de más de tres personas, de muchos emprendedores, versus muchos inversionistas, el asunto se complica exponencialmente ¿cómo garantizar negociaciones justas, donde nadie se aproveche del esfuerzo ajeno?

Por otro lado, ¿cómo se garantiza la confianza en este tipo de proyectos? ¿Qué "enclavamientos" puede tener un contrato para asegurar su cumplimiento?

Pero supongamos que el problema no fuese tanto de dinero, y que lo más urgido es gente apoyando y trabajando en el proyecto: ¿cómo proteger en tal caso las ideas del plagio?

Y finalmente, aún si logramos reunir a un equipo de trabajo de confianza, ¿cómo lograr mantener la armonía y las cuentas claras? ¿Cómo evitar que se forme una "dictadura" dentro del grupo? ¿Cómo tomar en equipo las decisiones que afectarán a todos?

Por años, estos problemas que obviamente tienen el poder de desmoronar cualquier emprendimiento, han venido siendo manejados con alternativas nuevas y creativas llamadas "colaborativas" (Sharing Economy). Pero hasta el día de hoy, ninguna de estas alternativas ha experimentado un surgimiento masivo.

Por ejemplo, tomemos el reciente y exitoso paradigma del *crowdfunding*, fomentado por iniciativas tales como Kickstarter (https://www.kickstarter.com/) en donde los emprendedores pueden promocionar sus proyectos y lograr que sean financiados por una comunidad de patrocinadores. Pero dado que estas plataformas no son entidades financieras reguladas*, no se les puede ofrecer a los patrocinadores acciones de los negocios que ayudan a levantar, siendo esto una limitante seria a la hora de convertir esta en una verdadera alternativa económica.

La presente capacitación fue diseñada para solucionar esta clase de problemas. Este taller ofrece la opción de membresía como socio, de un nuevo negocio sin precedentes en el mercado, con base en una plataforma digital descentralizada a ser creada y cuyo servicio a ofrecer será el de incubación o semillero de nuevas empresas. Servicio que incluirá como modo de pago, acciones de todas esas nuevas compañías que la plataforma incubará.

Objetivo General

Hacerse capaz de organizar grupos de trabajo con cualquier fin productivo legítimo, aun teniendo el mínimo factible de recursos financieros, o idealmente, prescindiendo por completo de ellos, mediante el uso de mecanismos de intercambio y mediante el apoyo de redes autónomas descentralizadas.

Todo individuo tiene derecho a recibir una recompensa, por los beneficios que aporta a su comunidad, siempre y cuando ésta sea acordada al margen de conflictos de intereses, o bien, esté protegida de cualquier acción malintencionada.

Este taller es una invitación a formar parte del equipo fundador de una organización autónoma descentralizada, como negocio experimental.

¿Qué es una organización autónoma descentralizada? Son cooperativas libres de estructuras jerárquicas que se apoyan en automatismos para el desempeño de sus funciones.

¿Cuál es el Objetivo de este Negocio Experimental? Conformar una red "semillero" de empresas como apoyo a nuevos emprendedores, mediante una estructura legal y financiera muy específica, y el respaldo de una adecuada plataforma autónoma-cibernética.

¿Qué recibes como socio de este nuevo negocio? El miembro asociado recibe como parte de sus dividendos, nuevas acciones de nuevos negocios fomentados gracias al fruto de su esfuerzo previo. De este modo, su portafolio de nuevas acciones crecerá por sí mismo: acciones de nuevas empresas de las que tarde o temprano, saldrán negocios prósperos y exitosos.

Pero aún mejor, gracias a muchas de las herramientas que se proponen desarrollar, las probabilidades de éxito de todas y cada una de las nuevas empresas serán optimizadas continuamente.

Objetivos Específicos

Lo anterior, solo será posible mediante la apropiación de una serie de competencias, de entre las cuales, las más resaltantes son las siguientes:

- Un conflicto de intereses no implica necesariamente la mala fe de nadie, pero eventualmente traerá problemas. En este taller se capacita al participante para proponer soluciones y prevenir controversias.

- Cada empresa tiene modos diferentes de generarle beneficios a sus dueños. En este taller se capacita para diseñar y negociar alianzas operativas entre dos o más empresas, de acuerdo con sus estructuras de beneficios, evitando posibles conflictos de intereses.

- Teoría Monetaria: alternativas monetarias en redes descentralizadas. Se explora en el diseño de sistemas monetarios descentralizados y colaborativos, evitando o resolviendo posibles conflictos de intereses o potenciales desventajas con respecto a otros sistemas.

- Nuevas técnicas de planificación: aplicar diversos criterios de mínimo esfuerzo poco conocidos. Múltiples paradigmas como "Fast Track", o "Lean Startup" se apoyan en la ley de Pareto y la ingeniería de sistemas de control, entre otros.

- Criterios para cuantificar beneficios en dinámicas de trabajo colaborativo. Cómo identificar acuerdos ineficientes, o donde se están aprovechando del esfuerzo ajeno. Si bien algunos aportes humanos no tienen "precio", sí que pueden recibir perfectamente una valoración dentro de cualquier proyecto.

- Profundizar en los mecanismos de descentralización: empresas donde todos los socios tienen la misma jerarquía. Sin órdenes ni subordinados, sino un mercado de tareas que fluye a través de compromisos y las garantías que los respaldan como medio de lograr beneficios. Esto se propone mediante protocolos de sinergia que serán explorados en detalle.

PLAN DE DESARROLLO

El taller estará estructurado en dos (2) etapas: primera, Formación Teórica y segunda, Pasantía.

La Formación Teórica estará estructurada en tres (3) ciclos, compuestos de una serie de módulos que pueden requerir de espacios de discusión de aproximadamente 6 horas.

Esta etapa tendrá aproximadamente noventa y un (91) horas.

Cada módulo tendrá un desafío individual. En general serán breves temas de investigación, con lo cual se enriquecerá el repositorio de información del taller. Se otorgará un certificado al finalizarse esta etapa.

La Pasantía consiste en una experiencia de trabajo colaborativo de aproximadamente quince (15) semanas.

El participante, una vez que haya superado la etapa de Formación Teórica, será invitado a incorporarse a un taller de proyectos para el desarrollo de un emprendimiento real que le reportará una acreditación convertible en acciones de una futura empresa en gestación.

CONTENIDO PROGRAMÁTICO

A continuación se describen cada uno de los tres (3) ciclos que componen la etapa de capacitación teórica.

1er Ciclo: (Nivel Inicial)

Planificación y Distribución de Tortas

A la hora de un emprendimiento en equipo, las dos controversias más comunes sin resolver son: ¿cuánto le corresponderá a cada quién? y ¿cómo vamos a planificar el trabajo? En este primer ciclo se explica en detalle cómo solucionarlo, evitando problemas que arruinen la armonía del grupo de trabajo.

Este ciclo comprenderá los seis (6) primeros módulos y tendrá una duración aproximada de TREINTA Y SEIS (36) horas:

Módulo 1	Fundamentos de la planificación	Duración
A	Introducción a los conflictos de intereses	2 Horas
B	Elementos para una nueva ciencia de planificación (I)	2 Horas
C	Discusión temas investigados	2 Horas

Módulo 2	Ciencias del mínimo esfuerzo	Duración
A	Elementos para una nueva ciencia de planificación (II)	2 Horas
B	Uso de diagramación lógica y simbología de algoritmos en la planificación de proyectos	2 Horas
C	Discusión temas investigados	2 Horas

Módulo 3	Planificación de negocios	Duración
A	La planificación estándar de un negocio	2 Horas
B	Simulación y cálculo de beneficios con base a un ejercicio práctico	2 Horas
C	Discusión temas investigados	2 Horas

Módulo 4	Fundamentos de proyectos colaborativos	Duración
A	Paradigma colaborativo de la incorporación de un negocio	2 Horas
B	Herramientas de negociación por consenso	2 Horas
C	Discusión temas investigados	2 Horas

Módulo 5	Clasificación de recursos y tipos de beneficios empresariales aportados al proyecto	Duración
A	Criterios recomendados para distinguir activos empresariales de la mano de obra	2 Horas
B	El justipremio del patrimonio intelectual	2 Horas
C	Discusión temas investigados	2 Horas

Módulo 6	Criterio de transformación de tortas de beneficios	Duración
A	Integración de criterios de valuación de beneficios	2 Horas
B	Ejercicios de cálculos	2 Horas
C	Discusión temas investigados	2 Horas

2do Ciclo: (Nivel Intermedio)

Rediseñando a la Empresa y sus mercados

Una estructura de mercados conflictiva generará inevitablemente empresas expuestas a diversos conflictos, comprometiendo sus probabilidades de éxito.

En este ciclo de enseñanzas exploraremos las distintas formas de operar una empresa y como rediseñar las condiciones que optimicen sus probabilidades de éxito.

Este ciclo comprenderá la enseñanza de los cinco (5) siguientes módulos y tendrá una duración aproximada de TREINTA (30) horas:

Módulo 7	Conflicto originario de mercados y posibles soluciones	Duración
A	Mercados tradicionales y la capitalización de las empresas	2 Horas
B	Solución al conflicto originario	2 Horas
C	Discusión temas investigados	2 Horas

Módulo 8	Sistemas monetarios y descentralización	Duración
A	Breve historia de los sistemas monetarios	2 Horas
B	Breve historia de los sistemas monetarios (II)	2 Horas
C	Discusión temas investigados	2 Horas

Módulo 9	Patologías del mercado y mercados alternativos	Duración
A	Escenarios derivados del conflicto monetario originario	2 Horas
B	Discusión detallada sobre criptodivisas	2 Horas
C	Discusión temas investigados	2 Horas

Módulo 10	Tipos de negocios y sus mecánicas de beneficios	Duración
A	Participaciones y beneficios para corporaciones y sociedades	2 Horas
B	Sociedades de ventura ("joint ventures", cooperativas, y legislaciones)	2 Horas
C	Discusión temas investigados	2 Horas

Módulo 11	Como los mercados afectan a la arquitectura y conducta social de la empresa	Duración
A	Orígenes de la violencia en la sociedad	2 Horas
B	Sociedades colaborativas como estrategia para optimizar la capitalización de las empresas	2 Horas
C	Discusión temas investigados	2 Horas

3er Ciclo: (Nivel Avanzado)

Protocolos de Sinergia

Una empresa bajo un paradigma colaborativo es todavía un tema de investigación, aún en evolución, ya que aunque si existen cooperativas funcionales, poca es la información en este ámbito.

En este ciclo se analiza con detalle el escenario de cómo manejar una empresa donde todos los involucrados son socios con derechos iguales o está en proceso de transformar a sus empleados en socios.

Comprenderá los cuatro (4) últimos módulos y tendrá una duración aproximada de VEINTICINCO (25) horas:

Módulo 12	Modos recomendados de operación de negocios en sinergia	Duración
A	Aplicación del criterio general de transformación en la fusión de empresas	2 Horas
B	Procedimientos colaborativos recomendados para la empresa (socios en lugar de empleados)	2 Horas
C	Discusión temas investigados	2 Horas

Módulo 13	Protocolos de sinergia en talleres de proyectos (I)	Duración
A	Mercados de comercio descentralizados basados en caudales de beneficios.	2 Horas
B	Transacciones de tareas en talleres de proyectos.	2 Horas
C	Discusión temas investigados	2 Horas

Módulo 14	Protocolos de sinergia en talleres de proyectos (II)	Duración
A	Administración de recursos en proyectos colaborativos (I)	2 Horas
B	Administración de recursos en proyectos colaborativos (II)	2 Horas
C	Discusión temas investigados	2 Horas

Módulo 15	Decisiones, ética y controversias en redes colaborativas	Duración
A	Plataformas de negociación y toma de decisiones (I)	2 Horas
B	Plataformas de negociación y toma de decisiones (II)	2 Horas
C	Discusión temas investigados	2 Horas

CONTENIDO DE LA PASANTIA

Si bien el objeto de este taller es invitar al participante a formar parte del grupo fundador de una red incubadora de nuevas empresas, ello no sucederá por el mero hecho de haberse capacitado en la etapa de adiestramiento teórico. Serán los aportes de recursos tales como su esfuerzo, patrimonio intelectual y/o material lo que le acreditará como socio de dicho emprendimiento. El participante tendrá la oportunidad de llevar a cabo este mínimo aporte necesario mediante una pasantía de trabajo colaborativo.

Tras su pasantía, el participante es galardonado con una acreditación cuantificada que se canjea por acciones para el momento en que el negocio entre en operaciones.

¿Qué pasa si el participante no se integra a la pasantía? Siempre tendrá la oportunidad de tomarla, toda vez que se haya certificado en la capacitación teórica. Se espera que existan diversos enjambres de emprendimiento, así como diversas iniciativas productivas en dichos enjambres, y es de esperar que las oportunidades de una pasantía se hagan más abundantes con el tiempo.

¿Qué le garantiza al participante la reivindicación de sus acciones? De hecho esta es la esencia del taller. Es importante comprender la arquitectura de organizaciones autónomas descentralizadas y como una red como esta puede proteger estos derechos. También se tomarán en cuenta la formación de fideicomisos contratos de mandato comercial y la formación de grupos de apoyo logístico a organizarse conforme progrese el proyecto a futuro.

DETALLES LOGÍSTICOS

La etapa de Capacitación Teórica consistirá en exposiciones y de dinámicas de preguntas y respuestas, complementadas con la formulación de ejemplos prácticos. Se ilustrarán problemas concretos para saber qué hacer ante desafíos de planificación, negociación y diseño de alianzas en paradigmas descentralizados y colaborativos.

El corazón del taller está en la cristalización de enjambres de emprendimiento en cooperativas autónomas descentralizadas (DAO's). Los participantes del taller enriquecerán el repositorio de estas redes DAO mediante la solución de problemas concretos, así como con breves trabajos de investigación. Estos trabajos podrán ser usados como artículos en distintos blogs de conveniencia para el proyecto en sí, reconociendo la autoría de los participantes involucrados. Para ello, todo este material será entregado bajo acuerdo de licencia libre.

Para el ciclo de pasantías, habrá mesas de trabajo y la mayoría de estas mesas podrán apoyarse en sesiones en línea.

CRITERIOS PARA LA EVALUACIÓN

Para la evaluación de la etapa teórica habrá desafíos asignados en cada módulo de la capacitación. Estos trabajos tendrán un alcance integral que abarcará la mayor cantidad de contenidos impartidos y tendrán en cuenta las preferencias y destrezas especiales de cada participante.

Dichos trabajos serán evaluados en consenso, para determinar el dominio de los temas del participante. El principal objetivo en esta etapa es enriquecer repositorios de información.

La pasantía, tendrá una evaluación diferente: será una evaluación funcional. Los productos que entregará el participante durante la pasantía serán tareas que deberán cumplir con los requerimientos que el Grupo de Trabajo exija. Y serán pagados (no calificados), con una moneda digital que a tal efecto será creada para cada proyecto.

Los saldos en estas monedas serán canjeables por acciones de capital social, cuando el negocio entre en operaciones.

PROPUESTA ECONÓMICA

Para la etapa de Capacitación Teórica, en un principio, cuando hace año y medio concebimos por vez primera este taller, calculamos un costo, para los participantes de este plan de adiestramiento, de 23 euros o 25 dólares por módulo, por participante. Pero conforme nuestras conversaciones e ideas evolucionaron en torno a este proyecto y fuimos contactando más y más gente, pronto reconocimos, que este era precisamente el paradigma que deseábamos desafiar.

¿Cómo íbamos a fundar las nuevas bases de una sociedad con un punto de partida que nos mantiene anclados en los viejos esquemas? ¿Cómo pretendíamos enseñar algo novedoso y radical, usando el mismo mecanismo monetario viciado que mantiene estancado el mismísimo tejido social?

Si este es un proyecto que realmente va a funcionar, tiene que tener el poder de arrancar desde cero, haciendo del dinero, el poder que impulsa al proyecto, y no el lastre que multiplica sus problemas. Si vamos a cobrar con el dinero tradicional es porque ya existe una plataforma con cierto grado de madurez, y una experiencia previa de aciertos o fracasos, la cual aún no existe.

Adicionalmente, si hacemos del dinero tradicional el prerrequisito de este tipo de integración, aquellos quienes no tienen más que buenas (y generalmente muy geniales) ideas, quedarían fuera. Necesitamos entonces de nuestra propia narrativa radical para solucionar y no para complicar.

Así que tomamos la decisión de que este proyecto arrancaría mediante la improvisación de una moneda o ficha digital o alternativa, respaldada a través de nuestros propios acuerdos como grupos emprendedores. Nosotros tenemos algo que ofrecer: un plan de formación, pero asimismo exigimos un pago de parte del participante, en forma de aquellas contribuciones que este proyecto necesita para ponerse en marcha en nuestras vidas reales.

La capacitación teórica será entonces, y en principio, la práctica vivencial de una teoría de juegos, con una serie de reglas, donde el participante que no las cumpla queda fuera del juego. Los detalles de esta moneda, sus reglas de juego y el modo en que será usada, serán parte del material y experiencia de nuestra enseñanza.

No obstante, conforme evolucione el capital intelectual, humano y logístico de este taller y sus enjambres de emprendimientos, aquellos entusiastas demasiado ocupados para poner de su tiempo, entonces podrán pagar de la manera tradicional.

Sin embargo, insistimos en nuestra radicalidad: evitaremos en lo posible medios de pago que involucren a la banca comercial. Aceptaremos criptodivisas: Bitcoin, Dash, Ether, contratos y fichas digitales coloradas.

Asimismo, si esta iniciativa despierta el suficiente interés, el lector podrá hacernos donaciones en los canales de pagos en divisas digitales que indicaremos a continuación.

No hay un límite de tiempo para que los participantes concluyan la capacitación teórica. Podrán retomar el taller con el módulo siguiente a aquel que ya hayan concluido y pagado, en el momento que deseen (y que, por supuesto, coincida con el cronograma ofertado para dicho módulo). De momento, y dado que el taller existe aún en un estado incipiente, también será tema de conversación el espacio de tiempo que se tomen los ciclos de enseñanza, por cuanto al no percibir pago monetario de momento, tendremos que enfrentar algunas limitaciones.

Para la etapa de la Pasantía, no se requerirá pago monetario, sino una carta de compromiso que el entusiasta declarará para con su equipo de trabajo.

Las participaciones del futuro negocio que vaya forjando el participante junto con el patrimonio intelectual de su trabajo, serán puestos en custodia bajo las redes ya consolidadas de emprendimiento (que de momento aún no existen, y por ahora se manejarán bajo consensos), como medio de garantía de fiel cumplimiento para con su grupo de trabajo.

En términos generales, la pasantía no podrá ser interrumpida. Ciertas condiciones aplicarán dependiendo de los objetivos de cada experiencia. Para más detalles, es recomendable que nos contacten mediante los canales a indicados a continuación.

CANALES DE CONTACTO

Si el contenido de este taller y el proyecto que este avala, en armonía con las propuestas descritas por las comunidades CLIME de Charles Smith, han despertado su más sincero interés, le invitamos a llenar el formulario que encontrará en el siguiente enlace:

https://goo.gl/tJhqJH

Si desea contactar a los autores directamente e improvisar con nosotros algún cronograma para este taller, puede escribirnos a:

Julio Moros: jjmorosr@gmail.com

Oscar Olivera: oscarmolivera@gmail.com

Finalmente si considera que nuestro trabajo es de un valor significativo y desea realizar algún aporte, podrá hacerlo mediante las siguientes criptodivisas:

o   En Bitcoin o USD-Tether: 114DwRt1av2UbDDcn7L98iCKFRpDdigAQs

o   En Ethereum (O Ether Clásico): 0xdfba6159892e20ec0d6b5ed97866ff99dcc2e210

o   En Dash: Xak4mgXuYdF4k9pCdzeMzEt75mPude9F8P